추천의 글

◆

페퍼 박사는 조직 권력에 관한 최고의 책을 써냈다. 그는 리더십에 관한 기존의 학설이 놓은 덫을 보기 좋게 피하면서 당신의 삶과 경력을 바꿔 줄 기적의 방법을 깊이 파고든다. 이 책은 유려한 문장과 가슴에 와닿는 이야기와 사례들로 가득하다. 삶의 궤도를 근본적으로 바꾸고자 하는 사람이라면 누구나 읽어야 할 책이다.

_마셜 골드스미스Marshall Goldsmith,
싱커스50Thinkers50 선정 1위 경영 코치, 《모조》Mojo 저자

뺨을 한 대 맞고 정신이 번쩍 든 느낌이다. 페퍼는 위계적 조직에서 성공하기 위한 연구를 바탕으로, 현실을 반영한 7가지 권력의 원칙을 강인하고 단단한 어조로 소개한다. 조직에서 높은 자리에 올라서길 바라는 사람이라면 누구나 힘이 필요하므로, 이 놀라운 책을 반드시 읽기를 바란다.

_로버트 치알디니Robert Cialdini, 〈뉴욕 타임스〉 베스트셀러 《설득의 심리학》 저자

이 책은 살면서 도움이 되는 권력의 원칙을 이해하고 내 것으로 만드는 실용적인 조언을 제공한다. 페퍼는 그의 원칙을 실천해서 삶을 바꾼 사람들의 실제 사례와 자신의 이야기

를 들어 우리가 얼마나 자주 힘을 내팽개치고 또 어떻게 되찾아오는지를 보여 준다. 여기에 유머와 인간애는 덤이다. 나는 그의 글과 강의에 깊은 감명을 받고 여자에게 우호적이지 않은 직장에서 일하는 여자들을 위해 《당신의 힘을 되찾아라》Take Back Your Power를 썼다. 이는 지난 10년 동안 나의 멘토이자 조언자였던 페퍼 교수에게 보내는 감사의 말이기도 하다.

_데버라 리우Deborah Liu, 앤세스트리닷컴 CEO, 《당신의 힘을 되찾아라》 저자

이 책은 리더십 분야의 레너드 번스타인Leonard Bernstein이라 할 수 있는 제프리 페퍼의 걸작이다. 최신 학문에 기반을 둔 이 책은 신선할 정도로 솔직하고 실용적이며 뛰어난 통찰력이 돋보인다. 권력에 관해 쉽고도 세련되며 다양한 의견을 소개하는 책으로는 단연 최고다.

_제프리 소넨펠드 Jeffrey Sonnenfeld,
경영자리더십협회 창립자 겸 CEO, 예일대 경영대학원 레스터 크라운 교수

경력을 쌓고 있는 사람이라면 누구나 읽어야 할 책이다. 이 책은 많은 사람, 특히 여자들에게 불편한 주제에 대해 균형 잡히고 사려 깊은 조언을 제공한다. 페퍼는 조직 내에서 권력을 어떻게 키워야 하는지에 대해 실용적이고 연구에 기반한 방법을 단계적으로 설명하고 있다. 어쩌면 이런 이야기가 혼란스럽게 들릴지 모르지만 결국은 권력에 대한 당신의 생각을 확실히 바꿔 놓을 것이다.

_스테이시 브라운-필포트 Stacy Brown-Philpot,
전 태스크래빗 TaskRabbit CEO, 《포브스》 선정 40세 이하 영향력 있는 40인

제프리 페퍼는 내가 만났던 가장 솔직한 선생님이다. 그는 사람들이 진실을 감추고 듣기 좋은 소리만 하는 주제에 대해 있는 그대로 사실을 말하는 것을 두려워하지 않는다. 이 책은 주변 사람들의 결정과 행동을 제대로 들여다볼 수 있는 렌즈를 제공한다. 무엇보다 나는 게임에서 이기려면 노력만 하지 말고 규칙을 바꿔야 한다는 가장 중요한 교훈을 배웠다.

_비바스 쿠마르Vivas Kumar, 미트라켐Mitra Chem 의 CEO 겸 공동 창립자

이 책을 읽기 시작했을 무렵, 나는 리더십과 영향력을 쌓는 법에 대해 온갖 추측을 했었다. 그러나 장 하나하나를 읽으며 어지럽게 흩어져 있던 퍼즐 조각들이 비로소 맞춰지는 걸 느꼈다. 나는 이 책에서 알게 된 전략들을 실행하면서 20년 동안 리더십 연구와 혁신 및 전략 조언을 해온 경험을 살려 컨설팅 회사를 세웠다. 그리고 거침없이 인맥을 쌓으면서 규칙을 부수고 조직 권력과 관련된 박사학위를 취득하면서 든든한 조력자들을 얻었다. '나라고 안 될 게 뭐 있어?' 그리고 '지금이라고 안 될 게 뭐야?'가 내 신조다. 무엇보다 '시도해 보지도 않고 효과가 있는지 없는지 어떻게 알아?'가 나의 가장 중요한 신조라고 할 수 있다.

_모니카 스테쥬스카-크럭Monika Stezewska-Kruk,
코르버스 이노베이션Corvus Innovation CEO, 경영 코치 겸 퍼실리테이터

이 책은 내 인생을 바꿨다. 나이지리아 여성으로서 나는 이탈리아 다국적기업에서 지구과학자로 일하고 있다. 성과 덕분에 이 조직에 합류했지만 내가 계속 나아갈 수 있었던 건 권력 덕분이었다. 나는 영향력을 쌓기 위해 이 책에서 배운 원칙들을 활용해 인맥을 쌓았고 인간관계의 중심에 섰다. 또한 국제적인 상을 받고 세계적인 리더들이 참여하는

포럼의 연사로도 초청됐다. 그리고 가장 영향력 있는 아프리카 출신으로도 선정됐다. 나는 나만의 브랜드를 만들어 냈고 해외에서 내가 속한 조직을 대변하고 있다. 보통 힘 있는 사람들이 모인 자리에서 나는 유일한 흑인 여성이다. 그런 내게 이 책은 우위를 선점하는 방법을 알려 주었다.

_토신 조엘Tosin Joel,
GTBOOL 창립자이자 Eni 프로젝트 책임자, 해크 포 인클루전Hack for Inclusion 이사

이 책에서 얻은 아이디어들은 디지털 보건 전문가로서 꿈 같은 경력을 설계하고 만드는 데 도움이 됐다. 소수집단과 사회적 영향력을 추구하는 사람들의 필독서다. 왜냐하면 이런 부류에 속하는 사람들은 대부분 권력을 피하기 때문이다. 이 책은 권력의 틀을 다시 짜고 실제로 이 세상을 바꿀 전술적이고 실용적인 도구를 제공한다.

_마르타 밀코스카Marta Milkowska,
Dtx퓨처Dtx Future 창립자, 최초 디지털 치료제 스탠퍼드 플랫폼 개발자

권력의 핵심은 항상 존재한다는 것이다. 일평생 협력자이자 팀 플레이어로 지냈으며 '좋은 사람'이었던 제프리 페퍼의 이 책은 내게 권력이란 통제나 탐욕의 대상이 아니라 효과적인 도구임을 알려 줬다. 권력을 쟁취하고 사용하면서 우리는 개인의 가치와 일맥상통하는 경력과 조직 또는 세상을 만드는 데 필요한 변화를 만들어 낼 수 있다. 이런 교훈들은 벤처캐피털리스트로서 나의 경력을 완전히 바꿔 놓았고, 계속해서 나의 개인적인 삶과 직업적인 삶의 지침이 되어 주고 있다.

_로라 차우Laura Chau,
올리 페츠Ollie Pets, 클러치Clutch의 이사, 《포브스》 선정 30대 미만 영향력 있는 30인

권력을 경영하는 7가지 원칙

권력을 경영하는 7가지 원칙

스탠퍼드대 경영대학원
최고의 명강의에서 배우는 권력의 속성

RULES OF POWER

제프리 페퍼 지음 | 장진영 옮김

비즈니스북스

옮긴이 | **장진영**

경북대학교 영어영문학과와 경영학을 복수 전공하였으며, 서울외국어대학원대학교 통번역대학원 한영번역과를 졸업하였다. 홈페이지 영문화 번역 등 다년간 기업체 번역을 하였으며, 현재 번역에이전시 엔터스코리아에서 출판 기획 및 전문 번역가로 활동하고 있다.
주요 역서로는《게임체인저》,《어떤 브랜드가 마음을 파고드는가》,《행복한 노후를 사는 88가지 방법》,《퓨처 스마트》등이 있다.

권력을 경영하는 7가지 원칙

1판 1쇄 발행   2023년 9월 12일
1판 2쇄 발행   2023년 9월 14일

지은이 | 제프리 페퍼
옮긴이 | 장진영
발행인 | 홍영태
편집인 | 김미란
발행처 | (주)비즈니스북스
등 록 | 제2000-000225호(2000년 2월 28일)
주 소 | 03991 서울시 마포구 월드컵북로6길 3 이노베이스빌딩 7층
전 화 | (02)338-9449
팩 스 | (02)338-6543
대표메일 | bb@businessbooks.co.kr
홈페이지 | http://www.businessbooks.co.kr
블로그 | http://blog.naver.com/biz_books
페이스북 | thebizbooks
ISBN 979-11-6254-344-3   03320

———

내 마음과 영혼에 깊은 구멍을 남기고 떠난 나의 유일한 사랑,

아름다운 캐슬린에게 이 책을 바친다.

차례

──────────── 제1장 ────────────

◆ **제1원칙** ◆ **'착한 사람' 이미지에서 벗어나라**

───── 제5장 ─────

◆ 제5원칙 ◆ **영리하게 인맥을 쌓아라**

───── 제6장 ─────

◆ 제6원칙 ◆ **권력은 얻은 즉시 사용하라**

오직 당신을 위한 권력에 눈을 떠라

권력이 선을 위해 쓰이길 바라는가?
그렇다면 더 많은 선한 이들이 권력을 쥐어야 한다.
_제프리 페퍼

나는 꽤 주기적으로 '지적 채찍질'을 당한다. 사람들은 내가 주장하는 권력의 논리가 협업과 선한 행동 그리고 정치적으로 옳은 행동을 강조하는 오늘날의 시대정신과 어울리지 않는다고 말한다. 심지어 나의 좋은 친구이자 통찰력이 뛰어난 편집자 한 사람도 그렇게 말했다.

반면에 내 강의를 수강한 한 학생은 이메일을 보내서, 좋은 성과를 내는 것만으로는 직장에서 원하는 걸 얻을 수 없다는 사실을 내 강의를 통해 깨닫게 됐다고 했다. 그는 원하는 경력을 쌓아 직업적 목표를 달성하려면 회사의 임원들에게 자신이 무엇을 원하는지, 자신에게 무엇이 필요한지 단도직입적으로 말해야 한다는 것, 때로는 원하는 것을 얻기 위해 상사에게 아부할 줄도 알아야 한다는 것, 언행에 힘이 있어야 하고 여러 사람과 관계를 맺고 지지자들을 모아야 한다는 것 그리고 반대에 부딪히고 갈등을 겪을 때 언제, 어떻게 싸울지를 현명하게 판단해야 한다는 것을 깨닫게 됐다고 말했다.

그런데 내 강의에서 이렇게 많은 것을 깨달은 그는 마지막 강의 시간에 나타나지 않았다. 그는 내 말대로 거침없이 인맥을 쌓고 '다른 사람들의 눈에 띄기 위해' 수많은 시도를 했다. 그 결과 그는 내가 마지막 강의를 하는 그 시간에 회사 임원 두 명과 회사 전용기를 타고 해외 출장을 가고 있었던 것이다.

자, 우리는 권력의 무엇을 믿어야 할까? 권력을 얻으려면 어떻게 행동하고 무엇을 해야 할까? 이 질문들에 답할 수 있도록 돕고자 권력에 대한 내 생각과 최근에 진행된 사회과학 연구를 이 책으로 정리했다.

또다시 '권력'을 이야기하다

◆

권력을 주제로 책을 또 쓸 것이라고는 꿈에도 생각하지 못했다. 지금까지 권력을 주제로 세 권의 책을 썼다.[1] 세 권의 책을 발표하기 전에도 리더십에 관해 사실과 거리가 멀고 별로 도움이 되지 않는 조언들(예를 들면 리더는 겸손하고 진정성 있고 진실해야 한다는 것 등)을 반박하는 글을 썼는데, 그것까지 포함하면 권력을 주제로 총 네 권의 책을 발표한 셈이다.[2] 그중 두 권의 책은 꽤 괜찮았다. 전 세계에서 강의 교재로 사용됐을 정도였다. 그런데 왜 권력을 주제로 또 책을 쓴 것일까? 그리고 왜 하필 지금일까?

내가 마음을 바꾸게 된 데는 4가지 이유가 있다. 그 첫 번째 이유는 앞으로도 계속 조직 권력과 정치에 관해 생각할 거리를 사람들에게 제공하고 싶어서다. 나는 온·오프라인 채널을 통해 세계적으로 매우 유능한 사람들에게 권력에 관한 조언을 해주고 있다. 무척 감사한 일일 뿐 아니라 덕분에 권력의 원칙 이면에 숨겨진 생각들을 명료하게 정리하는 통찰력을 키울 수 있었다.

그 통찰력이란 구체적으로 이런 것들이다. 직업적 삶과 개인적 삶의 궤도를 빠르게 바꾸는 사람들이 있는데 그들은 어떻게 그리고 왜 그렇게 하는 것일까? 나는 사람들에게 권력에 관한 조언을 해주면서 이 질문을 좀 더 깊이 이해할 수 있었다. 특히 내 강의를 듣는 학생들은 이 권력의 원칙을 어떻게 배웠는지, 그 원칙이 권력을 키우는 데 얼마나 즉각적으로 효과를 냈는지를 몸소 보여 줬다.

다음은 내 강의를 들은 한 학생이 최근에 보낸 이메일이다. 겉으로 보기엔 평범한 이메일이지만 간략하게 소개하고자 한다.

교수님의 강의를 통해서 많은 것을 배웠습니다. 감사합니다. 덕분에 회사에 제 부서가 생겼어요. 제 나이에는 꿈도 못 꿀 임금과 직책을 얻게 됐죠. 최근 국제 조인식에서 두 명의 정부 인사에게 찬사도 받았죠. 비결이 뭐냐고요? 저는 그냥 '요구'했을 뿐이에요. 그리고 제 학위와 AI에 관한 지식이 흔하지 않고 희귀하게 여겨지는 곳을 전략적으로 선택하고 도전하라는 교수님의 조언을 진지하게 받아들였습니다. 마지막으로 저를 드러내는 데 아낌없이 투자했어요. 직장에서 사람들과 관계를 맺으며 제 이름을 널리 알렸죠.

세계 최대 석유회사 아람코Aramco에서 일하는 사우디아라비아 출신의 학생이 쓴 이 이메일에서 이해하기 어려운 말이라고는 단 하나도 없다. 이 학생처럼 내 수업을 듣고 조직에서 권력을 얻은 사람들에게는 한 가지 공통점이 있다. 그들은 권력을 얻을 수 있다고 사회과학적으로 증명됐지만 대부분 사람이 하지 않는 일들을 실행에 옮겼다.

이와 비슷한 사례들이 서로 문화가 다른 여러 국가에서 나왔다. 이는 권력의 원칙이 상당히 보편적이라서 문화권이 달라도 효과적이라는 사실을 보여 준다. 즉 내 강의는 조직에서 힘 있는 위치에 오르는 데 효과가 있었다. 그래서 나는 더 많은 사람에게 권력을 얻는 방법을 알려 줘야겠다고 생각했고, 또 조직에서 권력을 키우는 데 도움이 될 혜안을 공유하고 싶었다.

권력의 7가지 원칙

이 책을 쓰기 위해 수많은 옛 제자들과 정·재계 리더들, 특히 성공한 사람들을 관찰했고 관련 사회과학 이론을 살펴봤다. 그런 뒤 나는 권력을 키우는 데는 어떤 원칙이 있다고 결론지었고 이를 7가지 기본 원칙으로 정리했다. 이렇게 7가지로 정리한 건 더 많은 영향력을 발휘하고 성공하기 위해 무엇을 해야 하는지 좀 더 효과적으로 알려 주기 위함이다.

이렇게 만들어진 권력의 7가지 원칙은 그럴듯했다. 1956년 조지 밀러George Miller는 "그 무엇의 도움도 받지 않은 관찰자는 받아들이고 처리하고 기억하는 정보의 양에 한계가 있다."라고 주장하는 논문을 발표했다. 그의 주장에 따르면 두 개 정도의 가감이 있을 수 있지만 대부분 사람은 보조적인 도구 없이 최대 7개의 요소 또는 아이디어를 기억하고 처리할 수 있다.[3] 최근에 밀러의 주장을 분석한 한 연구는 "세계의 7대 불가사의부터 7대양과 7대 죄악까지, 사람들은 살면서 다양한 곳에서 숫자 7과 마주한다."라고 보고했다.[4] 그 후속 연구는 한 개인이 한 번에 인식할 수 있는 대상물은 거의 7개를 넘지 않는다는 밀러의 주장이 타당하다는 것을 확인했다.

이런 걸 보면 권력을 키우고 활용하는 법에 관한 내 생각을 7가지 원칙으로 정리할 수 있었던 것은 행운이다. 이제 각 장에서 다음과 같은 권력의 7가지 원칙을 하나씩 살펴볼 것이다.

제1원칙: '착한 사람' 이미지에서 벗어나라

제2원칙: 당당하게 규칙을 깨라

제3원칙: 이미 권력자인 것처럼 행동하라

제4원칙: 성공한 사람으로 나를 브랜딩하라

제5원칙: 영리하게 인맥을 쌓아라

제6원칙: 권력은 얻은 즉시 사용하라

제7원칙: 권력의 과거는 처벌받지 않는다

나는 이 7가지 원칙 중에서도 제7원칙이 가장 중요하다고 생각한다. 사람들이 제7원칙을 받아들이면 자기가 한 언행의 결과에 대해 쓸데없이 걱정할 필요가 없다. 그 대신 조직에서 권력을 키우기 위해 무슨 일이든 시도할 것이다.

과거가 아닌 현재의 리더십에서 배워라

권력을 주제로 또 책을 쓴 두 번째 이유는 도널드 트럼프, 스티브 잡스, 제프 베이조스, 빌 게이츠, 멕 휘트먼, 칼리 피오리나, 일론 머스크 등 현대의 정·재계 리더들이 보이는 현재의 리더십을 소개하기 위해서다. 많은 사람이 그들의 말과 행동이 변칙적이라고만 생각할 뿐 권력의 원칙을 몸소 보여 준다는 것을 인지하지 못한다. 하지만 그들을 통해 현대의 성공한 리더의 행동에 관해 중요한 교훈을 얻을 수 있다. 한 번 더 말하지만 그들은 고대가 아니라 현대의 성공한 리더십을 보여 준다.

트럼프는 앞으로 이 책에서 소개할 권력의 7가지 원칙을 따른 것이 분명하다. 솔직히 말하면 원래는 트럼프의 리더십에 관한 책을 쓸 생각이었다. 하지만 좀 더 고민하고 나서 그렇게 하지 않기로 했다. 트럼프는 대단히 극단적인 인물이다. 그래서 그의 행동을 객관적으로 관찰하거나 그라는 인물의 틀에서 벗어나 평가하기가 너무나도 어렵다. 하지만 나는 트럼프가 정치판을 포함해 여러 영역에서 모두의 예상을 뒤엎고 성공했던 이유를 생각해 봤고, 그렇게 하면서 그의 성공을 설명하는 사회과학적 근거뿐만 아니라 세계적인 정·재계 인사들의 행동과 그들의 성취에 대해 깊은 혜안을 얻을 수 있었다.

사람들은 권력의 행동적 실체를 이해하지 못한다. 그래서 리더십에서 사회적 통념을 깨는 듯한 행위가 권력을 키우는 데 얼마나 효과적인지를 경험할 때면 매번 놀라곤 한다. 리더십에 관한 사회적 통념이 인간 행동의 사회심리학적 연구와 동떨어져 있는 탓이다. 그리고 때때로 사람들은 조직에서 예상치 못한 좌절을 경험한다. 그 이유는 전혀 준비되지 않은 상태에서 사회생활에 뛰어들기 때문이다.

나는 민간 조직이든, 공공 조직이든 상관없이 모든 조직에 존재하는 일상적인 역학관계와 정치적 진실을 이해하는 데 이 책이 도움이 되길 바란다. 내 강의 '권력 키우기'Paths to Power 개요에 적었듯이 나는 사람들이 본의 아니게 직장을 떠나는 일이 일어나지 않도록 돕고 싶다. 그래서 그런 상황을 경험하지 않도록 실용적인 지식을 제공하는 것이 내 목표다. 이 책에서 소개하는 원칙을 실천하면 최소한 등 떠밀려 직장을 떠나는 일은 일어나지 않을 것이다. 애석하게도 나는 아직 이 목표를 완전히 달성하지 못했다. 여전히 많은 사람이 조직에서 내쫓기고 있기 때문이다. 따라서 사람들이 권력의 7가지 원칙을 실천하도록 돕는 것이 목표를 달성하는 한 가지 방법이라고 생각한다.

권력은 음울한 기술이 아니라 성공의 열쇠다

권력에 관해 책을 쓰기로 마음먹은 세 번째 이유는 이것이다. 나는 권력에 관한 내 이론에 대해 저항감, 회의감, 불편함, 반감 같은 감정을 느끼는 사람들을 너무나도 자주 만난다. 사람들이 처음에 이런 감정을 느끼는 이유는 '권력이 있어야만 성공한다'라는 믿음을 의심해서가 아니다. 또한 이런 믿음이 사회과학 연구를 통해 타당한 것으로 밝혀졌다는 사실이나 자신이 직접 목격한 사건과 경험을 의심해서도 아니다.

최근에 받은 이메일에 적힌 단어를 인용해 설명하자면 사람들은 세상에 존재하는 권력의 원칙이나 사회과학 연구의 결과가 '우울하다'라고 생각한다. 내 친구이자 동료인 로버트 서튼Robert Sutton의 말을 빌리면 그들은 '암울하다'라고 판단한다. 그래서 실제로 뭔가 시도해서 직업적 성공을 손쉽게 달성할 기회들을 그냥 외면해 버린다.

나는 이런 인식을 깨는 것이야말로 권력을 쥘 수 있는 7가지 원칙을 효과적으로 알리는 방법이 된다는 걸 깨달았다. 인간은 더 많은 권력을 얻으면 훨씬 덜 우울해하고 이 세상이 덜 암울하다고 느낀다. 왜냐하면 더 많은 힘으로 세상을 자신이 원하는 대로 조정하면서 의미 있는 무언가를 해낼 수 있기 때문이다. 그리고 권력을 얻으면 신체적·정신적으로 더 건강해진다. 연구에 따르면 건강은 사회적 위계질서 속에서 자신의 직업과 직위에 대한 통제력과 관련이 있다.[5] 그리고 힘은 고양된 행복감과 관련되기 때문에 사람들은 권력이 있을 때 더 행복하다고 느낀다.[6]

권력의 기본 원칙은 변하지 않았다

마지막으로 나는 오늘날 모든 것이 달라졌고 권력과 영향력, 즉 힘에 관한 옛 사상들은 더 이상 의미가 없다는 이야기에 정면으로 반박하고 싶었다. 사람들은 새로운 가치, 새로운 세대(정확하게 말하면 그들의 새로운 가치), 새로운 기술들, 특히 소셜미디어가 모든 것을 완전히 바꿔 놨다는 이야기를 입에 달고 산다. 이런 이유로 사람들은 내 강의와 글들에 대해 양면적인 태도를 보인다. 리더십과 경영에 관한 경영대학원 강의와 기타 교육 프로그램을 생각하면 사람들이 이런 태도를 보이는 건 그리 놀랍지도 않다. 권력은 눈에 보이는 명확한 것이다. 조직 정치(아마도 거의 모든 정치)는 더욱 그렇다.

권력을 다루는 책과 연구는 많다. 문제는 이런 책과 연구가 권력의 기술에 대해 양면적으로 접근한다는 것이다. 권력에 관한 논의는 인간 행동과 사회를 한없이 낙관적으로 바라보면서 권력에 대해서도 낙관적이고 희망적으로, 상당히 대중적인 메시지를 전달한다. 하지만 이 연구들은 실제 사회 현실과는 심각하게 동떨어져 있고, 권력과 인간 행동의 영속적 현실을 무시하거나 받아들이기를 거부한다. 그래서 상황을 개선하고 의미 있는 차이를 만들고자 하는 진심 어린 시도들이 십중팔구 실패하는 것이다. 달리 말하면 물리학과 열역학을 무시하고 로켓을 만들려는 시도는 성공할 수가 없다. 실제 권력에 관한 데이터와 동떨어져 있다고 생각되는 글들을 몇 가지 소개하겠다.

모이제스 나임Moses Naím은 저서《권력의 종말》The End of Power에서 영향력 있는 사람들이 권력의 한계를 어떻게 경험하게 되는지를 설명했다.[7] 나임은 영향력 있는 사람들이 타인으로부터 부여받은 권력과, 자신이 갖고 있다고 느끼는 권력의 크기 사이에 차이가 있다고 생각한다고(또는 주장한다고) 지적한다. 페이스북으로 오늘날 모르는 사람이 없는 마크 저커버그는 북클럽을 시작하면서 이 책을 첫 번째로 소개했다.[8]

여기서 어떤 모순점이 보일 것이다. 내가 이 책을 쓰는 동안 저커버그는 페이스북에 대한 자신의 통제력을 다시 굳건히 했다. 〈뉴욕 타임스〉

의 기술 칼럼니스트 카라 스위셔Kara Swisher의 재치 있는 표현을 빌리면 이로써 페이스북도 다른 실리콘밸리 기업들과 마찬가지로 저커버그가 무슨 짓을 하든지 결코 해고할 수 없는 '초다수결의제'를 갖게 됐다.[9] 일부는 권력의 종말이나 한계와 마주할지도 모르지만 분명히 저커버그는 예외다. 생각했던 것보다 많은 사람이 타인에게서 부여받은 힘보다 더 큰 힘을 휘두른다.

같은 책에서 나임은 세계화가 경제적 중앙집권화에 어떻게 기여했는지도 설명했는데, 나는 이 설명을 권력의 이론과 현실이 어떻게 변했는지를 보여 주는 사례로 자주 거론한다. 나임은 많은 기업이 전 세계로 진출해 서로 경쟁하면서 경제력이 분산된다고 가정했다. 그가 이 질문을 제기한 때가 2013년이었다.

이제 그 답은 분명해졌고 많은 사람이 예상했던 것과 다르다. 미국에서뿐만 아니라 전 세계의 반독점 기구가 힘든 전쟁을 앞두고 만반의 태세를 갖추고 있다. 세계화 때문에 다국적 기술업계뿐만 아니라 통신업계, 소매업계에서도 권력과 부의 중앙집권화가 심화되고 있다. 2008~2009년 금융위기 이후 대마불사했던 은행권은 더 비대해졌다. 그래서 사람들은 경험을 바탕으로 반독점 기구는 사실상 존재하지 않고 경제력의 중앙집권화는 심해졌다고 말한다.[10]

제러미 하이먼즈와 헨리 팀스는 《뉴파워: 새로운 권력의 탄생》을 썼다.[11] 하이먼즈와 팀스는 권력은 종말을 맞이하지 않으며 권력의 기반과 활용법이 인터넷, 소셜미디어와 새로운 커뮤니케이션 도구를 통해 근본적으로 바뀌었다고 주장했다. 그들은 이런 사회적·기술적 변화가 우리가 밥 먹듯이 말하는 민주화를 심화시켰다고 생각했다. 그리고 그 이유는 새로운 권력에 관한 사상이 권력의 중앙집권화를 약화하고 더 많은 사람에게 권력을 나눠 줬기 때문이라고 말했다.

하이먼즈와 팀스는 많은 사람이 (인터넷 블로그와 트위터, 페이스북, 인스타그램 같은 소셜미디어 계정 등) 커뮤니케이션 도구를 손쉽게 획득하고 (구글 등으로) 세계의 정보에 쉽게 접근하면서 혁신과 사회 운동이 폭발적으로 확대되었다고 주장했다. 자주 언급되지만 궁극적으로 실패한 '아랍의 봄'Arab Spring처럼 사람들은 이로 인해 더 많은 힘을 갖게 됐을지도 모른다(참고로 아랍의 봄은 1960년대 시대적 상황에서 유래됐다). 영향력을 행사할 수 있는 공식적인 지위가 없는 사람들을 포함해서 말이다.

안타깝게도 현실은 생각하는 대로 흘러가지 않았다. 새로운 커뮤니케이션 도구와 소셜미디어 플랫폼을 가장 성공적으로 사용한 이들은 이미 정치력과 경제력을 손에 쥔 자들이었다. 언론을 예의 주시하는 한 필리핀 논평가는 "권력이 권력을 통합하고" 제3의 언론은 제거되고 "가장 큰 확성기"를 가진 언론이 제 입맛대로 현실을 주무른다고 말했다.[12]

2006년부터 민주주의 지수를 집계해 온 이코노미스트 인텔리전스 유닛Economist Intelligence Unit은 "민주주의가 후퇴하고 있다. (…) 세계 민주주의 지수가 10점 만점에 5.44점을 기록했다. 이는 민주주의 지수를 집계하기 시작한 이후로 최저점"이라고 발표했다.[13] 보수적인 카토 연구소Cato Institute에서 2008년부터 발표해 온 인간 자유 지수Human Freedom Index를 신뢰하는 사람들도 있을 것이다. 2008년 이후 전 세계의 인간 자유 지수는 꾸준히 하락하고 있다. 61개국에서는 올랐지만 79개국에서

하락했다.[14]

정계에서 권력이 통합되는 몇 가지 사례를 살펴보자. 공식적으로 시진핑은 러시아의 블라디미르 푸틴처럼 중국의 영원한 통치자로 군림하고 있다. 헝가리, 폴란드, 터키, 필리핀 등 여러 유럽 국가와 아시아 국가에 독재정권이 들어서고 있다. 중국이 홍콩의 권리를 갈수록 제한하면서 홍콩의 특별한 위상은 거의 무너졌다.

미국에서는 트럼프가 2016년에 페이스북 같은 '새로운 세력으로 부상한 커뮤니케이션 도구'를 효과적으로 동원해 대통령에 당선됐다. 〈워싱턴 포스트〉의 팩트 체크에 따르면 트럼프는 많은 거짓말을 했고[15] 공화당은 그의 거짓말에 동조했다. 그는 2020년 재선에는 실패했지만 대통령 선거 역사상 두 번째로 많은 표를 받았다. 그 수는 2016년 대선에서 얻은 표 수보다 훨씬 더 많았다.

간략하게 말하면 권력은 끝이 없다. 그리고 권력이 발휘되는 대부분 모습도 이전과 거의 달라지지 않았다. 이 세상은 우리가 생각하거나 예상한 것만큼 많이 변하지 않았다. 이런 세상에서 앞서 나가려면 권력의 기본 원리, 즉 권력의 원칙을 이해해야 한다.

권력이 말해 주는 성공에 관한 진실

◆

어쩌면 이런 사실들이 '우울하거나 암울하게' 느껴질지 모른다. 이 글의 맨 앞에 인용한 말을 한 번 더 인용해야겠다. 권력이 선을 위해 쓰이길 바란다면 더 많은 선한 이들이 권력을 가져야 한다. 그리고 선한 이들이 권력을 얻고자 한다면 증명된 사회과학적 진리를 이해해야 한다. 이렇게 하면 권력이 사라지지도, 확대되지도 않고 권력을 결정하는 요인과 이를 키우는 전략도 변하지 않는 이 세상에서 성공할 수 있을 것이다. 즉 권력의 원칙으로부터 달아나는 것이 아니라 받아들여야 한다.

이 책은 당신을 행복하게 만들거나 사기를 돋울 이야기를 들려주지 않는다. 나는 냉소주의자가 아니라 실용주의자이며 현실주의자다. 1979년 이후 나는 스탠퍼드대 경영대학원에서 조직 내에서 권력을 키우고 활용하는 법에 대해 강의하고 있다. 내 강의는 가장 인기 있는 선택 과목 중 하나다. 내가 매력적이거나 카리스마가 있어서가 아니다. 그리고 내 강의 자료가 현시대를 지배하는 정신에 적합하기 때문도 아니다. 그렇다면 내 강의가 인기 있는 이유는 무엇일까?

한 학생이 "교수님의 강의는 우리가 계속해서 마주하는 세상을 이해하는 데 실질적인 도움이 됩니다."라고 말했다. 내 강의가 더 유능하고 성공적인 사회생활을 하는 데 도움이 된다고 한다. 스탠퍼드 대학교는 '삶을 바꾸고 조직을 바꾸고 세상을 바꿔라'라고 학생들을 가르친다. 변화를 만들어 내려면 힘이 필요하다. 권력과 영향력 없이 변할 일이었다면 변해도 벌써 변했다.

변화를 만들어 내는 첫 번째 단계는 스스로(그리고 조력자들과 함께) 협상력을 발휘할 수 있는 위치에 서는 것이다(참고로 '협상력'은 이 책에서 자주 사용하는 단어다). 이렇게 하면 당신의 노력은 엄청난 효과를 내서 무언가를 성취해 낼 것이다. 기분 좋은 이야기만 듣고 싶은가? 그렇다면 이 책은 당신이 읽을 만한 책이 아니다.

나는 이런 마음가짐이 반영된 문헌을 주로 읽는다. 내 책상 위에는 책들이 어지럽게 놓여 있다. 그중 새뮤얼 존슨 상Samuel Johnson Prize을 수상한《독재자가 되는 법》,[16]《사기꾼이 항상 승리한다》Cheaters Always Win: The Story of America [17] 그리고 고인이 된 스탠퍼드대 법학대학원 동기인 데버라 로드Deborah Rhode의《사기》Cheating[18]가 있다. 역사와 인간 행동의 실체에 대한 깊은 이해가 돋보이는 책들이다. 세 권 모두 '사람들은 누구나 마땅히 누려야 하는 것들을 누리게 되어 있다'라고 굳게 믿지만 삶은 공평하지 않다는 메시지를 전한다.[19] 사람들은 나르시시스트와 폭군에게 매혹된다. 그래서 결국에는 그들에게 표를 던지거나 그들을 위해서 일하고 대체로 나쁜 결과로 이어진다.

정직은 무의식적이거나 불가피한 것이 아니다. 정직이 사회생활의 질서를 유지하고 사기와 기만을 줄이려면 제도적 체계와 제재가 필요하다. 하지만 애석하게도 정직에 제도적 체계와 제재가 결여된 경우가 많다. 내가 무슨 말을 하고자 하는지 이해했으리라.

사회학자 머리 에덜먼Murray Edelman은 정치적 언어를 주제로 여러 권의 책을 써냈다. 그중 한 권에 특히 감명을 받은 구절이 있는데 이를 간단히 옮기면[20] 정치판에서는 대체로 어느 한쪽은 미사여구를, 다른 한쪽은 현실을 말한다고 한다. 새로운 권력, 권력의 종말, 권력의 역학관계 변화에 대해 수많은 이야기가 존재한다. 하지만 마법사들이 손을 흔들면 그 누구도 그들의 속임수를 눈치채지 못하는 것처럼 사람들은 더 성공하고 유능해질 수 있는 근본적인 사실에서 눈을 돌린다. 만약 이 책을 읽고 얻은 지식을 실천한다면 당신은 사실을 외면하는 그들 중 한 명이 되지 않을 것이다.

여기서 제안 하나를 더 하고자 한다. 리더, 학자, (그리고 내가 몹시 혐오하는 단어인) '대가'라고 불리는 사람들의 조언과 이야기를 들을 때는 약간의 주의가 필요하다. 이제 우리는 온라인 데이터베이스와 기타 자원을 통해 방대한 정보에 접근할 수 있다. 그들이 얼마나 많은 소송에 휘말렸는지, 그들의 리더십에 대해 어떤 평가가 내려지고 있는지 인터넷에서 확인해 보길 바란다.

이왕이면 그들이 어떤 사람들과 일했는지, 어떤 훌륭한 리더들을 위해서 일했는지, 어떤 선생에게서 배웠는지를 확인해 보고 그들의 조직과 행동의 실체에 관해 이야기해 보는 것도 좋다. 또는 기자들이 그들에 관해 쓴 기사를 찾아서 읽어 보라. 이 말은 그들에 대해 비판적으로 사고하고 약간의 조사를 하라는 것이다. 셰익스피어의 《햄릿》에 나오는 대사를 빌리면 "그만하면 되었다.", 즉 비판적인 사고와 약간의 조사면 충분하다.

이런 약간의 조사와 비판적인 사고를 통해 진정성과 투명성을 강하게 옹호하는 사람들이 오히려 진정성과 투명성이 결여된 경우가 많다는 사실을 알게 될 것이다. 그러니 나 역시 그냥 믿지 마라. 그리고 권력의 원칙에 관해 내가 제시할 많은 사회과학적 증거도 그냥 믿지 마라. 당신의 눈으로 직접 보고 확인한 것만 믿어라. 지금부터 두 눈을 크게 뜨고 보라.

당신을 성공으로 이끄는 힘의 재해석

2019년 5월 10일 루카이야 애덤스Rukaiyah Adams는 스탠퍼드대 경영대학원에서 태피스트리 상Tapestry Award을 받았다. 스탠퍼드대 경영대학원은 '직장 생활과 개인 생활에서 뛰어난 리더십과 지적 탁월함을 발휘하고 타인에게 봉사한' 흑인 동문에게 태피스트리 상을 수여한다.[1] 지금 애덤스는 미국 오리건주 포틀랜드에 본사를 두고 7억 5,000만 달러의 기금을 운용하는 메이어 메모리얼 트러스트Meyer Memorial Trust의 최고투자책임자다. 그전에 애덤스는 1,000억 달러 상당의 오리건주 공공연금과 기타 자산을 관리하는 이사회 회장이었다.

내 강의를 들었던 애덤스는 법학 학사와 경영학 석사 학위를 가지고 있었고 2008년에 스탠퍼드대 경영대학원을 졸업했다. 하지만 그녀를 기다리고 있었던 것은 최악의 고용시장이었다. 안정적인 직업을 찾는 것이 여간 힘든 일이 아니었다. 흑인 여성이었던 애덤스는 흑인이나 여성이 거의 없는 자산관리업계에 몸담았다. 최근 조사에 따르면 전 세계 금융 자산 69조 1,000억 달러 중에서 여성과 유색인이 관리하는 자산 비율은 1.3퍼센트에 못 미쳤다.[2]

남들과 다르다는 사실이 성공의 걸림돌이 될 수 있다. 하지만 애덤스는 이런 사실을 재빨리 자신만의 강점으로 바꾸는 방법을 찾아냈다. "이 업계가 제게 순순히 권력과 기회를 나눠 주진 않으리라는 걸 알았죠. 그래서 제가 직접 만들기로 했습니다." 그녀는 헤지펀드 회사에 취직했고 조직이 신임하는 직원이 됐다. 그녀의 말을 들어 보자.

한때 흑인 여성이라는 외부인에게 겨우 허락됐던 자리에 정보가 모여들기 시작했어요. 사람들은 자기가 조성하고픈 자금에 대해 제게 이야기했어요. 그들은 가족을 부양해야 한다는 의무가 있었기 때문에 직접 자금을 조성하길 두려워했습니다. 실패하면 직업을 잃을 수 있었거든요. 그런 사람들 대부분이 외벌이였어요. (…) 하지만 저는 젊었고 미혼이었죠. 그리고 그들에게는 동료라기보다는 철저한 외부인일 뿐이었어요. 그래서 그들은 제게 무슨 말을 해도 안전하다고 느꼈죠. 곧 임원진도 정보가 필요할 때면 저를 찾아오기 시작했어요. (…) 그렇게 제게 권력이 생겼죠. 이것이 계기가 되어 최고운영책임자로 승진했고 투자자들은 정말 힘든 시기에 제게 마음을 터놓곤 했습니다.

2012년까지 애덤스는 한 포틀랜드 금융회사에서 6개 영업부서와 자산 65억 달러를 관리했다. 그녀는 내 강의에서 얻은 지식을 완전히 자기 것으로 만들었고 인맥의 중심에 서는 것의 중요성을 오롯이 이해하고 있었다. 이는 제5장에서 인맥 쌓기의 중요성에 관해 이야기할 때 다시 살펴볼 주제다.

무엇보다 중요한 것은 애덤스가 권력의 제1원칙을 이해하고 있었다는 것이다. 그녀는 자신을 가두는 틀에서 벗어났고 공정하거나 공평한 세상을 기대하지 않았다. 그리고 자신에게 불리한 규칙에 따라 움직이지 않았다. 그 대신 자신만의 원칙을 만들고 그에 따라 자신의 게임을 했다.

나는 애덤스가 내 강의 덕분에 성공했다고 말하고 싶은 마음이 굴뚝같다. 실제로 수상 소감에 내 강의가 도움이 됐다고 밝히기도 했지만, 그녀는 스탠퍼드대 경영대학원을 1등으로 졸업했고 전문 학위를 2개나 보유한 유능한 여성이다.

현실에서 권력이 성공의 가장 중요한 자원이 되는 경우는 극히 드물다. 하지만 애덤스의 사례처럼 권력은 성과와 재능을 발휘해 원하는 것을 얻어내는 지렛대 역할을 할 수 있다. 조직에서 성과는 중요하다. 당신이 조직에서 성과를 내고 있다는 사실을 아무도 모른다면 아무 의미가 없다. 그러나 권력과 성과가 결합되면 권력만 있거나 성과만 있을 때보다 조직에서 더 높은 자리까지 올라갈 수 있다.

애덤스는 권력의 규칙을 받아들였고 영향력 있는 자리에 오르기 위해 어떻게 해야 하는지 알았다. 그 덕분에 그녀는 개인적인 목표와 사회적 대의를 위해 일하겠다는 목적을 달성할 수 있었다. "저는 흑인 여성들이 그 순간에 주어진 것만으로 뭔가를 해내는 순발력과 어떤 환경에서도 살아남는 생존력에 의지했던 것 같아요."

모두가 애덤스처럼 권력의 원칙을 받아들이는 것은 아니다. 어떤 사람들은 권력의 실체를 보여 주는 자료를 마주하기만 해도 거부감을 느끼며 그 자료에 담긴 지식과 정보를 흡수하고 실천하길 힘들어한다. 그런 사람들은 내 강의를 듣거나 내가 쓴 권력에 관한 책들을 읽으면 일반적으로 다양한 단계를 거쳐 거부감을 보인다. 나는 당신이 그런 회의감과 저항감을 빠르게 떨쳐 낼 수 있도록 돕고자 이 글을 썼다. 빨리 떨쳐 낼수록 당신은 이 책의 지식과 정보를 더 쉽게 받아들이고 빨리 실천해서 당신의 조직과 환경을 개선할 수 있을 것이다.

권력은 지금 당장 활용해야 할 도구다

◆

기본적으로 권력은 도구다. 거의 모든 도구가 그렇듯 권력도 어떻게 사용하는지 완전히 습득하면 위대한 일과 끔찍한 일 그리고 그 사이의 모든 일을 하는 데 훌륭한 도구가 된다. 요지는 당신에게 불리하게 권력이 발휘되는 상황에서 그 권력이 무엇을 위해, 어떻게 사용되고 있는가에 대한 당신의 반응과 권력 자체에 대한 당신의 반응을 같은 것으로 혼동하거나 뒤섞어 생각해선 안 된다는 것이다. 권력은 사회생활의 도처에 존재한다. 이는 불가피한 사실이고 분개해서는 안 된다. 그 대신 권력의 사용법을 완전히 익혀라.

권력을 발견해서 어떤 결과를 낳을지는 평가하지 않고 사용하는 법을 익힌 사례 하나를 소개한다. 1985년 지금은 고인이 된 존 제이콥스John Jacobs는 스탠퍼드 대학교의 나이트 저널리즘 펠로우였고 내 강의를 들었다.[3] 〈맥클래치〉McClatchy의 정치부 부장이기도 했던 그는 내게 자신이 쓴 책을 선물하기까지 했다. 그 책에는 "내가 가진 권력을 전혀 의심하지 않았던 제프리 페퍼에게 이 책을 바친다."라고 새겨져 있었다. 책 제목은 《레이븐》Raven이었다.[4] 이 책에서 다룬 실존 인물인 짐 존스는 미국을 떠나 가이아나에서 대량살인을 저지르고 자살하기 전에, 권력을 이용하는 많은 기술을 사용해 샌프란시스코 정계에 은근슬쩍 모습을 드러냈다. 놀랍게도 존스가 사용했던 기술들이 내가 강의와 책을 통해서 사람들에게 가르치고 있는 기술들이다.

존스는 권력의 제5원칙대로 인맥을 쌓았다. 그는 샌프란시스코에서 가장 영향력 있는 흑인이었던 칼턴 굿렛Carlton Goodlett 박사와 관계를 맺었고 굿렛은 존스에게 우호적인 보도를 하는 신문을 발간했다. 또한 존스는 정치인들에게 선물을 보내고 인민사원People's Temple(1960~1970년대에 부흥한 기독교 사이비 종교. 남미의 빈국 가이아나의 정글로 본부를 옮겨 코뮌을 이루고 살았으며 미국 정부의 조사가 시작되자 1978년에 교주를 포함한 910명이 집단 음독자살을 했다.—옮긴이) 행사와 만찬에 초대하는 등 '호혜의 원칙'norm of reciprocity(먼저 무언가를 상대에게 줌으로써 상대가 의무감을 갖게 하는 것—옮긴이)을 적용했다. 이는 굉장히 강력한 원칙으로 사람들은 은혜를 베푼 사람이 보상을 바라지 않는다는 사실을 알고 있더라도 어떤 식으로든 보답을 하려고 한다.[5]

이 보답하려는 마음을 이용해 존스는 1975년 시 선거에서 샌프란시스코 시장 선거에 출마한 조지 모스코니_{George Moscone}와 민주당 후보들의 선거 활동에 인민사원 회원들이 봉사하게 했다. 그리고 그해 민주당이 샌프란시스코의 정권을 잡았다. 존스는 도움을 받는 사람들이 자금과 노동력이 어디서 오는 것인지 절대 잊지 않도록 했다. 사람들이 자신의 도움에 보답하면 존스는 다시 뭔가로 보답했고, 자신이 귀중한 자금력과 노동력을 모두 갖고 있다는 신호를 정치인들에게 계속 보냈다. 그래서 정치인들은 존스를 곁에 두려고 친절하게 대했다.

모스코니가 샌프란시스코 시장이 되자 존스는 샌프란시스코 주택청_{San Francisco Housing Authority}에 자신의 자리를 하나 만들어 달라고 부탁했다. 그리고 정말 샌프란시스코 주택청에서 일하게 되었고 긍정적인 이미지를 구축하는 데 도움이 되는 우호적인 기사가 쏟아졌다. 이로써 존스는 그와 그의 조직이 합법적인 일을 하고 있다는 이미지를 형성했다.[6]

존스가 권력을 얻는 데 효과적인 기술들을 사용했다고 해서 그런 행동들이 나쁘거나 틀렸다고 할 수는 없다. 그는 단지 그 기술들을 악한 목적에 이용했을 뿐이다. 권력을 얻으려는 행동은 선을 위해 사용될 수도 있다. 확실히 말하건대 이 책의 목적은 권력의 원칙과 이를 사용하는 방법을 최대한 많이 당신에게 알려 주는 것이다. 이 책에서 얻은 지식과 정보를 어떤 목표나 목적을 위해 사용할 것이냐는 당신이 결정할 일이다. 나는 물리학의 원자력을 가르치는 것과 비슷하게 중립적인 태도로 권력의 원칙을 가르치고자 한다. 이는 나의 동료 학자들이 선택하는 권력에 대한 접근법과는 확실히 다른 접근법일 것이다.

리더십 교육업계에 몸담고 있는 대다수 사람은 사람들에게 윤리와 가치, 사상과 함께 아마도 약간의 사회과학을 가르치는 '설교하는 평신도'가 되는 것이 자신의 역할이라고 믿는다. 하지만 그들은 자신의 사상을 확인하는 사회과학만을 선택적으로 가르친다. 그들은 충격적이라는 이유로 나르시시즘[7]이나 거짓말 빈도와 거짓말해도 책임지지 않는 상황[8] 등에 관한 사회과학 연구를 가르치지 않기로 했을지도 모른다. 나는 이런 태도를 완전히 거부한다. 이런 태도로 전달하고자 하는 사상, 가치 등이 중요하지 않다는 것이 아니다. 당연히 중요하다. 하지만 (도덕적이거나 윤리적인 원칙처럼) '리더십 원칙'을 리더십의 기술과 전술에 관한 학습과 융합시키는 것은 3가지 문제가 있다.

첫째, 사람들에게 윤리적 원칙을 가르쳤을 때 그들의 윤리적 행동이 강화되느냐에 관해서는 엇갈리는 사회과학적 연구 결과가 존재한다. 사회과학적 연구는 사람들을 가상의 상황에 놓고 실제 행동이 아닌 그 상황에 적절한 행동을 하느냐를 평가한다.

예를 들면 한 오스트레일리아 대학교의 학부생들을 대상으로 진행된 비교연구는 "윤리 교육은 윤리적 딜레마에 대한 학생들의 반응에 제한적인 영향을 미친다."라고 결론지었다.[9] 이 연구는 중요한 인구통계적 요소와 기타 특징을 기준으로 사람들을 짝지었고, 윤리 훈련에서 한 명은 대우를 받고 한 명은 통제를 받았다. 학생들의 시험 부정행위 연구에서는 실제로 부정행위를 저질러선 안 된다는 교육이나 훈련이 아무 효과가 없다는 것이 밝혀졌다.[10]

기업과 사회 그리고 기업 윤리에 관한 강의가 효과가 있는지를 확인하기 위해서도 연구가 진행됐는데, 이 연구에 따르면 개선 효과는 "오래 지속되지 않는 것"으로 확인됐다.[11] 기업에서 이뤄지는 윤리 훈련에 대한 종합적 검토에 따르면 그 효과에 대한 결정적인 증거는 없었다. 이 검토 보고서는 "책임감 있는 경영 원칙을 훈련한다고 해서 자동으로 현직 근무자의 행동 변화가 나타나지 않는다. 인지적 성장만으로 직장에서 책임감 있게 행동하는 능력을 기르고 준비시킬 수 없기 때문이다."라고 지적했다.[12]

둘째, 가족이나 성직자를 제외하고 그 누구도 타인에게 삶의 목적과 목표가 무엇이어야 한다고 말할 권리도, 심지어 의무도 없다. 우리는 사람들에게 개인적인 행동과 조직적인 행동에 대해 알고 있는 것을 알려줄 수 있고, 어떻게 의사결정을 내릴지를 철저히 따져 볼 수 있도록 도와줄 수도 있다. 하지만 적어도 사람들이 그들의 지식으로 무엇을 성취할지는 그들이 결정해야 할 몫이라고 생각한다.

셋째, 수단과 목적의 관계에 대해 철학적 논의가 끊임없이 계속되고 있다.[13] 목표가 숭고하고 바람직하다면 그 목표를 달성하기 위한 전술, 즉 수단에 제약이(그리고 한계가) 존재해야 할까? 뉴욕시의 건축 대가이자 20세기의 가장 영향력 있는 인물인 로버트 모지스Robert Moses는 지난 40년 동안 뉴욕 건축계에 엄청난 영향력을 행사해 온 인물이다. 그는 "목적이 수단을 정당화하지 않는다면 무엇이 수단을 정당화하겠는가?"라는 유명한 말을 남겼다(제2원칙 '규칙을 깨라'를 설명할 때 모지스에 관해 더 자세히 살펴볼 것이다).[14]

사람들이 목적을 달성하지 못하거나 높은 지위를 걸고 펼치는 경쟁에서 패배하는 이유는 이기기 위해 반드시 해야 하는 일을 하지 않기 때문이다. 실제로 다음 장에서 살펴볼 권력의 제1원칙은 자신을 옥죄는 틀에서 벗어나야 하는 사람들을 위한 것이다. 이런 사람들은 자신이 덜 유능한 존재로 보이도록 스스로가 부과한 수많은 제약에서 벗어나야 한다.

목표를 추구하기 위해 무엇을 할 것인가를 결정하는 일은 개인의 선택이다. 하지만 그 선택을 하기 위해 나는 어떤 수단이 효과가 있는지 그리고 왜 그런지를 가능한 한 많이 이해해야 한다고 믿는다. 그리고 당신의 경쟁자들 중에는 이기기 위해서라면 그 어떤 행동에서도 주저함이 없는 이들도 있음을 이해해야 한다.

정치적 수완과 직업적 성공의 상관관계

◆

한 나이지리아 여성이 리드LEAD 라는 온라인 프로그램에서 권력에 관한 내 강의를 보고 다음과 같은 이메일을 보냈다.

제가 리드 프로그램을 신청한 까닭은 저 자신이 너무나 무력하게 느껴졌기 때문입니다. 저는 남자들이 지배하는 지구과학과 공학 분야에 몸담은 유일한 여성이었습니다. 저보다 스무 살 많은 이전 상사는 허구한 날 저를 괴롭혔습니다. 정말 힘들었습니다.

저는 '권력 키우기' 프로젝트를 시작했고 조언에 따라 행동했습니다. 묻는 말에 즉시 대답하지 않고, 권위가 느껴지도록 당당하게 이야기하고

(제3장의 주제), 인맥을 쌓고 영향력을 키워 나갔죠(그녀는 전도유망한 여성들과 다른 전문직 여성들을 연결하는 비영리 조직을 만들었다). 지금은 저를 괴롭혔던 상사와 직장 동료들이 저를 지지해 주고 있습니다. 그들은 저를 존중합니다. 하지만 제일 좋은 일은 더 이상 그들의 눈치를 보고 걱정할 필요가 없다는 거죠. 이제 저는 회사의 경영진과 일대일로 대화를 합니다.

저는 스트레스 없는 삶을 살고 있어요. 주도적인 삶을 살고 다른 사람들을 도우면서 세계 곳곳에서 저의 역량을 발휘하고 있죠. 제가 이런 삶을 살 수 있을 거라고는 상상도 못 했습니다. 반드시 권력을 가져야 합니다! 권력을 가지면 인생이 완전히 달라집니다.

권력의 원칙을 따르자 그녀의 삶이 변했다. 8주도 채 안 되는 짧은 기간에 일어난 큰 변화였다. 권력은 다른 사람들과 관계를 맺고 의사소통하는 방법을 바꾼다. 그 변화는 대체로 긍정적이다. 권력은 권력을 행사하는 사람에게 자신의 삶에 대해 더 많은 자주권과 통제권을 부여한다. 그리고 내 강의를 들은 나이지리아 여성처럼 권력은 사람들을 더 독립적이고 성공적으로 바꾸기 때문에 삶이 전보다 훨씬 행복해진다.

연구에 따르면 스스로 강하다고 느끼면 주관적인 안녕감이 상승한다. 이 연구에서는 권력감('나는 내가 상당히 강한 사람이라고 생각한다')이 삶에 대한 만족감('여러모로 내 삶은 나의 이상에 가깝다')과 긍정 및 부정 정서(스스로 인지하는 기분과 감정)에 미치는 영향을 알아봤는데 성별과 기타 성격적 요인들은 통계적으로 통제됐다.

연구 결과에 따르면 자신에게 힘이 있다고 느끼는 권력감은 안녕감을 예측하는 변수가 됐다.[15] "권력감이 높은 참가자들은 권력감이 낮은 참가자들보다 자신의 삶에 대한 만족도가 16퍼센트 더 높았다. 그리고 긍정 정서를 경험할 가능성은 15퍼센트 더 높았고 부정 정서를 경험할 가능성은 10퍼센트 더 낮았다."[16]

물론 성공은 사람에 따라 의미하는 바가 다르다(그리고 행복감과 안녕감도 사람에 따라 다르다). 나는 윤리학자가 아니기 때문에 정확하게 성공은 이런 것이라고 정의 내릴 순 없다. 그리고 성공적인 삶을 살기 위한 조언이나 코칭을 해줄 수도 없다. 하지만 사회과학자로서 나는(그리고 당신은) 학술 문헌을 살펴보고 직장에서의 성공을 측정하는 구체적인 지표를 기준으로 누가 성공적으로 경력을 쌓아 나갈지를 예측할 수 있다.

권력의 원칙을 다루는 이 책을 진지하게 읽어 나가려면 무엇보다 다음 질문들을 고민해야 한다. 권력을 키우고 행사하는 데 정치적 수완을 발휘하는 것이 실제로 중요할까? 과연 권력과 연관된 행위에 참여하는 사람들이 직장 생활을 더 잘 해낼까?

플로리다 주립대학교의 제럴드 페리스Gerald Ferris 교수와 동료들은 수년 동안 정치적 수완을 정의하고 측정했다. 그리고 정치적 수완이 사람들과 그들의 경력에 미치는 영향에 대해 연구했다. 최근에 발표한 방대한 연구 결과를 요약한 책에서 그들은 정치적 수완을 "직장에서 다른 사람들을 효과적으로 이해하고 그 지식을 이용해 그들이 개인 그리고/또는 조직의 목표를 향상시키는 데 도움이 되도록 행동하게 만드는 것"이라고 정의했다.[17]

그 외에 많은 연구에서 정치적 수완은 권력의 역학관계를 익히는 능력으로서 개인의 경력에 분명히 영향을 미친다는 결론을 내렸다. 페리스와 동료들도 "정치적 수완은 직장에서 성공 여부를 예측하는 가장 강력한 예측 변수들 중 하나"라고 결론을 내렸다.[18] 이처럼 사람들이 정치적 수완을 포함해 권력을 부지런히 키워야 하는 이유를 보여 주는 경험적 증거는 방대하다. 지금부터 그중 일부를 살펴보자.

다양한 직업군으로 구성된 191명을 대상으로 정치적 수완에 따라 연봉 수준, 승진 여부, 직업에 대한 만족도, 삶에 대한 만족도와 이직 가능성이 어떻게 달라지는지를 조사한 연구가 진행됐다. 조사 결과 정치적 수완은 5가지 요소 중 4가지 요소에 영향을 미쳤다.[19] 독일 기업에서는 직원들이 투표를 통해 대표자를 선출하는데 이 투표에서 선출된 직원 대표들을 대상으로 연구가 진행됐다. 그 결과 정치적 수완이 직원 대표 선거에서 당선 가능성뿐만 아니라 개인의 직업적 성취에도 영향을 미친다는 사실이 확인됐다.[20] 아동 복지 시스템의 사례별 사회복지사업팀의 업무 성과를 검토한 결과 역시 팀장의 정치적 수완이 팀 간 성과 차이를 어느 정도 좌우했다.[21]

다수의 연구 결과를 요약한 정치적 수완의 영향에 관한 포괄적인 메타 분석에 따르면 정치적 수완은 직업 만족도, 업무 생산성, 직업적 성공과 개인의 평판에는 긍정적인 영향을, 생리학적 중압감에는 부정적인 영향을 미쳤다.[22] 그리고 이런 연구들은 정치적 수완이 직업적 성공에 직접적인 영향을 미친다는 페리스와 동료들의 주장을 증명했다.

이 외에도 정치적 수완은 다른 여러 가지 방법으로 개인의 경력에 영향을 미친다. 정치적 수완이 좋은 사람들은 영향력을 행사하는 여러 수단을 그렇지 않은 사람들보다 더 능숙하게 다루기 때문에 직업적으로 더 좋은 성과를 낸다. 예를 들면 정치적 수완은 인맥을 쌓고 활용하는 데 도움이 된다.[23] 또한 다양한 인상 관리 기법을 더 효과적으로 사용할 수 있게 해주고[24] 상사의 환심을 살 수 있다.[25] 그리고 (중국 기업에서라면) 상사와 부하직원의 '꽌시'(중국에서 사업과 기타 업무를 원활하게 처리하는 데 도움이 되는 사회적 인맥과 강력한 인간관계를 의미한다)를 끈끈하게 만들어 준다.[26]

정치적 수완은 직장의 스트레스 요인도 줄여 준다.[27] 스트레스를 덜 받으면 업무를 완수하기가 수월해진다. 업무에 더 많은 에너지를 쏟고 더 많이 집중할 수 있기 때문이다. 인맥 쌓기, 아첨/아부, 자신감을 드러내고 긍정적인 인상 만들기 등을 통해 조직에서 영향력을 발휘할 수 있다. 이런 수단을 직장 생활에서 효과적으로 사용하려면 최고의 결과를 만들어 내는 능력이 반드시 뒷받침되어야 한다. 어쨌든 정치적 수완이 좋을수록 위와 같이 직장에서 영향력을 행사하는 데 도움이 되는 여러 수단을 활용하는 능력도 향상된다.

버클리대 경영대학원의 캐머런 앤더슨Cameron Anderson 교수와 동료들은 졸업생 214명을 대상으로 종적 연구를 진행했다(종적 연구는 오랫동안 동일한 실험 참가자들을 여러 차례 관찰하면서 진행된다). 사람들이 개인적으로 자신에게 어느 정도의 권력이 있다고 느끼는지(권력감)와 다른 사람들이 그들이 얼마나 권력이 있는 사람이라고 생각하고 있는지는 서로 종속변수였다. 두 변수의 상관계수는 매우 높았다. 연구에 따르면 개인이 행사하는 권력의 크기는 지배적이고 공격적인 행동, 정치적인 행동, 사회적인 행동, 권위 있는 행동과 관련이 있었다. 이 4가지 유형의 행동 중에서 특히 정치적인 행동이 그들의 연구 결과에 가장 큰 영향을 미쳤다. 그리고 근소한 차이로 권위 있는 행동이 연구 결과에 두 번째로 큰 영향을 미쳤다.[28]

정치적 수완과 직업적 성공의 관계에 관한 많은 연구 결과가 시사하는 바는 분명하다. 정치적 수완과 정치적인 행동은 직업적 성공에 '매우' 중요하다. 좀 더 생각해 보면 이런 행동이 연봉과 지위뿐만 아니라 직업과 삶의 만족도에 영향을 미친다는 사실이 그리 놀랍지만은 않다. 정치적 수완과 정치적인 행동으로 긍정적인 효과를 본 사람들은 더 높은 지위와 더 큰 권력 그리고 직업적인 성공으로까지 이어질 수 있다.

왜 당신은 권력을 '부정'하는가

◆

권력에 관한 내 강의 자료나 책을 뒷받침하는 사회과학적 증거는 충분하다. 그리고 뉴스를 보거나 실제 조직에서도 권력에 관한 내 주장들이 타당하다는 것을 알 수 있다. 그러나 우리는 그 사실을 곧장 받아들이지 못한다. 대부분은 여러 단계를 거쳐 권력을 학습하게 된다.

첫 번째 단계는 '부정'이다. 사람들은 자신이 권력에 관해 읽거나 들었던 것, 가족에게서 배운 것, 경영대학원 같은 기관에서 알게 된 것 등을 바탕으로 자신만의 권력의 원칙을 만들어 낸다. 그리고 일단은 권력을 부정한다. 일상에서 권력과 정치적 행동이 어떻게 행사되는지를 목격하면서도 일단 권력을 부정하고 본다. 아마도 눈으로 직접 권력과 정치적 행동이 어떻게 나타나는지를 보고 적잖은 충격을 받아서 부정부터 하는 것인지도 모르겠다.

사람들은 제일 먼저 권력의 7가지 원칙을 따르지 않고도 성공한 사람의 사례부터 찾는다. 다시 말해 부정은 주로 이렇게 반증을 찾는 행위로 나타난다. 하지만 애써 찾은 첫 번째 반증은 그 무엇도 증명하지 못한다. 물론 치명적인 암에 걸려도 기적처럼 회복하는 사람들이 있다. 하지만 그렇다고 병이 자연스럽게 차도를 보이기를 기다리는 것이 암을 치료하는 최적의 전략이 되지는 않는다. 두 번째 반증으로 찾은 사람들 대다수는 자신만의 강렬한 서사를 만들어 내고 그 서사를 반복적으로 널리 퍼트리는 데 탁월하다. 하지만 그들이 만든 서사를 낱낱이 뜯어보면 일부는 힘없이 무너져 내릴 것이다.

사람들은 내가 말하는 권력의 원칙이 소셜미디어나 새로운 세대가 등장했기 때문에 현대 삶에 적용할 수 없다고 한다. 그리고 권력의 원칙은 아시아와 같은 다른 문화권에는 적용될 수 없다거나, 작은 회사나 최첨단 산업, 파트너십에서는 의미가 없다고 말한다. 이렇게 부정은 다양한 형태로 나타난다. 하지만 조직 생활에서 권력이 어디에나 존재한다는 사실을 부정하는 것은 때때로 나쁜 결과로 이어지기도 한다.

몇 년 전 나는 집과 멀지 않은 벌링게임(캘리포니아주 샌마테오 카운티에 있는 도시—옮긴이)에 있는 세이프웨이Safeway(미국의 대형 슈퍼마켓 체인—옮긴이)에서 장을 보고 있었다. 그런데 누군가가 뒤에서 "페퍼 교수님!"

하고 나를 불렀다. 예전에 내 강의를 들었던 학생이었다. 그는 내게 인사를 하면서 강의가 많은 도움이 됐다고 했다.

그는 강의를 들으면서 사실은 권력의 원칙을 실천하는 것이 썩 내키지 않았다고 말했다. 그는 몇몇 학생들과 투자 파트너십을 만들었는데 그곳에서는 권력과 정치에 거의 신경 쓰지 않는다고 했다. 그 말을 듣고 나는 "잘됐네요."라고 대답했다. 그의 경우처럼 내 강의를 듣고 권력을 얻는 법을 이해한 사람들 중에는 그 방법대로 권력을 얻고 싶지 않다고 결론 내리는 사람도 있다.

몇 년 뒤 나는 우연히 똑같은 세이프웨이 매장에서 그 학생을 다시 만났다. 나는 그에게 인사했고 지난번에 마주쳤을 때 나눴던 대화가 떠올라 친구들과 세운 투자회사가 잘 되고 있느냐고 물었다. 그는 씁쓸한 미소를 지으며 그 회사에 다니지 않는다고 대답했다. 파트너들이 그를 내쫓았던 것이었다. 그는 친한 사람들과 함께 세운 작은 회사에서조차도 힘겨루기와 정치에서 벗어날 수 없었다고 씁쓸하게 말했다. 그는 그렇게 어느 정도의 대가를 치르고 권력을 부정하는 단계에서 벗어났다.

부정은 주로 분노로 이어진다. 그런데 그 분노는 자주 나를 향한다. 이것이 놀랍지는 않다. '전령 죽이기'killing the messenger(부하나 전문가의 경고를 무시하거나 오히려 분노하는 행태를 뜻한다—옮긴이)의 대표적인 경우다. 대부분 내부고발자에게 어떤 일이 일어나는지를 보라. 그들이 옳다는 것이 밝혀졌어도 그들은 비난을 받는다.[29] 사람들은 듣기 싫은 말을 듣고 싶어 하지 않는다. 그리고 불쾌한 사실을 알려 준 사람에게 고맙다고 말하는 사람은 없다. 그래서 사람들은 내가 어떻게 그렇게 불쾌하고 까다로운 것들 그리고 전통적인 리더십 서적들이 주장하는 개념들과는 그렇게도 다른 것들을 가르치는지 궁금해한다.

일반적으로 분노는 사그라진다. 그리고 보통 슬픔으로 이어진다. 권력의 원칙이 진짜라는 것을 알게 되면, 자신도 권력의 원칙을 뒷받침하는 사회과학 연구를 알고 있었고 조직 행동에 관해 뭔가 알고 있었다는 것을 인지하면 사람들은 불행해진다. 그들은 내가 가르치는 것들이 그들이 사는 세상에 대해서 시사하는 바와 그들의 행동에 미치는 영향 그리고 그들이 해야 할 일들을 좋아하지 않는다. 그렇다면 그들은 누굴 신뢰할 수 있을까? 그들은 항상 조심하고 경계해야 하는 걸까? 이 단계에서 사람들은 권력 때문에 '우울하다'라고 말한다.

그런데 성공하면 슬픔은 수용으로 이어진다. 물론 항상 성공하는 것은 아니다. 그러나 자신의 삶과 조직 그리고 세상을 바꾸기 위해 무엇을 해야 하는지를 인식하게 된다. 이뿐만 아니라 권력의 원칙을 받아들이고 활용하거나 피하는 것 외에 선택지가 없음을 이해하게 된다. 다행스럽게도 나는 많은 졸업생과 사람들이 권력에 관한 내 생각을 받아들이고 위대한 일을 해내는 것을 오랫동안 목격했다.

권력도 당신도 섣불리 판단하지 마라

어떻게 하면 권력의 수용 단계에 좀 더 빠르고 쉽게 이를 수 있을까? 한 가지 팁을 주자면 판단을 자제해야 한다.

판단을 자제하려면 상당한 노력이 필요하다. 우리는 계속해서 상품과 경험에 관한 판단, 즉 평가를 요구하는 세상에서 산다. 이런 이유로 우리는 습관적으로 판단을 내린다. 하지만 다수의 경우 틀린 판단을 내린다. 예를 들어 교사에 대한 학생의 평가와 객관적인 학업 성취도는 상당히 낮은 상관관계를 갖는다. 게다가 둘 사이에는 상황에 따라 연관성이 존재하지만 이런 연관성은 모든 교사, 교습 방식이나 지도 수준에 적용될 수 없다. 다시 말해 "학업 성취도를 객관적으로 평가할수록 학업 성취도와 평가의 연관성은 줄어든다."[30]

또 다른 사례를 살펴보자. 상품 1,272개를 조사한 결과 사용자 평점이 컨슈머 리포트Consumer Reports 점수와 일치하지 않는다는 것이 확인됐다.[31] 우리가 판단을 자제해야 하는 이유는 우리의 판단은 대개 정확하지도, 이롭지도 않기 때문이다.

그렇지만 대규모 사회심리학 연구에 따르면 우리는 매일 부지불식간에, 빠르고 직관적으로 타인에 대한 판단을 내린다. 잠깐 보거나 흘깃 쳐다보는 것이 즉각적인 평가와 판단으로 이어질 수 있다. 이렇게 내려진 판단은 기준점이 되고 다음 판단에 연이어 영향을 미친다.[32] 사람들은 다른 사람들에 대해 대략 10초 만에 판단을 내린다. 그리고 그 판단은 놀라울 정도로 단단히 고정된다. 따라서 판단을 자제하려면 어마어마하게 큰 노력이 필요하다.

판단은 2가지 문제가 있다. 첫째, 무언가를 이루기 위해서는 중요한 관계를 맺기 위해 노력해야 한다. 특히 조직 생활에서 인간관계를 맺는 것은 중요하다. 조직 생활은 언제나 상호의존적이다. 다시 말해서 당신이 무언가를 이룰 수 있느냐 없느냐는 다른 사람들의 행동에 따라 결정된다. 함께 일하는 동료가 유능한지, 도덕적인지, 그 지위에 어울리는 자질을 갖췄는지 등에 대해 부정적으로 평가한 사람이 자신의 생각을 완전히 숨기기는 어렵다. 그리고 상호의존적인 임무를 완수하기 위해 부정적으로 평가한 사람과 긍정적인 관계를 형성할 가능성은 거의 없다. 따라서 우리의 판단은 우리의 인간관계를 방해한다.[33]

둘째, 판단은 불행과 불만의 원천이다. 무언가에 관해 판단을 내리려면 우리는 있는 그대로의 대상과 그 대상이 마땅히 이러해야 한다는 우리의 생각을 비교하게 된다. 둘 사이의 불가치한 격차는 좌절과 부정적인 영향을 낳는다. 이것이 바로 판단을 자제하라는 이유다. 테레사 수녀는 "당신이 사람들을 판단한다면 그들을 사랑할 시간이 없다."라고 했다.[34] 미국의 시인 월트 휘트먼은 "호기심을 갖고, 판단하지 말라."라고 조언했다.[35]

리얼리티 TV 프로그램 〈마스터셰프 오스트레일리아〉MasterChef Australia 제작진은 티베트의 정신적 지도자인 달라이 라마를 심사위원으로 초빙했을 때 드디어 성공했다고 생각했다. 하지만 달라이 라마는 판단을 내리길 거부했다. "승려로서 이 음식이 저 음식보다 더 맛있다고 판단하는 것은 옳지 않다. (…) 6세기 선종 불경에 따르면 좋아하는 것과 싫어하는 것을 비교하는 것은 마음의 병이다." 아주 간단하게 말하면 모든 현상을 '좋아하는 것' 또는 '싫어하는 것'으로 구분하면 깨달음을 얻을 수 없다는 의미다.[36] 이와 마찬가지로 신약성서의 마태복음 7장 1절은 "판단 받고 싶지 않다면 남을 판단하지 말라."라고 말한다.

판단은 유익한 상호의존적 인간관계를 맺는 데 방해가 된다. 그리고 판단 때문에 사람은 불행해진다. 그래서 사람들은 서로에게 판단을 삼가라는 조언을 자주 한다. 조직에서 권력이 행사되는 것에 대해 판단을 내리는 것도 마찬가지다. 이 때문에 사람들은 조직에서 인간관계를 맺는데 어려움을 느끼고 조직 생활의 현실에 스트레스를 받는다. 조직의 권력과 정치에 심리적으로 대비된 상태에서 조직의 권력과 정치를 인정하고(또는 최소한 이해하고) 판단을 자제하며 평정심을 갖고 일하는 것이 훨씬 좋다.

권력의 원칙은 백인 남성에게만 적용되는가

◆

시민법과 수많은 사회적 이니셔티브가 있는데도 성별과 인종에 따른 직업적 차별은 여전히 팽배하다. 유색인과 여성은 대체로 이 책에서 소개할 권력의 원칙과는 극명하게 다른 '이렇게 행동해야 한다'라는 규범적 기대의 제약을 받는다. 즉 여성과 소수 인종은 제2장에서 조언한 대로 규칙을 깨는 것이 아니라 따를 것이라는 기대를 받는다. 그리고 개인주의적이고 자신을 홍보하는 활동으로 여겨지는 개인 브랜드를 만들고 인맥을 쌓는 활동에 참여하기 위해서가 아니라 공동체의 안녕을 위해 사회생활을 한다고 사람들은 기대한다(제4장과 제5장에서 개인 브랜드를 만드는 것과 인맥을 쌓는 것에 대해 살펴볼 것이다).

사람들이 무엇을 하고 어떻게 행동해야 한다는 이런 기대들이 의문을 제기한다. 내가 항상 제기하는 의문이기도 한데 바로 '권력의 원칙이 여성과 소수 인종에게도 효과가 있을까?'이다.

나는 이 중요한 의문에 대해 몇 가지 답을 갖고 있다. 첫째, 연구 결과를 고려하면 적절한 비교 대상을 선택하는 것이 중요하다. 예를 들어 많은 권력의 원칙과 전략은 의심할 여지 없이 남성보다 여성에게 덜 효과적이다. 하지만 문제는 '거친 언어를 사용하는 것과 힘 있는 사람처럼 행동하는 것이 여성이나 유색인에게 덜 효과적인가?'가 아니다. '거친 언어를 사용하는 것과 힘을 표출하는 것이 그렇게 하지 않는 것보다 더 효과적인가?'가 문제다.

사람들은 자신의 인종이나 성별을 바꿀 수 없다. 따라서 그들이 누구인가를 고려해 '그들이 어떻게 하는 것이 권력과 영향력을 얻는 데 효과적일 것인가?'가 문제가 되어야 한다. 몸짓언어를 통해 권력을 행사하는 구체적인 사례에 관해, 버클리대 경영대학원 교수이자 비언어적 행동 전문가인 다나 카니Dana Carney는 비언어적으로 권력과 지위와 사회적 지배력을 표출하는 다양한 방식이 남성보다 여성에게 덜 효과적이라는 증거는 많지 않다고 지적했다.[37]

둘째, 권력의 원칙이 시간과 문화를 초월해 지속되는 이유에 대해 앞서 내가 주장했듯이 권력의 많은 부분이 변하지 않는다.[38] 대부분 조직과 사회적 상황은 위계적인 측면을 갖고 있다. 사다리에서 위로 갈수록 자리가 줄어들기 때문에 높은 자리를 두고 경쟁을 벌이는 것은 불가피한 일이다. 대인관계와 관련된 판단, 특히 따뜻함과 유능함에 관한 판단도 문화권과 상관없이 나타난다.

사람들은 자신과 비슷한 사람들을 선호한다. 하지만 자신의 성장을 위해 성공과 권력을 손에 넣으리라 생각되는 사람들과 자신을 연관 짓고 동맹 맺기를 선호한다. 사람들은 이렇게 변하지 않는 사회적 요소를 기준으로 권력을 키우는 전략을 평가하고 받아들이게 된다.

셋째, 여성과 유색인을 포함해 내 예전 학생들 대다수가 경험해 보니 권력의 원칙이 더 중요했다고 말했다. 그리고 권력의 역학관계를 이해하는 것이 그들의 성공을 도왔다고도 했다. 많은 사례 중에서 하나를 이야기하자면 타디아 제임스Tadia James가 떠오른다. 제임스는 흑인이고 여성이다. 그녀는 벤처캐피털 회사에 다니다 자기 회사를 세웠다. 앞에서 유색인과 여성이 세계 금융 자산 69조 1,000억 달러에서 1.3퍼센트 미만을 관리한다고 했다.[39]

제임스는 왜 내가 권력에 관해 쓴 책을 추천하는지 이야기했다. 그리고 내 강의와 책에 쏟아진 반발에 대해서도 생각하는 바를 말했다. 특히 강의와 책의 내용이 현실에 얼마나 적용될 수 있는지도 말이다. 그녀는 다음과 같이 말했다.

> 강의 내용에 대해서 반발이 꽤 있었죠. 사람들은 '와, 이런 건 유색인에겐 효과가 없을 거야. 그리고 여자에게도 효과가 없겠지'라고 생각하는 것 같았어요. 하지만 제가 한 경험은 완전히 달랐죠. 권력의 원칙이 현실에서 작동하는 방식과 사람들과 친밀한 관계를 맺는 방법을 이해하면 사람들이 당신과 관계를 맺고 싶게 만들 수 있어요. 이 모든 것이 성공적인 경력을 쌓는 데 정말로 중요하죠.
>
> 무언가를 완수하기 위해 사내 정치에 뛰어드는 등 불편할 수 있는 일을 하기보다는 그 일이 자신에겐 해당되지 않는다고 말하는 게 더 쉬울 수

있어요. 그리고 자신이 조금 더 괜찮은 사람이라고 느껴지기 때문에 권력의 원칙을 실행에 옮기는 것보다 "그건 내겐 효과가 없어."라고 말하는 게 더 쉬울 수 있어요. 하지만 이런 전술을 사용해 권력을 키울 수 있고 실제로 효과가 있다는 걸 알게 되면 그 무엇에 대해서도 불평할 수 없을 거예요.

경영 코치인 인발 뎀리Inbal Demri는 요즘 내 온·오프라인 강의 때문에 함께 작업하고 있는데, 스탠퍼드 대학교의 경영과정을 이수하는 여학생들과 적극적으로 소통했다. 뎀리는 '재구성'에 대해 이야기하면서 다음과 같이 설명했다. 권력과 영향력을 기르려면 배우고 개발할 수 있는 자질과 기술이 필요하다, 운동장은 평평하지 않으며 여성은 여러모로 불리한 입장이다, 이것을 핑계로 삼을 것인가, 아니면 정보로 이용할 것인가?

아마도 뎀리는 성별이 반영된 기대들과 관련해 재구성의 중요성을 이야기하고 싶었던 것 같다. 예를 들면 여성은 인맥을 쌓는 행위에서 공동체를 우선시하는 게 당연하게 여겨진다. 뎀리는 이런 기대를 재구성해서 전략적으로 인간관계를 맺고 호혜의 원칙을 인정하고 다른 유형의 인맥을 형성할 필요가 있음을 인식해야 한다고 말했다.

구체적으로 말하면 사람들은 여성에게 '유일한 존재'가 되거나 극소수 중 한 명이 되어 존재감을 드러내고 돋보여야 한다고 말한다. 뎀리도 이를 부인하지는 않았다. 하지만 그 눈에 띄는 특성, 즉 차이점을 자신에게 유리하게 이용하라고 조언한다. 보통 여성은 조직에 도움이 되고 다른 사람들을 지지하고 대의를 위해 희생할 것으로 기대되는데, 그보다는 자신을 위해 무언가를 요구하고 자신의 이익과 의제를 추구하기를 잊어서는 안 된다는 것이다. 당신이 자신을 지지하지 않으면 다른 사람들도 당신의 이익을 위해서 노력하지 않을 것이기 때문이다.

템리는 대부분 사람이 세상은 불공평하고 많은 것이 자신에게 불리하다며 권력을 추구하길 포기한다고 말했다. 실제로 수많은 여성과 유색인이 내게 똑같은 말을 했다. 그리고 이렇게 핑계만 댄다면 그 어디에도 도달할 수 없다. 사람들은 자신의 인종, 성별, 사회 계층 때문에 마주하게 되는 장애물을 이해해야 한다. 그리고 그런 장애물을 극복하고 성공할 가능성을 높이는 권력의 기술과 원칙을 습득해야 한다. 미네소타대 경영대학원과 미시간대 로스 경영대학원의 첫 여성 학과장이었으며 나중에 벤틀리 대학교 총장이 된 앨리슨 데이비스-블레이크Alison Davis-Blake 라면 내 강의를 듣는 학생들에게 다음과 같이 말했을 것이다. "여성은 어떤 일이든 반만이라도 인정받으려면 두 배로 잘해야 합니다. 다행스럽게도 많은 여성이 네 배로 일을 잘 해냅니다."

물론 권력의 원칙을 자신의 스타일과 환경에 맞게 조정해야 한다. 하지만 반드시 익혀 활용해 보길 바란다. 분명 효과가 있을 것이다.

7 RULES OF POWER

제1장

제1원칙:
'착한 사람' 이미지에서
벗어나라

RULES OF POWER

지금 내 사무실에 앉아 있는 크리스틴은 예전에 권력에 관한 내 강연을 들었었다. 그녀는 대기업에서 경영 코치로 경력을 쌓다가 경영대학원에 진학했고, 지금은 실리콘밸리의 유명한 마케팅 애널리틱스 회사에서 일하고 있다고 했다. 최근에는 400만 달러의 경제적 효과를 낸 프로젝트를 마무리하기도 했다. 그녀와 동료 세 명이 한 팀이 되어 프로젝트를 진행했는데 중간에 문제가 생겼다. 팀원 중 한 명이 상사에게 가서 그가 공유받은 프로젝트 진행 상황을 보고하러 왔다고 한 것이다. 실로 똑똑한 행동이었다. 경쟁자들보다 한발 앞서 상사에게 눈도장을 찍었을 뿐만 아니라 팀이 낸 우수한 실적의 공로를 독차지했으니 말이다.

크리스틴은 아시아 여성이었다. 부모님으로부터 언제나 예의 바르고 공손해야 하며 좋은 결과를 위해 최선을 다해야 한다고 배우며 자랐다. 그녀는 그 프로젝트로 받은 스트레스를 해소하고 권력을 키우는 방법을 알고자 나를 찾아왔다고 말하면서, 그전에는 전혀 다른 접근 방식을 시도해 봤었다고 덧붙였다.

스탠퍼드대 경영대학원에는 유명한 강의가 많다. 그중 하나가 적나라 하기로 이름난 '대인관계 역학'Interpersonal Dynamics이다. 이 강의는 감수성 훈련을 바탕으로 하는데 타인이 자신을 어떻게 바라보는지를 의식하면서 대인관계 기술을 개발하도록 돕는 것이 목적이다.

나는 크리스틴에게 그 강의가 그녀의 상황과 어떤 관련이 있느냐고 물었다. 크리스틴은 "그 강의는 학생들에게 자신과 타인을 이해하고 엇나간 관계를 회복하는 기술과 기법을 가르쳐요."라고 답했다. 그렇다면 대인관계 역학에서 익힌 기술과 기법이 크리스틴에게 도움이 됐을까? 딱히 그렇지도 않다. 크리스틴의 경쟁자이기도 했던 그 동료는 긍정적인 관계를 맺거나 금이 간 관계를 회복하는 데 관심이 없었기 때문이다. 그는 다른 팀원들이 자신에게 프로젝트를 보고하도록 해서 상사에게 잘 보여 승진하는 일에만 관심이 있었다. 크리스틴은 그 상황에서 어떻게 해야 할지 갈피를 잡지 못했다.

전략을 짜기에 앞서 나는 그녀와의 짧은 대화를 통해 몇 가지 사실을 확인할 수 있었다. 크리스틴은 자신이 팀에서 "유일한 여자"이고(크리스틴과 한 팀이었던 동료 세 명과 상사는 모두 남자였다) "가장 어린 팀원"이며 "회사에서 직급도 가장 낮은 직원"이라고 여러 번 말했다. 물론 크리스틴이 말한 내용은 사실이겠지만 눈에 보이는 차이점일 뿐이었다.

나는 크리스틴이 말한 것들을 제외하고 그녀가 누구인지를 알려 주는 표현 3개를 제시했다. 크리스틴은 그 팀에서 "일류 경영대학원에서 MBA 과정을 밟은 유일한 사람"이고 "그 누구보다 분석력이 뛰어난 사람"이며 "엄청난 경제적 파급력이 있는 프로젝트를 수행한 사람"이었다.

내 말을 들은 크리스틴은 몸을 살짝 곧추세우고 앉으며 내 말에 동의했다. 그녀의 표현과 내 표현을 합치면 그녀를 설명하는 표현은 총 6개다. 그중에서 3개는 크리스틴을 본받을 점 하나 없는 사람으로 그렸고 다른 3개는 크리스틴의 위상을 격상시켰다. 나는 크리스틴에게 그중 기억하고 싶은 표현 3개가 무엇이냐고 물었다.

우리는 타인의 시선을 의식할 수밖에 없다. 그렇기에 사람들이 자신을 어떻게 생각하느냐는 그 사람의 행동과 태도에 지대한 영향을 미칠 수밖에 없다. 크리스틴의 이야기에서 우리가 얻을 수 있는 교훈은 무엇일까? 자신에 대해서 표현할 때 힘이 되는 자기 기술적 수식어를 사용하고 스스로를 깎아내리는 표현은 삼가야 한다는 것이다. 설령 그 표현이 정확한 설명이더라도 마찬가지이며 공정하든 아니든 중요하지 않다.

결국 크리스틴은 힘겨루기에서 승리했다. 그녀가 어떻게 승리했는지는 중요하지 않다. 어쨌든 얼마 안 가 그녀는 다른 회사로 이직했다. 하지만 새로 옮긴 회사에서 그녀를 지지하는 상사가 힘겨루기에서 패배하고 그곳을 떠나자, 크리스틴은 자신의 분석 기술을 더 높이 평가하고 성공적으로 기업 공개를 단행한 곳으로 다시 자리를 옮겼다.

크리스틴은 애당초 여러 전술을 써 가며 이직으로 더 큰 힘을 키우려

시도해선 안 됐다. 물론 그런 전술들도 중요하지만 궁극적으로는 사내 정치에 참여해야 했다. 이는 조직 생활에서 불가피한 부분이다. 그녀는 자신이 본받을 점이 많은 사람이며 사내 정치를 이겨 낼 힘이 있다고 믿고 행동해야 했다.

이 사례는 특별할 것 하나 없는 평범한 이야기다. 특별한 재능으로 훌륭한 성과를 내는 수많은 사람이 자신의 힘을 갉아먹으면서 직업적 성공에 커다란 걸림돌이 될 자기 기술들에 얽매인다. 흔히 성공한 사람들은 그들의 재능과 성취가 대단치 않다는 식으로 이야기하는데 이런 태도는 전혀 도움이 안 된다.

특히 간호계, 의학계, 학계 같은 업계에 종사하는 사람들은 일종의 가면 증후군에 시달린다. 전문 직업인이든 박사 과정을 밟는 학생이든 비슷한 상황이다. 그중에서도 여성이나 1세대 대학생(부모 중 누구도 학사 학위를 갖고 있지 않은 대학생—옮긴이)처럼 사회에서 차별을 받는 집단에 속한 사람들이 가면 증후군을 앓을 가능성이 크다. 가면 증후군은 사람들(심지어 성공한 사람들)이 자신의 능력을 의심하고 가짜라는 게 들킬지 모른다는 영원한 공포 속에서 살아갈 때 나타나는 행동 양식을 가리키는 심리학적 용어다.[1]

가면 증후군은 1978년에 최초로 목격되어 문헌에 기록됐고 이후 가면 증후군에 관한 연구가 급증했다. 연구에 따르면 환경을 막론하고 3명 중 2명은 가면 증후군을 앓는다고 한다. 여기서 중요하게 짚고 넘어갈 문제가 있다. 바로 가면 증후군 때문에 자멸적인 행동을 반복할 수 있다는 것이다. "가면 증후군을 앓는 사람들은 실패할 것이란 생각에 사로잡히고 그로써 생산성이 떨어진다. 그러다 보면 더 불안해하고 할 일을 자꾸 미루는 악순환에 빠진다."[2]

개인 브랜딩에 관한 내 강의에서 한 여성은 자신이 취급하는 상품과 다니는 회사에 대해 그리고 그 이야기가 자신의 과거와 어떤 관련이 있는지에 대해 이야기했다. 그녀는 스탠퍼드 대학교를 졸업하고 의학 학위를 땄을 정도로 큰 성취를 이뤘음에도, 그날 사람들 앞에서 이야기할 때 너무 떨리고 긴장되어 심장이 밖으로 튀어나오는 줄 알았다고 나중에 내게 고백했다.

사람들은 의구심보다 자신감에 더 긍정적으로 반응하는 경향이 있다. 하지만 때로는 초조함이 새어 나오기도 한다. 게다가 어느 정도 가면 증후군이 있는 사람들은 처음부터 다른 사람들 앞에서 자신의 생각을 이야기하거나 자신을 드러내기를 주저한다. 결론적으로 가면 증후군은 실제로 존재하며 사람들의 성공을 결정하는 데 매우 중요한 역할을 한다.

가면 증후군을 극복하는 방법은 높은 위치에 있는 사람들과 당신의 차이점에 주목하는 것이다. 잘 생각해 보면 당신보다 자격이나 자질을 더 많이 갖춘 이는 많지 않을 것이다. 때론 운이 좋거나 좋은 부모를 만나 성공한 사람들도 있다.

가면 증후군을 극복하는 또 다른 방법은 오히려 '가면을 쓰고' 자신과 다른 사람들이 가끔 하는 일을 하는 것이다. 다시 말해 불편한 상황이라 하더라도 억지로라도 자신을 드러내 자기 선전을 해야 한다. 이렇게 할수록 경험이 쌓여 더 유능하고 편안하게 일할 수 있다. 따라서 가면 증후군을 극복하는 것은 스스로 권력을 키우기 위해 밟아야 하는 첫 단계라

할 수 있다.

요컨대 가면 증후군에서 빠져나와 자신을 비하하지 않고 긍정적으로 그려 낼 수 있어야 권력과 성공을 손에 넣을 수 있다. 스스로 강하고 유능하며 칭찬받을 만한 존재라고 생각하지 않으면 이런 부정적인 생각이 은연중에 겉으로 드러나게 된다. 때론 자기비하적 자의식이 노골적으로 드러나기도 한다. 아마도 타인은 당신에 대해 당신 자신보다 더 후한 평가를 내리지는 않을 것이다. 동료들은 당신이 최소한 어느 정도 당신 자신을 두둔하고 사람들에게 당신을 알리려 할 것이라고 기대한다. 그런데 당신이 이렇게 행동하지 않는다면 이는 오히려 당신에게 독이 된다.

나와 로버트 치알디니는 공저 논문에 "자기 자신이나 업무에 대해 긍정적으로 말하지 않는 태도는 부정적인 신호로 여겨질 수 있다는 증거가 있다."라고 적었다.[3] 스스로를 드러내고 자신감 있게 행동하지 않고, 욕심이 별로 없고 자기주장이 강하지 않은 사람으로 인식되면 사회적 지위를 얻고 경력을 쌓는 과정이 순탄하지 않을 것이다(참고로 자신을 드러낼 때 몸짓언어와 목소리가 중요한 이유를 제3장에서 더 자세히 살펴볼 것이다).

지금부터 실제로 시도해 볼 수 있는 첫 번째 연습 방법을 소개하겠다. 때때로 자기계발의 일환으로 이 연습을 해보는 것도 좋을 것이다. 먼저 당신이 어떤 사람인지 당신 자신과 다른 사람들에게 설명할 때 주로 사용하는 형용사들을 적는다. 그리고 친구들과 함께 목록을 보며 제대로 작성했는지 살핀다. 이제 어떤 형용사를 목록에서 지워야 당신이 좀 더 힘 있는 존재로 보일 수 있을지 고민한다. 그런 다음에는 다른 사람들과 소통할 때 충분히 사용하지 않는, 성취와 자질이 돋보이게 하는 긍정적인 형용사들을 스스로 생각해 본다.

두 번째 연습은 위 연습의 연장선으로, 하루나 일주일 동안 자신이 속한 조직에서 동료들과 소통할 때 자신의 모습을 기록하는 것이다. 그러고 나서 사과로 대화를 시작한 경우가 몇 번이나 되는지 살펴본다. 예를 들면 "방해해서 미안한데", "업무 중간에 미안한데", "시간을 뺏어서 미안한데", "내 생각을 말해서 미안한데" 같은 말로 동료에게 말을 건 횟수가 얼마나 되는가?

세 번째 연습은 당신이 해볼 수 있고 반드시 해야 하는 것이다. 다음 질문에 대해 생각해 보자. 사람들에게 당신 자신에 대해서 이야기할 때나 경력을 쌓아 온 과정에 관해 이야기할 때 그리고 자신만의 브랜드를 만들고 알릴 때 지금까지 어떤 성취를 해냈는지, 어떤 자질을 갖추고 있는지, 어떤 일을 성공적으로 해냈는지도 이야기하는가? 아니면 겸손하게 보이려고 애쓰거나 자기 자신을 내세우지 않거나 자신의 성취, 지위, 명예와 재능을 낮춰서 말하는가? 참고로 자신만의 브랜드를 만드는 것에 대해서는 제4장에서 더 자세히 살펴볼 것이다.

이런 연습들로 자아상과 자기표현 방식이 어떻게 변해 가는지를 지켜보자. 그동안 지나치게 겸손해서 당신을 드러내는 데 방해가 되는 말이나 행동을 하는 횟수가 얼마나 줄어들었는지 살펴보자. 행동이 바뀌면 당신이 바뀔 것이고 당신의 자리에 대한 태도도 바뀔 것이다.

자기 인식 이론은 "개인은 명시적인 행동을 통해서 간접적으로 자신의 사고방식, 감정적 상태와 다른 내면의 상태를 '알게' 된다."라고 가정한다.[4] 사람들은 자기 생각을 입 밖으로 내뱉을 때 알게 되는 정보를 바탕으로 자신의 사고방식을 이해한다. 그래서 자신들의 행동에 관한 중요한 정보가 믿음과 사고방식에 영향을 미친다.[5] 결과적으로 사람들은 더 자신 있게 행동해서 자신감을 높일 수 있고, 스스로를 더 강한 존재로 표현해서 자신에게 힘이 있다는 믿음, 즉 권력감을 쌓을 수 있다.

사람들은 직장에서 자신의 경쟁자가 승진하지는 않을지, 상사가 자신을 어떻게 생각할지, 자신이 상대적으로 유능한 사람인지 등을 자주 걱정한다. 물론 이 모든 것은 권력을 얻는 데 중요한 요소들이다. 하지만 권력을 얻을 때 최대 장애물은 단연 자기 자신이다. 따라서 권력의 제1원칙은 자승자박하지 않는 것이다.

이렇게 해볼 수도 있다. 예를 들어 스탠퍼드 대학교에서는 수업 참여도를 어느 정도 참고해서 학점을 매기는데, 학기 초가 되면 몇몇 학생들이 나를 찾아와서 토론 수업에 참여하는 게 너무 부담스럽다고 말한다. 그들은 자신이 수줍음을 많이 탈 뿐만 아니라 영어가 모국어가 아니라서 동급생들만큼 분명하게 자기 생각을 표현하지 못하겠다고 한다. 그들이 대는 이유를 일일이 열거하자면 끝도 없다.

하지만 내 대답은 항상 같다. 사회생활의 많은 부분, 특히 조직 생활의 많은 부분이 대화에서 시작된다는 것이다. 그래서 심지어 '대화분석'이라는 사회학 분야도 존재한다. 지금은 고인이 된 디드러 보든Deidre Boden이 스탠퍼드 대학교에서 바로 이 분야를 나와 함께 연구했고 박사 과정도 이수했다. 그는 비즈니스에서 사람들이 사용하는 언어와 주고받는 대화에 관한 책을 쓰기도 했다.[6]

학생들이 방대한 지적 잠재력을 발휘하려면 조직 생활의 일부인 대화에 참여해야 한다. 그리고 자기 견해를 피력하고 고수할 수 있어야 한다. 내가 하는 수업은 학생들이 견해를 끝까지 고수해도 잃을 것이 많지 않아서 상대적으로 위험도가 낮은 환경이다. 그래서 대부분 학기 말이 되면 수업 참여도가 높아진다. 그들은 열정적이고 에너지 넘치는 태도로 수업에 참여한다. 아마 그들도 자신이 그렇게 열정적이고 에너지 넘치는 사람인지 몰랐을 것이다. 10주라는 짧은 기간 동안 얻은 결과가 별로 대단하지 않아도 수업에 참여하고 자신의 의견을 전달하려고 노력하는 것은 가치가 있다.

남들과 '다르게' 게임에 임하라

크리스티나 트로이티노Christina Troitino를 만난 것은 2020년 겨울 학기 때 내 강의에서였다. 트로이티노는 실로 대단한 일들을 해냈다. 나는 그중에서 2가지 사례를 제2원칙과 관련해 자세히 다룰 생각이다. 트로이티노의 가족은 주로 베네수엘라에 거주했기 때문에 그녀는 다소 어려운 상황을 경험했다. 나는 그녀에게 어떻게 자신을 옭아매는 언행에서 벗어나 이렇게 대담한 사람이 될 수 있었느냐고 물었다. 왜냐하면 그녀는 정말로 대담한 일들을 했기 때문이다. 트로이티노는 내 질문에 다음과 같이 답했다.

저는 제가 뻔뻔하다고 생각해 왔습니다. 하지만 대학을 졸업하고 처음 들어간 직장에서는 아주 무력한 존재였죠. 저는 아마존에서 일했습니다. 그곳에서 전 유능한 사람이 권력을 휘두를 수 있는 높은 자리에 앉는 것은 아니라는 사실을 곧 깨달았습니다. 심지어 〈뉴욕 타임스〉에 제가 있던 팀이 부실 경영의 사례로 보도된 적도 있었죠. 아마존에서 오래 일한 사람들은 연차가 차면 자연스럽게 승진했습니다. 하지만 저와 같은 연령대의 사람들은 연차를 기대하기 어려웠습니다. 무엇보다도 저는 히스패닉계예요. 그리고 히스패닉 경영대학학생연합의 공동 회장이기도 합니다. 동시에 저는 기술업계에서 일하는 몇 안 되는 여성이죠. 그러니 더 많은 특권을 누리는 지위에 있는 사람들만큼 권력을 키우려면 그들과는 아주 다르게 게임을 해야만 했습니다.[7]

트로이티노는 정말로 남들과는 다른 방식으로 게임에 임했다. 그녀가 어떻게 게임을 진행했는지는 다음 장에서 좀 더 자세히 살펴볼 생각이다.

트로이티노의 이야기에서 우리는 교훈 2가지를 얻을 수 있다. 첫째, 트로이티노는 경험을 통해 세상이 항상 공명정대하지 않으므로 스스로 자신을 돌봐야 한다는 사실을 깨달았다. 모두가 이 교훈을 귀담아들어야 한다. 여성과 유색 인종은 물론이고 특혜를 누리는 사람들도 예외가 아니다.

둘째, 트로이티노는 높은 자기 인식을 지녔다. 그녀는 자기 앞에 놓인 장애물을 정확하게 파악하고 있었고 그 장애물을 넘어 성공하려면 어쩔 수 없이 남들과는 다르게 게임을 해야 한다는 걸 인식하고 있었다. 이는 이 책 전반에 걸쳐 살펴볼 주제다. 특히 원칙을 깨는 일에 대해서는 다음 장에서 자세히 살펴볼 것이다.

이렇듯 모든 사람은 생태계에서 자신이 어떤 위치에 있으며 승리하려면 무엇을 해야 하는지 자각해야 한다.

권력으로부터 도망치는 사람들

◆

권력을 원한다면, 권력을 키우고자 한다면 기꺼이 무엇이든지 하겠다고 결심해야 한다. 지난 몇 년 동안 나는 권력을 얻고 싶다면 정치를 하거나 상사에게 아첨하거나 전략적으로 인간관계를 맺거나 자신의 성과를 알리는 데 시간을 써야 한다고 말해 왔다. 그런데 대부분 사람이 그렇게까지 해서 권력을 얻는 것은 의미가 없다고 한다.

하버드대 경영대학원의 로자베스 모스 캔터Rosabeth Moss Kanter 교수는 1979년에 발표한 저서에서 "미국인들은 권력이란 단어를 절대 입에 담으려고 하지 않는다. 심지어 권력이 있는 사람들조차도 자신의 힘을 부인한다. 권력을 원하는 사람들은 권력에 굶주린 사람처럼 보이길 원치 않는다. 권력을 얻으려고 권모술수를 부리는 사람들조차도 비밀스럽게 행동한다."라고 말했다.[8]

혹자는 권력이 '악'이라고 말하며 더럽다고 생각한다. 하지만 그런 그들조차도 마지못해 '권력의 게임에 참여한다.' 내 동료인 데버라 그룬펠드Deborah Gruenfeld의《힘 있게 행동하라》Acting with Power[9]에는 다음과 같은 긍정적인 서평이 달렸는데 권력에 관한 사람들의 감정을 함축적으로 보여 준다. "저는 공산주의 국가인 폴란드에서 자랐습니다. 그곳의 지도자들은 자신의 이익을 위해서 권력을 사용했죠. 그래서 권력은 제가 갖거나 열망하던 대상이 아니었습니다. 제게 권력은 저 높은 곳에 있는 사람들이 원하는 것을 얻기 위해 다른 사람들에게 휘두르는 도구에 불과했죠."[10] 권력이 한 개인의 이익을 위해 또는 타인에게 상처를 줘 가면서 행사되는 모습을 지켜본 사람들은 권력을 추구하지 않기로 결심한다. 하지만 그런 사람들은 그 때문에 대가를 치르게 된다. 머리말에서 언급했지만 정치적 기술은 직업적 성공 그리고 행복과 관련이 있다.

나는 내 강의를 듣는 학생들에게 미국 남자 축구팀에 관한 기사를 읽으라고 나눠 주고 권력에 관한 흥미로운 질문을 읽게 한다. "과장된 몸짓으로 상대 팀의 반칙을 끌어내지 못하거나 그런 전략을 쓰길 거부하면 그 축구팀은 경기에서 불리할까?"

〈뉴욕 타임스〉는 다른 팀들의 행동을 설명하면서 "좋건 나쁘건 상황을 유리하게 이끌고 과장하는 것은 모두 경기를 이끌어 가는 하나의 전략이다. 감각에 의지하고 상대 선수를 속이는 것도 마찬가지다. 선수들은 상대 선수와 살짝 부딪혔으면서 심하게 부딪힌 것처럼 크고 격렬하게 행동한다. 그들은 별것 아닌 일을 크게 부풀린다. 살짝 부딪혀 놓고 너무나 크게 부딪혀서 저승사자라도 본 것처럼 행동한다."라고 말한다.[11]

실제로 축구 선수들은 과장된 행동으로 상대 선수에게서 반칙을 끌어내서 프리킥을 얻고 페널티를 받은 상대 팀을 꺾고 승리한다. 이렇게 그들은 승률을 높인다. 그 기사에는 크리스티아누 호날두와 루이스 수아레스를 포함해서 유명 축구 선수들도 그렇다고 말한다. "그들은 공을 뺏길 것 같으면 운동장에 쓰러져 버린다. 왜 안 그러겠는가? 그렇게 해서 반칙을 얻으면 그들은 프리킥을 찰 기회를 얻는다. 반칙을 얻지 못하면 그냥

공을 뺏기면 그만이다."

사이먼 쿠퍼Simon Kuper는 저서 《사커노믹스》Soccernomics 에서 "영국의 축구 선수들은 경기장에 드러눕기를 오랫동안 거부해 왔다. 존경할 만한 문화적 태도일지 모르지만 살짝만 부딪혀도 경기장 바닥에 드러눕는 꼼수를 유럽 축구팀들에게서 배웠다면 더 많은 경기에서 승리했을 것이다."라고 말한다.

축구나 농구 같은 스포츠 세계에서는 반칙을 유도해도 비난을 훨씬 덜 받는다. 그런데 조직 생활에서도 마찬가지다. 사람들은 성공하기 위해 남들이 하지 않는 일들을 기꺼이 한다. 당신이 의도적으로 인간관계를 맺거나 아첨을 하거나 자신을 내세우지 않는다고 해서 당신의 경쟁자들도 당신처럼 정직하고 신중하게 행동한다는 뜻이 아니다. 경쟁자들은 권력을 얻기 위해 온갖 전술을 동원한다. 그래서 그들이 기꺼이 하는 일들을 하지 않겠다고 결심하는 것만으로도 경쟁에서 불리해진다.

모든 사람은 자기 자신을 어떻게 생각할지뿐만 아니라 권력의 경쟁에서 무엇을 하거나 하지 않을지도 선택한다. 당신도 권력을 얻기 위해 무언가를 할지 말지 선택할 수 있다. 영국 축구팀처럼 과장된 행동을 하지 않겠다고 선택해서 스스로 불리한 상황에 놓일 수도 있다. 또는 트로이 티노처럼 "그들과는 아주 다르게 게임을 하기로" 선택할 수도 있다.

권력은 비난과 실패를 먹고 자란다

수단과 방법을 가리지 않고 경쟁할 때 중요한 점은 반대와 비난, 좌절과 실패를 겪더라도 권력을 얻기 위한 노력을 끝까지 해내는 것이다. 모든 사람이 일하고 살면서 어느 순간 극복할 수 없을 것 같은 장애물을 마주한다. 또한 사람들을 부당하게 비난하고 경쟁자들에 대해 잘못된 정보를 유포하는 강력한 적들을 만난다. 이런 어려움은 피할 수 없다. 그래서 나는 분별 있게 전략이나 접근법을 바꾸면서 일을 끝까지 해내는 끈질김과 회복력이 권력을 얻기 위한 경쟁에서 성공 여부를 결정한다고 생각한다.

윌리 브라운Willie Brown은 캘리포니아주 의회에서 가장 오랫동안 의회 의장을 맡았다. 80대인 브라운은 지금도 여전히 캘리포니아에서 가장 영향력 있는 정치인으로 꼽힌다. 하지만 샌프란시스코의 한 지구에서 시의원으로 처음 출마했을 때는 낙선했고, 의회 의장 선거에 처음 출마했을 때도 떨어졌다.

아서 블랭크Arthur Blank와 버나드 마커스Bernard Marcus는 주택 개조 회사인 핸디 댄Handy Dan에서 해고된 뒤에 홈디포Home Depot를 함께 설립했다.[12] 넷플릭스 CEO 리드 헤이스팅스Reed Hastings는 과거에 소프트웨어 개발업체인 퓨어 소프트웨어Pure Software를 설립해 운영하면서 온갖 달고 쓴 경험을 했다. 몇몇 결정들을 내리면서는 자신이 실패자처럼 느껴지기도 했으며 급기야 퓨어 소프트웨어 이사진에게 회사를 위해 새로운 CEO를 찾으라고 두 번이나 제안하기도 했다.[13]

나는 일리노이 대학교 어바나-샴페인 캠퍼스에서 경영학 교수로서 첫발을 내디뎠다. 원래는 다른 주요 학부에서 강연하고 싶었지만 거절당했다. 당시 경영학부 학과장이었던 잭디시 세스Jagdish Sheth는 주류에 속하지 않는 사람들을 고용해 경영학부를 만들기로 했고 나를 고용했던 것이다. 그로부터 8년 뒤에 나는 자원 의존 이론resource dependence theory[14]을 연구한 논문 덕분에 스탠퍼드 대학교의 정교수가 됐다. 자원 의존 이론은 강의할 대학교를 찾던 시절에 연구했고 논문으로 썼던 이론이었다.

사피 바칼의《룬샷》이란 책에는 '전쟁, 질병, 불황의 위기를 승리로 이끄는 설계의 힘'이란 흥미로운 부제가 달려 있다. 말도 안 되는 아이디어들이 대체로 처음에는 효과가 없고 반대에 부딪히는 것은 놀라운 일이 아니다. 바칼은 유다 포크먼Judah Folkman의 이야기를 들려준다. 보스턴 소아병원의 소아외과 전문의였던 포크먼은 지금까지 살아 있었다면 분명 노벨 의학상을 받았을 것이다. 바칼은 그에 대해 다음과 같이 썼다.

1971년 포크먼은 암세포가 숙주와 상호작용한다고 주장했다. 암세포가 어떤 신호를 보내고 그 신호에 속은 주변 조직들이 종양이 자랄 수 있는 환경을 마련한다는 것이다. (⋯) 그리고 그 신호를 막고 신호가 움직이는 통로를 파괴하는 신약을 제안했다. 달리 말하면 그는 종양을 굶겨 죽이는 약을 제안했던 것이었다. (⋯) 30년 동안 7년을 주기로 포크먼의 제안은 어이없이 죽었다가 화려하게 부활하기를 반복했다. (⋯) 2003년 1월 1일 (⋯) 포크먼이 새로운 암 치료법을 처음 제안한 지 32년이 흐른 뒤에 (⋯) 듀크 대학교의 한 종양학자가 신약 '아바스틴'Avastin의 새로운 효능을 공개했다. (⋯) 아바스틴은 대장암 환자의 생존 기간을 연장하는 데 최고로 효과가 있었다. (⋯) 아바스틴과 포크먼의 아이디어가 암 치료법을 완전히 바꿔 놓은 것이 분명했다. (⋯) 나중에 포크먼은 "엉덩이에 화살이 몇 개나 박혔는지 보면 누가 리더인지 알 수 있죠."

라고 말했다.[15]

만약 당신이 권력을 원한다면 반대에 부딪혀도 끝까지 밀고 나갈 수 있어야 하며 장애물에 부딪히더라도 포기해선 안 된다. 남들의 생각과 말에 지나치게 집착하지 말아야 하며 문제가 발생하거나 비난을 받는다고 해서 경로에서 이탈하지 않을 수 있어야 한다. 그러려면 단단한 자아를 지녀야 하고 끈질김과 회복력이 있어야 한다. 권력을 키우는 데 필요한 개인적인 자질처럼[16] 끈질김과 회복력도 연습과 경험, 사회적 지지가 있다면 개발할 수 있다.

무력감보다는 과도한 자신감이 나은 이유

◆

사람들은 심리적 이유로 무기력해지기도 한다. 그러나 사람들은 권력을 얻는 것을 방해하는 모든 장애물처럼 무기력을 극복할 수 있다.

7년 전인가, 8년 전에 나는 당시 박사 과정을 밟고 있던 피터 벨미Peter Belmi를 만났다. 그 뒤에 벨미와 연구도 진행했는데, 필리핀계였고 가난한 집에서 자란 그는 2년 동안 내가 권력에 관한 강의를 할 때 조교로 일하기도 했다. 최근에 그는 내 강의 덕분에 권력에 눈뜰 수 있었다고 했다. 벨미는 여러 주제로 연구를 진행했지만 주된 관심사는 '지위와 권력이 어떻게 심리적으로 재생산되는가'였다. 이는 '계급과 권력이 어떻게 구조적으로 재생산되는가'와는 완전히 다른 주제였다. 확실한 사실은 사회

경제적 지위는 상속과 상류층 출신의 사람들이 누리는 많은 교육적 혜택과 그 밖의 혜택들을 통해 재생산된다는 것이다.

벨미는 사람들이 현재의 지위에서 옴짝달싹 못 하고 사회경제적 지위를 상승시키지 못하는 심리를 이해하고 싶었다. 그는 사회 계급에 따라 구성원들이 따라야 하는 사회적 규범과 행동적 규범이 다르다고 생각했다. 그리고 그런 규범들 일부가 직위가 낮은 사람들이 승진해서 높은 자리에 올라가는 데 방해가 된다고 봤다.

벨미는 브리티시컬럼비아 대학교의 사회심리학자인 크리스틴 라우린Kristin Laurin과 함께 권력 추구 성향과 권력을 손에 넣기 위해 사용하는 전략에 계급적 차이가 존재한다는 가설을 세우고 실험을 진행했다.[17] (참고로 벨미는 지금 버지니아 대학교에서 학생들을 가르치고 있다.) 벨미와 라우린은 이 실험을 통해 2가지 전형적인 권력 추구 방식을 확인했다. 하나는 열심히 일하고 동료를 돕고 공공의 이익을 위해 노력하는 등 친사회적으로 행동하면서 권력을 추구하는 것이다. 다른 하나는 정치적으로 행동하는 것이다.

기본적으로 나는 사람들에게 권력을 얻기 위해 정치적으로 행동하라고 말한다. 즉 전략적으로 행동하고 윗사람에게 아부하고 이로운 사회적 관계를 맺고 자신의 성취를 널리 알리라고 말이다(자신의 성취를 사람들에게 알리는 것은 제4장의 주제다. 자신이 어떤 일을 해냈는지 타인에게 알리면 강력한 개인 브랜드를 만들 수 있다).

실험 결과 그들은 두 전략의 유용성에 관한 평가에서 사회 계급의 차이가 나타나지 않는다는 사실을 확인했다. 사회적 출신과 상관없이 실험에 참여한 모든 사람이 일반적으로 두 전략 모두 권력을 얻는 데 유용하다고 생각했다. 하지만 두 전략 중에서 어느 것을 택할지에서는 계급의 차이가 확인됐다. 사회 계급이 낮은 사람들은 정치적으로 행동해서 권력을 얻는 전략을 더 꺼리는 경향을 보였다.

벨미와 라우린은 그들의 생각을 확인하기 위해 흥미로운 실험을 많이 진행했는데, 그중 스탠퍼드대 경영대학원에서 MBA 과정을 밟는 학생들을 대상으로 한 실험도 있었다(사회적 영향과 전염을 피하기 위해 그들을 실험 대상으로 선택했다). 두 사람은 MBA 과정 첫 주에 학생들에게 2학년의 조직행동 선택 과목 7개를 소개했고 어느 과목을 가장 흥미롭다고 생각하는지 조사했다. 그들이 제시한 과목에는 내 '권력 키우기' 강의도 포함되어 있었다.

그들은 각 과목에 대한 관심도를 측정하면서 학생들이 어렸을 때 어느 사회 계급에 속했었는지도 확인했다. 단 하나의 과목을 제외하고, 사회 계급은 2학년 선택 과목에 대한 학생들의 관심도에 영향을 미치지 않았다. 많은 MBA 학생들이 권력 키우기에 관심을 보였지만 그 과목은 어린 시절의 사회 계급이 관심도에 영향을 미친 유일한 과목이었다.

벨미는 사회 계급이 낮은 사람들은 개인주의적 성향보다 집단주의적 성향이 강하기 때문에 사회 계급이 권력을 얻기 위해 기꺼이 정치적으로 행동할 것인지를 예측할 수 있는 하나의 요인이 된다고 생각했다. 이는 낮은 사회 계급에 속한 사람들은 개인의 이익을 추구하는 행동을 불편하게 생각한다는 의미가 된다.

벨미와 라우린은 또 다른 실험에서 친사회적인 방법으로 권력을 손에 넣을 수 있다면 권력 있는 자리에 오르는 일에 대한 사람들의 관심도가 별로 차이 나지 않는다는 사실을 확인했다. 더 높은 사회적 지위에 오르고 싶은 욕구에서는 사회 계급의 차이가 없지만, 그 자리를 얻기 위해 정치적 전략을 사용할 의향이 있는가에서는 사회 계급의 차이가 있다는 것이다.

사회 계급에 따라 개인주의적 성향에 차이가 있다는 사실을 확인한 실험에 이어서, 벨미와 라우린은 남을 돕는 것 같은 상위 목표를 달성하기 위해 권력을 키우는 일에 관한 실험도 진행했다. 실험 결과 남을 돕기 위한 권력을 키울 때는 정치적인 전략을 사용하는 데 사회 계급의 차이가 나타나지 않았다.

나는 두 사람이 실험으로 얻은 결과 내용을 권력 강의에 종종 써먹었다. 타인을 돕기 위해 정치적인 전략을 사용하고 정치적으로 행동해서 권력을 키워야 한다고 이야기하면 사람들은 정치적인 전략과 개념을 훨씬 수월하게 받아들이고 실행에 옮긴다.

벨미와 동료들은 또 다른 연구에서 사회 계급이 사람들의 과한 자신감을 예측하게 해준다는 사실을 밝혔다. 상위 계급 출신들은 더 강하고 긍정적인 자아감을 보였다. 그들은 행동에서 더 많은 자신감을 보였고 심지어 자신감이 과한 경우도 있었다. 과한 자신감은 사람들의 판단에 긍정적인 요소로 작용할 수도 있다(이에 대해서는 제3장에서 자신을 강력하게 드러내는 권력의 제3원칙을 설명할 때 좀 더 자세히 살펴볼 것이다). 그래서 사회 계급의 차이는 과한 자신감의 메커니즘을 통해 영속화될 수도 있다. 연구에 따르면 과한 자신감을 지닌 사람들은 좀 더 유능해 보인다.[18] 더

유능해 보이기 때문에 과한 자신감을 지닌 사람은 다른 사람들의 눈에 더 좋게 보인다.[19]

사회 계급은 권력과 관련된 행동을 통제하는 규범의 차이와도 관련이 있다. 이런 현상을 설명하는 수많은 사례가 있는데 〈가디언〉에 실린 한 기사는 그중 내가 좋아하는 사례다. 그 기사에는 우간다 출신의 작가이자 음악가인 무사 오콩가Musa Okwonga의 인터뷰와 저서《그들 속에서》One of Them: An Eton College Memoir 발췌 글이 실렸다.[20] 이 책에는 오콩가가 이튼 칼리지에 다녔을 때 마치 세상을 지배하기 위해서 태어난 것처럼 행동하는 상류층 자녀들을 만난 경험이 담겨 있다.

> 남학생들은 (…) 모두가 '청년'이라 불리는 집단에 속했다. 그들은 마치 일반적으로 통용되는 행동 규범을 면제받은 듯이 행동했다. (…) 나는 평생 성공하려면 사람들과 사이좋게 지내야 한다고 들었다. 하지만 내 또래 집단은 대체로 그런 일에 관심이 없는 듯 보였다. (…) 나는 영국식 '페어플레이'에 대해 많이 생각해 봤다. (…) 그리고 나이가 들수록 특정 사회 계급에 속한 사람들이 지위를 유지하기 위해 자기만의 페어플레이를 얼마나 많이 만들어 내는지가 점점 궁금해졌다.
>
> 이튼 칼리지에서 자신감에 넘치는 동급생들을 보며 그들이 받은 최고의 선물은 부끄러운 줄 모르는 '뻔뻔함'이라는 걸 깨달았다. 뻔뻔함은 영국 상류층의 어느 부류에는 초인적인 권력이었다. (…) 그런 부류에 속하는 상류층 출신들은 캠퍼스와 기숙사를 휘저으며 성과를 과시했다. 그들은 이튼 칼리지에서 그 뻔뻔함을 배운 게 아니었다. 이튼 칼리

지는 그들이 뻔뻔함을 완성하는 곳이었다.[21]

영국에서 '여자 이튼 칼리지'라고 불리는 학교에 다닌 내 친구는 오콩가가 설명한 현상은 성별에 상관없이 나타난다고 했다. 그녀의 말에 따르면 이곳 여학생들은 자신을 주저 없이 드러내며 권력을 과시하거나 키우는 행동들을 서슴없이 하는 뻔뻔함을 보인다.

사회 계급은 정치적인 전략이나 자신의 성공을 기꺼이 이용해서 권력을 기르고자 하는 의지에 영향을 미치는 유일한 요소는 아니다. 유명한 기술기업에서 임원까지 올라갔다가 은퇴한 벅 지Buck Gee와 웨스 홈Wes Hom은 실리콘밸리의 기술기업들에 아시아 출신으로 조직의 가장 높은 자리까지 올라간 사람이 거의 없는 현실을 두고 뭔가 하고자 했다(하지만 이런 현상이 실리콘밸리에서만 나타나는 건 아니다). 그들은 실리콘밸리 기업들에서 나타나는 인종에 따른 불공정한 차이들을 수량적으로 기록하기 시작했다.

아시아 출신 전문직 종사자들의 이익을 대변하는 비영리 기구 애센드 파운데이션Ascend Foundation이 발표한 보고서에는 유리천장을 부수는 데 성별보다 인종이 3.7배 더 큰 장애 요인이 된다는 데이터가 실렸다. "백인 남성은 임원이 될 확률이 백인 여성보다 42퍼센트 높지만 (…) 아시아 남성보다 149퍼센트 높고 아시아 여성보다 260퍼센트 높다."[22]

지와 홈은 아시아인들과 아시아계 미국인들이 조직에서 경력을 쌓는 속도를 높일 수 있는지를 확인하고자 스탠퍼드대 경영대학원과 함께 교육과정을 개발했다. 그들은 처음부터 내 권력 강의에서 세션 2개를 그 교육과정에 포함시켰는데 아마도 그 주에서 가장 충격적이면서 가장 유용한 세션들이었을 것이다. 그들은 세상은 공정하고 능력이 있으면 결국 승리할 것이라고 믿는 임원들에게 권력을 얻기 위해 사용한 전략들을 포함해서 자신의 레퍼토리를 확장해 보라고 제안했다.

실비아 앤 휴렛Sylvia Ann Hewlett도 북미 기업들에서 아시아 출신들의 발목을 잡는 요인을 이해하기 위해 대대적으로 조사했다.[23] 휴렛은 앞서 확인했던 여성들의 직업적 성공을 방해하는 요소 중 일부가 아시아 출신들의 직업적 성공에서도 장애물로 작용한다는 것을 확인했다. 예를 들어 조직에서 승승장구하려면 임원다운 존재감이 중요했다. 즉 자기 자신을 변호하고 기꺼이 존재감을 드러내고자 하며, 몸짓언어와 목소리로 상대방에게 자신의 권력을 전하고 사회 기대에 순응하는 것 등이다.

그런데 이런 요소는 여성과 아시아 출신들에게 불리하게 작용했다. 여성들의 경우에는 조직에 도움이 되고 협조적이어야 한다는 성역할 기대에 부응해야 한다는 압박이 있었다. 그리고 아시아 출신들의 경우에는 재능과 성실함으로 성공하는 '모범적인 소수집단'의 전형적인 이미지에 부응해야 한다는 압박감에 시달렸다. 휴렛은 여성이나 아시아계 미국인이 조직에서 성공하려면 그들의 행동과 사고를 제한하는 사회적 기대를 극복해야 한다고 결론 내렸다.

연구에 따르면 여자는 남자보다 사회 지배 지향성, 즉 사회 집단 사이에서 불평등에 대한 선호가 더 낮은 경향이 있다.[24] 또 다른 데이터에 따르면 여자는 권력을 손에 쥐는 것에 대해 부정적인 태도를 보일 가능성이 크고 자신의 주장을 관철하기 위해 보상과 강압 전략을 쓸 가능성이

별로 없다.[25]

혹자는 이런 주장이 피해자들에게 책임을 떠넘긴다고 주장한다. 이런 편견들과 고정관념들은 존재해서는 안 되고 힘에 대한 선호도가 경력의 성공과 실패를 좌우해선 안 되기 때문이다. 나와 벨미 그리고 휴렛의 입장은 그들이 대변하는 고정관념들과 편견들이 분명히 부당하고 불공평하지만 실제로 많은 조직에 다양한 수준으로 스며들어 있다는 것이다.

우리가 통제할 수 있는 유일한 행동은 자기 자신의 행동이다. 따라서 무언가를 바꿀 수 있는 협상력을 얻을 수 있는 높은 지위에 오르는 최고의 방법은 게임의 원칙을 인정하고 그 게임이 벌어지는 환경에서 성공하기 위해 무엇을 해야 하는지를 이해하는 것이다.

그 환경 자체를 바꾸려고 노력할 때도 마찬가지다. 무엇보다 중요한 것은 성별과 인종, 사회 계급을 바탕으로 형성된 온갖 가정이 스스로가 누구인지, 무슨 행동이 허용되는지를 정의하는 데 관여하거나 제한하도록 내버려 두지 않는 것이다. 성공하고자 한다면 자기 자신의 대리인이 되어 영향력과 통제력을 행사하려고 시도해야 한다.

2016년《타임스 매거진》은 유방암 전문의이자 의학계의 변화를 이끄는 리더인(그리고 나의 학생이었던) 로라 에서먼Laura Esserman을 세계에서 가장 영향력 있는 100인에 선정했다. 혹자는 에서먼을 가리켜 권력 그 자체라고 말한다. 에서먼은 매년 내가 그녀의 사례를 바탕으로 진행하는 연구를 돕기 위해 내 강의실에 찾아왔다. 그녀는 성역할 기대에 얽매이지 않았으며 종종 화도 내고 심지어 더러운 욕설도 뱉었다. 나는 에서먼에게 이에 대해 한마디 해달라고 요청했고, 그녀는 메일로 다음과 같이 답했다.

권력을 지닌 많은 사람이 저를 방해했지만 저는 낮은 지위로 강등되지 않을 겁니다. 저는 사람들 앞에서 도전적으로 행동하거나 그들이 자신의 고정관념들을 다시 생각하게 하는 걸 꺼리지 않아요. (…) 저는 '정해진 차선을 지켜야 한다'고 생각하지 않습니다. 그리고 사람들이 저를 밀쳐 내거나 억지로 차선을 지키게 강요하도록 두지 않을 겁니다. 저를 고용했던 학과장은 "로라, 학과 사이에는 지켜야 하는 경계가 있다는 것을 모르겠어요?"라고 말했죠. 저는 이렇게 답했습니다. "모르겠어요. 왜 제가 그 경계를 지켜야 하죠?"

당신은 사회 계급, 성별, 교육 수준, 인종이 다르다고 해서 제약을 받아들이거나 기대에 순응할 필요가 없다. 그리고 자신을 옭아매는 언행에서 벗어나 당신이 직면한 상황에서 권력을 얻기 위해 해야 하는 일들을 기꺼이 해내야만 한다.

'진정성'의 저주

◆

권력을 결정하는 요소들이 증명되었음에도 사람들은 이를 받아들이고 실행하길 거부하면서 자신을 옭아맨다. 그 이유는 진정성 그리고 과학적으로 증명되지 않았지만 긍정적인 리더십에 관한 주장들을 받아들이기 때문이다. 사람들은 진정한 자아를 찾고 다른 사람들에게 솔직한 감정과 진실한 의견을 전달하려고 노력한다. 그러면서 인맥을 쌓거나, 권력 있는 사람들의 비위를 맞추거나, 자신의 성취를 알리는 활동에 시간을 쓰거나, 자원을 요청하거나, 자신을 과시하는 행동들을 하는 것은 진정한 자신이 아니라고 말한다. 이렇게 행동하다 보면 타인과의 상호작용에서 전략적으로 행동해야 하기 때문이다. 그래서 권력을 추구하는 행위를 부정적으로 생각하는 경우가 많다.

기본적으로 진정한 리더십에 관한 주장은 과학적으로 거짓임이 증명됐고 여러모로 해롭다. 스칸디나비아 출신 학자 2명이 진정한 리더에 관한 주장을 뒷받침하는, 조잡하다 못해 실체가 불분명한 이론을 낱낱이 분석해 논문을 발표했다. 그들은 그 논문으로 수상했다.

> 대부분의 긍정적인 리더십들은 조직 생활과 상사와 직원의 관계를 충분히 설명하지 못한다. 하지만 쉽고 겉으로 좋아 보이고 이념적으로 매력적인 해결책을 내놓는다. (…) 변혁적 리더십과 진성 리더십(본연의 자기 모습을 인식하고 그대로 행동하는 리더십—옮긴이) 같은 유명한 리더십 이론들에는 심각한 오류가 있다. (…) 그 이론들을 뒷받침하는 지적 근거들은 너무나 위태로워서 왜 대중적으로 인기가 있는지 의심스러울 정도다.[26]

진정성에 관한 이론들이 학문적인 근거가 빈약해서 비난을 받는 것만은 아니다. 와튼 스쿨의 애덤 그랜트 교수는 "우리는 진정성의 시대에 살고 있다."라고 말했다.[27] 그러면서 그는 다음과 같은 말을 덧붙였다.

> 그 누구도 당신의 진정한 자아상을 보길 원치 않는다. (…) 10년 전 A. J. 제이콥스는 한 점의 거짓 없이 진정한 자신으로 몇 주를 보냈다. 작가였던 그는 편집자에게 자신이 싱글이었다면 그녀와 자려고 했을 것이라고 말했고, 유모에게는 아내가 떠난다면 유모와 데이트를 할 것이라고 말했다. (…) 심지어 그는 장인과 장모에게 대화가 지루하다고 말했다. 제이콥스가 이 실험을 통해 어떤 결론을 내렸을지 예측할 수 있을 것이다. 그는 "기만 덕분에 우리가 사는 이 세상이 문제없이 돌아간다."라고 결론을 내리면서 "거짓말이 없으면 결혼 생활은 깨질 것이고 노동자들은 해고될 것이며, 자아는 산산조각 날 것이고 정부는 무너질 것이다."라고 덧붙였다.

진정성은 대중의 관심이 커지고 있는 '자기 노출'이란 개념과 관련 있다. 자기 노출에 관한 연구도 중요한 통찰력을 제공한다. 첫째, 나를 비롯해 많은 사회과학자가 직장 생활과 개인 생활의 경계가 모호해지면서 개인적인 정보가 타인에게 공개될 기회가 늘어났음을 인정한다. 둘째, 자기 노출과 관련해 '세대교체'가 일어났다. 젊은 노동자들은 동료들과 개인적인 문제들을 논하는 것은 더 적절하고 용인할 수 있는 행위라고 본다.[28] 셋째, 개인의 나약함을 드러내는 행위는 친밀감을 높인다. "자기 노출에 관한 10여 년간의 연구에 따르면 자기 자신에 대한 개인적인 정보를 공유해서 자신이 나약한 존재임을 드러내는 것은 일반적으로 애정과 친밀감을 높인다."[29]

하지만 개인의 나약함을 드러내는 것의 단점을 밝힌 연구도 있다. 특히 리더라는 높은 지위에 있는 사람들이 과제 지향적인 상호작용을 할 때 나약함을 상대방에게 드러내는 것은 부정적인 효과를 냈다. 이 연구 논문의 저자들은 "3회의 실험실 실험을 통해 지위가 높은 개인이 나약함을 드러낼수록 그들의 영향력은 줄어든다는 사실을 확인했다. (…) 자신을 노출하는 사람의 지위를 약화해서 (…) 그가 주변인과 갈등이 있다는 인식을 강화하고 (…) 앞으로 그와 관계를 맺고자 하는 욕구를 떨어뜨린다."라고 말했다.[30]

진정성을 어떻게 보느냐는 중요하지 않다. 그보다는 권력의 원칙들을 적용할 때 당신이 일부러 성격을 바꾸지 않아도 된다는 사실을 이해하는 것이 중요하다. 권력을 키우는 데 동원되는 기술들과 행동들은 공정하다. 상황에 따라 선택적으로 익히고 활용할 수 있다. 그렇게 한다고 해서 당신의 자아나 성격이 바뀌지 않으며 바꿀 필요도 없다.

꼭 외향적인 사람이 되지 않더라도 전략적인 사회적 상호작용을 강화할 수 있다. 자신감이 없더라도 겉으로 보기에 자신감 있게 행동할 수도 있다. 그렇게 당신이 권력을 키워 나가는 것이 바로 내가 가르치고 글을 쓰는 목적이다. 당신이 누구든지 상관없다. 자신을 옥죄는 틀에서 벗어나 기꺼이 권력을 키우고자 한다면 얼마든지 배우고 실행할 수 있다.

런던대 경영대학원의 허미니아 아이바라Herminia Ibarra 교수는 '진정성의 역설'에 관한 글을 《하버드 비즈니스 리뷰》에 기고했다.[31] 앞서 애덤 그랜트는 사람들이 굳이 온전하고 진실되며 있는 그대로의 자아를 원하지 않는다고 주장했다. 하지만 아이바라는 사람들이 진정성을 추구해서 자신을 옭아매고 전과는 다른 행동과 기술이 요구되는 새로운 직업이나 역할을 얻을 때 변화를 도모하지 못한다고 주장했다.

그 예로 아이바라는 한 헬스케어 회사의 책임자의 이야기를 들었다. 그 책임자는 승진해서 직접 보고해야 하는 대상이 전보다 10배 많아지자 너무 불안하고 잘 해낼 수 있을지 모르겠다고 사람들에게 이야기하고 다녔다. "그녀의 솔직함이 역효과를 냈다. 책임감 있게 이끌 자신만만한 리더를 원했던 사람들은 그녀에게 실망했다."[32] 덧붙여 아이바라는 "이론적으로 학습은 진실하고 즉흥적이기보다는 계산적으로 느껴지는 부자연스럽고 피상적인 행동에서 시작된다."라고 말했다.[33] 이런 학습은 성장하고 더 책임 있는 자리에 오르고자 할 때 반드시 거쳐야 하는 과정이다.

사람들이 내게 자신에게 진실해야 한다고 말하면 나는 어떤 자신에게 진실해야 한다는 말이냐고 되묻는다. 여섯 살 때의 자신인지, 아니면 열여덟 살 때의 자신인지 알 수 없기 때문이다. 도대체 어떤 자신에게 진실해야 한다는 걸까? 우리는 항상 변한다. 그리고 어떤 변화를 맞이할 때는 이제까지 해본 적 없는 일을 이제까지 해본 적 없는 방식으로 해내야 한다. 사실 많은 변화가 그렇다. 어쨌든 태어날 때부터 걷거나 말하거나 화장실을 사용할 줄 아는 사람은 아무도 없다. 다행히도 이런 유아기 자아를 진정성 있게 고수하는 사람은 거의 없다.

진정성이 없다는 말을 자신의 성장을 방해하는 사고방식을 내세우는 핑계로 사용하지 않기를 바란다. 특히 새로운 행동, 새로운 방식이 권력을 얻고 키우는 데 도움이 되는 순간에 말이다.

우리는 거짓과 진실을 잘 구분하지 못한다

종종 사람들은 누군가에게 아첨하거나 자신의 동기에 대해 거짓된 정보를 제공하는 등 기만행위를 하면 진정한 자신을 보여 주지 않은 대가로 불이익을 당한다고 말한다. 그럴싸한 주장이다. 하지만 이 주장을 뒷받침할 논리나 증거는 빈약하기 그지없다.

우선 사람들은 자신이 원하는 것만을 믿고 본다. 이 간단한 원리는 '동기에 바탕을 둔 추론'Motivated Cognition 연구의 기반이 된다. 동기에 바탕을 둔 추론은 "개인의 욕구에 일관된 결론을 도출하도록 사고하는 경향"으로[34] 여러 영역에서 작동하는 사고방식이다. 이에 관한 연구가 광범위하게 진행되는 영역은 "편향된 해석과 기억이 (…) 상대방이 반응하는 바람직한 결론에 이르도록 동기를 부여받은 사람들에게 도움이 되는" 인간관계다.[35]

사람들은 타인이 자신을 좋게 생각하고 자신의 이익을 진심으로 신경 쓴다고 믿도록 동기를 부여받으며, 그와 반대로 이례적인 상황을 제외하고 기만행위를 밝히도록 동기를 부여받지는 않는다. 거짓말이 대체로 효과적인 이유다. 그리고 사람들은 타인이 그의 이익을 위해 행동한다고 생각되는 순간에도 진실을 밝힐 동기를 거의 부여받지 못한다.

게다가 사람들은 거짓을 밝히는 데 그야말로 젬병이다. 한 조사에 따르면 "사람들은 기만행위를 잘 파악하지 못하고 (…) 의식적으로 거짓과 진실을 구분할 확률은 55퍼센트 미만이며 우연히 거짓과 진실을 구분할 확률은 50퍼센트에 이른다는 연구 문헌이 있다."[36] 확률은 연구나 사람에 따라 별반 차이가 없었다. 수많은 연구의 메타분석에 따르면 "사람들은 눈에 보이는 거짓보다 귀에 들리는 거짓을 좀 더 정확하게 판단한다." 그리고 "사람들은 무언가를 믿도록 동기부여가 될 때 기만적인 것 같은 상대방이 정직하다고 여긴다."[37] 같은 연구에서 사람들은 타인의 기만행위를 자신의 기만행위보다 더 가혹하게 판단한다는 사실이 확인됐다.

요약하면 사람들은 동기에 바탕을 둔 추론을 하며 타인의 기만행위를 잘 구분하지 못한다. 따라서 진정성 없는 행동이 들통날 가능성은 거의 없다. 설령 들통나더라도 제재는 대체로 없거나 최소한에 그친다.

상대가 원하는 것을 말하고 원하는 대로 행동하라

'자신에게 진실하라'와 '자신의 진정한 북극성을 찾아라' 같은 말들은 지나치게 자기 지시적일 뿐 아니라 리더들이 절대 따라선 안 되는 조언이다. 리더는 조력자와 지지자가 필요하다. 리더가 우선 완수해야 하는 주요 임무들에는 조력자와 지지자를 확보하는 일도 있다. 만일 리더가 자신이 아닌 조력자와 지지자로 영입하려는 사람들의 니즈와 동기에 맞게 행동하고 말한다면 목표를 더 손쉽게 달성할 수 있다.

로버트 카로Robert Caro의 전기에 적힌 대로[38] 린든 존슨 전 미국 대통령은 일생에 걸쳐 사람들을 관찰하고 연구하면서 그들이 무엇을 원하고 그들에게 무엇이 필요한지를 파악했다. 아메리칸 익스피어런스American Experience의 존슨 전기 영화에서 역사학자 도리스 컨스 굿윈Doris Kearns Goodwin은 겨우 100여 명의 의원만이 있는 상원이 존슨에게 얼마나 완벽한 조력자이자 지지자였는지 설명했다. 존슨은 이 의원들의 개인적인 사항을 숙지하고 있었다. 그들이 무엇을 원하고 무엇을 두려워하는지 알고 있었으며, 이를 바탕으로 그들과 관계를 맺고 자신이 원하는 대로 그들을 움직이기 위해 어떻게 설득해야 하는지도 정확하게 알고 있었다.

영향력을 원하는 사람에게는 언제나 조력자가 필요하다. 조력자를 원한다면 상대에게 무언가를 내줘야 한다. 그렇게 했을 때 그들은 당신을 지지할 것이다. 아마도 그들에게 줘야 하는 것은 그들과 당신이 비슷한 부류라는 메시지일 수도 있다.

예를 들어 존슨은 남부 출신과 이야기하면 남부 억양을 강하게 사용했고, 미네소타 출신의 자유당원인 허버트 험프리Hubert Humphrey 의원과 이야기할 때는 그와 같은 생각을 하고 있다는 인상을 주었다. 때로 조지아 출신의 보수당원인 리처드 러셀Richard Russell 의원과 이야기할 때도 마찬가지였다. 사람들의 지지를 얻고자 한다면 '그들이 당신을 지지한다면 그들에게 어떤 이익이 돌아갈 것인가?'에 대해 답할 수 있어야 한다.

전직 캘리포니아 상원 의장이자 샌프란시스코 시장이었던 윌리 브라운의 전기를 보면[39] 그가 민주당원들, 공화당원들과 두루두루 잘 어울렸다는 것을 알 수 있다. 흑인이었던 브라운은 실제로 보수적인 공화당원들의 지지를 얻어 의장이 됐다. 하지만 린든 존슨처럼 자신의 공약을 위해 정치자금을 모으는 데만 시간을 할애하지 않았다. 브라운은 동료 민주당원들을 위해서도 활동했고 그 덕분에 민주당원들도 브라운을 지지했다.

이는 정치적 조직뿐만 아니라 모든 유형의 조직에도 해당한다. 당신이 함께 일하는 사람들은 각자의 목표가 있고 불안에 시달리며 문제와 니즈를 갖고 있다. 그러니 자기 자신이 누구인지를 이해하려는 노력은 그만둬라. 대신에 당신의 조력자가 누구인지, 조력자가 될 수 있는 사람들이 누구인지 파악하는 데 집중하라. 그리고 지지가 필요한 사람들의 학생이 되어라. 빠르면 빠를수록 좋다. 그럴수록 조력자와 지지자를 전략적으로 확보하는 데 필요한 정보와 통찰력을 더 빠르게 확보할 수 있을 것이다.

타인의 시선에 지나치게 신경 쓰지 마라

◆

사람들이 권력을 얻고 키울 때 자기 발등을 찍는 우를 범하는 이유가 하나 더 있다. 바로 다른 사람들이 자신을 좋아하느냐 싫어하느냐에 지나치게 신경 쓰는 것이다. 사회심리학자 로버트 치알디니의 영향력에 관한 연구에 따르면 사람들의 호감은 권력의 원천이 된다.[40] 하지만 그보다 더 중요한 것은 대부분 사람이 일찍부터 타인과 사이좋게 지내고 훈훈한 인간관계를 형성하도록 교육을 받는다는 것이다. 다른 사람들이 자신을 좋아하는지 싫어하는지, 자신에 대해 어떻게 생각하는지에 지나치게 신경 쓰는 것은 권력을 키우는 데 큰 걸림돌이 될 수 있다.

타인이 자신을 어떻게 생각하는지 전혀 신경 쓰지 않았던 권력가가 있다. 바로 영국을 오랫동안 통솔했고 지금은 고인이 된 마거릿 대처다. 일례로 영국의 정치가 로이 젠킨스Roy Jenkins가 대처는 자신의 말과 행동이 사람들의 기분을 얼마나 상하게 하는지에는 전혀 관심이 없고 알지도 못

한다며 경악을 금치 못했던 것을 들 수 있다.[41]

사람들에게 호감을 얻으려고 할 때 문제가 하나 있는데 바로 덜 유능해 보일 수 있다는 점이다. 프린스턴 대학교의 사회심리학 교수인 수전 피스크Susan Fiske 와 동료들은 대인지각interpersonal perception(타인의 표정이나 언행 등 정보를 통해 그 사람의 심리 상태나 사회적 상태를 판단하는 능력―옮긴이)의 기본적인 특징들에 관해 대대적으로 조사했다. 그들은 여러 문화에 걸쳐 사람들은 타인을 판단할 때 기본적으로 따뜻하고 유능하다는 사실을 확인했다. 그리고 대체로 따뜻하고 유능하게 보이고 싶어 한다는 사실도 밝혔다. 하지만 따뜻함과 유능함이라는 두 요소는 개념적으로 상반된 속성을 지닌다. 이는 하버드 대학교의 사회심리학자 에이미 커디Amy Cuddy의《내가 착하다고 해서 멍청하다고 생각하지 마라》Just Because I'm Nice, Don't Assume I'm Dumb에 잘 표현되어 있다.[42]

그리고 하버드대 경영대학원의 테레사 애머빌Teresa Amabile 교수의 실증적인 연구인《유능하지만 잔인한》Brilliant but Cruel에도 잘 나타난다. 애머빌의 연구에서 사람들은 부정적이거나 긍정적인 후기를 남겼는데 "부정적인 후기를 남긴 사람들은 긍정적인 후기를 남긴 사람들보다 더 지적이고 유능하며 전문적이라는 평가를 받았다. 심지어 긍정적인 후기의 내용이 더 수준이 높더라도 마찬가지였다. (…) 하지만 부정적인 후기를 남긴 사람들은 긍정적인 후기를 남긴 사람들보다 호감을 덜 받았다."[43]

로버트 치알디니는 이렇게 조언한다. 먼저 유능함을 사람들에게 보여주는 것이다. 그리고 나서 따뜻함을 보여 준다면 사람들은 그 따뜻함을 약함의 신호가 아니라 권력이 있는 사람에게서 기대하기 어려운 긍정적인 일면이라고 여길 것이다.

호감을 우선순위로 삼을 때 발생하는 또 다른 문제가 있다. 사람들은 조직에서 더 높은 자리에 오를 때 그들이 얼마나 착한지가 아닌 업무를 완수할 수 있는지를 두고 평가를 받는다. 시저스 엔터테인먼트Caesars Entertainment CEO였던 게리 러브먼Gary Loveman은 내 강의에서 "사람들로부터 사랑을 받고 싶다면 개를 한 마리 기르세요. 개는 아무 조건 없이 당신을 사랑할 겁니다."라고 말했다.

러브먼은 2008~2009년 경기침체기에 게임업계가 어려움을 겪을 때 수천 명을 해고해야 했다. 그중에는 생계를 홀로 책임지는 싱글맘, 해고되면 의료보험 혜택을 상실하는 암 환자를 비롯해 경제적 여유가 넉넉하지 않은 사람들도 있었다. 러브맨은 그들과 그들의 가족이 자신을 '좋아하지' 않을 것이라고 확신했다. 하지만 조직의 재정 건전성과 남은 직원들의 일자리를 지키기 위해 대량 해고는 불가피한 선택이었다.

사람들의 성격과 경력에 관한 종단적 데이터 및 실험을 활용한 한 실증적 연구는 '착한 소년들과 소녀들은 꼴찌인가?'라는 도발적인 물음을 던졌다. 호감을 얻으려고 하는 성향과 관련된 성격적 특성은 유쾌감이다. 이 연구는 유쾌감이 직업적 성공을 측정하는 다양한 요소들과 부정적인 관계를 맺고 있으며 쾌활한 사람들은 협상력이 떨어진다는 것을 시사하는 증거를 검토한 뒤에 많은 정밀한 방법을 사용해 그 결과를 재현했다.[44] 연구 저자들은 유쾌감과 임금 수준의 반비례 관계가 여성보다 남성에게서 더 크게 나타난다는 것을 확인했다. 일반적으로 여성이 남성보다 더 착하다고 여겨지므로 여성이 다정하게 행동할 경우 받는 불이익이 남성보다 더 적기 때문이다.

이 연구는 어떤 메커니즘이 이런 결과를 초래하는지 살펴본 뒤에 쾌활하고 호감 가는 사람으로 보이려고 애쓰는 사람들은 직업적 성공보다 사회적 조화를 유지하는 데 우선순위를 둘 확률이 크다고 지적했다. 그래서 직업적 성공에 긍정적인 동력을 제공할 요소들을 희생시킬 가능성이 크다고 덧붙였다. 게다가 "조화로운 사회적 관계를 추구하다 보면 호감이 가는 사람들은 과도하게 사회 규범을 준수하게 될 수도 있다."[45] 하지만 다음 장에서는 권력을 키우기 위해 원칙을 깨는 것이 왜 중요한지를 살펴볼 것이다. 사람들의 시선을 지나치게 의식하는 것은 이 전략을 실천하는 데 분명 방해가 될 것이다.

물론 유쾌감의 반대는 불쾌감이다. 버클리대 경영대학원의 캐머런 앤더슨과 동료들은 혁신적이고 훌륭한 종적 연구를 진행했는데, 이기적이고 전투적이며 영악한 성격이 권력을 얻는 데 얼마나 영향을 미치는지 확인하고자 했다. 그들은 그런 불쾌감이 나중에 권력을 얻고 유지하는 데 아무런 영향을 미치지 않는다는 것을 확인했다. 다시 말해 불쾌감은 권력을 얻는 데 도움이 되지도, 방해가 되지도 않았다. 이는 불쾌감이 권력을 얻으려는 노력을 상쇄하는 2가지 행동 패턴으로 이어졌기 때문이었다. 불쾌감을 풍기는 사람들은 더 '지배적'이고 '공격적'인 행동을 했다. 이는 앤더슨과 여러 학자가 한결같이 권력을 과시하는 것이라고 결론 내린 행동 유형이었다.

불쾌감을 풍기는 사람들은 권력을 얻는 데 도움이 되지 않는[46] 관대하고 공동체적 행동에는 거의 관여하지 않았다. 불쾌한 사람은 "자신이 타인에게 어떤 영향을 미치는지에 전혀 관심이 없고 상당히 심술궂은 사람"이었다. 이런 불쾌감이 권력에 영향을 미치지 않는다면 대부분 사람이 남들이 자신을 좋아하는지 아닌지 신경 쓰느라 지나치게 많은 시간을 낭비하는 것이 분명하다.

머리말에서 언급했던 루카이야 애덤스는 투자업계에서 일하는 흑인 여성이다. 그녀는 자신의 발목을 붙잡을 걸 알면서도 타인에게 인정받기를 바라는 욕구를 내려놓는 것에 관해 내게 이렇게 이야기했다. "저는 사람들이 굉장히 개인적으로 의미 있는 무언가를 이루기를 간절히 바란다는 것을 압니다. 사람들이 어떻게 겁을 먹는지도 이해하죠. 사람들을 그런 상황으로 밀어붙이는 방법도 알고 있습니다."

애덤스는 자신의 성공에 중요하다고 생각한 2가지 요소를 언급했는데 2가지 모두 그녀가 사람들에게 받아들여지길 바라는 욕구를 포기한 것과 관련되었다. 예를 들면 그녀는 "이사회가 무슨 생각을 하는지, 화려한 크리스마스 파티에 초대될지, 일부 특권층만 초대받는 야외 식사 모임에 더 이상 초대받지 못할지"를 그렇게 걱정하지 않는다고 말했다. 그녀는 성공하려면 사람들을 자신의 편으로 끌어들이는 겸손함과 오만함이 모두 필요하다고 했다. "여성으로서 오만하게 행동하는 것은 정말 어렵죠. 하지만 저는 제가 오만하게 행동하도록 스스로 지도합니다."

애덤스는 인간관계와 사람들의 시선을 걱정하기를 그만두는 것에 관해서도 이야기했다. 그러면서 자신과 함께 이사로 활동했던 아프리카계 미국인 남성과의 일화를 회상했다.

그는 거대한 백인 중심의 권력 구조에 통합된 세대로 '권력층으로 들어가는 문'을 보호했습니다. 그 세대에는 흑인이 백인 사회에 들어가려면 지켜야 할 규칙들이 있죠. 예를 들면 흑인 여성은 어떤 머리 모양을 하고 어떻게 행동해야 한다는 식입니다. (…) 저는 그와는 다른 세대죠. 그래서인지 그 사람이 너무나 거슬렸어요. (…) 저는 그냥 그 사람이 저를 이해했는지 못 했는지 신경 쓰는 것을 그만뒀습니다. 그렇게 했더니 제가 그보다 더 권력을 지닌 사람이 됐어요. 이건 좀 다른 이야기지만 그저 사람들이 제 생각을 이해하지 못할 거라고 인정하면 그만이에요.

고인이 된 로큰롤 가수 리키 넬슨Ricky Nelson의 〈가든 파티〉Garden Party에는 내가 좋아하는 가사가 있다. "너는 모두를 기쁘게 할 수 없어. 그러니 너 자신을 기쁘게 해."라는 가사다. 모두가 사회 정체성이 있고 타인에게 수용되고자 하는 인간적인 욕구가 있다. 사관학교에서 가장 가혹한 처벌 중 하나는 사회적 배척이다. 아마 다른 곳도 마찬가지일 것이다.

권력의 첫 번째 원칙은 자기 자신이 누구인지를 알고 받아들이는 것이다. 하지만 그 정체성이 자신이 누구인지를 영원히 정의 내리도록 내버려 둬선 안 된다. 사회적 관계는 물론 중요하지만 사람들에게 수용되려는 욕구가 자신의 목표를 제한하고 이익과 욕구를 추구하는 데 방해가 돼선 안 된다. 간략하게 말하면 스스로를 옭아매는 틀에서 벗어나 목표를 달성할 수 있는 협상력을 얻기 위해 권력의 기반을 다지는 작업에 착수해야 한다.

제2장

제2원칙:
당당하게 규칙을 깨라

RULES OF POWER

꿈에 그리던 저녁 식사에 초대되어 유명인들을 만나 인맥을 넓히거나 바라던 무언가를 달성해서 좋은 평판을 얻고 싶다면 주저하지 않고 깨부숴야 하는 규칙이 있다. 현재 유튜브에서 일하고 있는 나의 옛 학생인 크리스티나 트로이티노는 강의 시간에 유타주의 선댄스 영화제에서 초청된 사람들만 참석할 수 있는 저녁 식사에 초대받은 비결을 들려주었다.

스탠퍼드대 경영대학원 학생들은 대체로 유타주까지 와서 자기들끼리만 어울리고 논다. 학교가 있는 팰러앨토에서도 자기들끼리 충분히 어울리면서 놀 수 있는데도 말이다. 나는 매년 내 강의를 듣는 학생들에게 선댄스 영화제에서 평소 할 수 없는 일에 도전해 보라고 말한다. 트로이티노는 내 말대로 선댄스 영화제에서 새로운 일에 도전해 보기로 했다.

트로이티노는 남자 친구와 함께 유명인들만 초청받는 만찬에 가기로 했다. 이를 위해 그녀는 규칙 하나를 어겼다. 만찬에 초청된 사람은 누구와 함께 가는지를 미리 주최 측에 알려야 했는데 그녀는 자신의 동반인을 알리지 않고 만찬 장소로 갔다. 그리고 사실은 이 만찬에 초대받기 위해 사회적 규범과 관습을 무시하는 행동을 했다. 그녀는 초청받은 사람들만 참석할 수 있는 비공개 만찬의 초청장을 얻기 위해 수단과 방법을 가리지 않았던 것이다.

선댄스 영화제의 만찬은 소수에게만 허용된 매우 폐쇄적인 비공개 행사였습니다. 그런 만찬들에 초대를 받으려면 10년 이상 기다려야 했어요. 저는 2020년에 새롭게 시작하는 비영리조직을 알리기 위해 선댄스 영화제 기간에 소규모의 콘퍼런스가 열릴 것임을 알았죠. 2020년 선댄스 영화제의 비공개 만찬들 중 한 곳에 꼭 초대받고 싶었습니다.

우선 저는 몇몇 회사의 대표 이메일 주소를 확보했어요. 이메일 주소는 대체로 'hello@기업명.com'이었죠. 저는 그들에게 '안녕하세요? 저는 크리스티나라고 해요. 저는 《포브스》 기자입니다. 당신의 회사에서 주최하는 저녁 식사 모임에 참석할 수 있을까요?'라는 매우 간략한 이메일을 보냈습니다.

2020년 선댄스 영화제에서는 정말 멋진 만찬 2개가 열릴 예정이었는데, 하나는 샌프란시스코의 유명 프랑스 레스토랑인 셰파니스Chez Panisse의 창립자이자 전설적인 요리사인 앨리스 워터스Alice Waters가 준비하는 만찬이었고, 다른 하나는 마사 스튜어트Martha Stewart가 맡은 만찬이었죠. 워터스의 음식은 베이 지역에서도 맛볼 수 있었기에 전 스튜어트의 만찬에 가고 싶었습니다.

그러던 어느 날 한 회사의 PR팀에서 제 메일에 대한 회신이 왔습니다. '금요일에 앨리스 워터스 만찬이 있고 마사 스튜어트의 만찬은 토요일에 있어요. 혹시 관심 있나요?'라고 하더군요. 저는 일부러 상대가 '와, 이 사람은 너무나 대단해서 마사 스튜어트의 만찬에 참석하는 게 그렇게 중요하지 않은가 봐'라고 생각하도록 그 메일을 받고 48시간 동안 회신하지 않았죠. 그러다 마침내 금요일은 바빠서 어려울 것 같고(실제로 트로이티노는 전혀 바쁘지 않았다) 토요일 만찬은 참석할 수 있을 것 같다고 회신했습니다.

토요일 아침에 일어났더니 그들이 제게 RSVP 링크를 보냈더군요. 거기에는 한 명을 더 데리고 올지 말지를 미리 알려 달라고 적혀 있었어요. 전 남자 친구인 벤이 만찬에 같이 가고 싶어 하는지 아닌지 몰랐어요. 그래서 미리 그의 동행 여부를 알릴 수 없었죠. 그리고 그날 그냥 벤과 함께 만찬장에 갔어요. 초청자 명단을 관리하는 직원이 제 이름을 물었어요. 그래서 제 이름을 말해 줬죠. 그랬더니 누구와 함께 왔냐고 묻더군요. 저는 벤과 함께 왔다고 했어요. 직원이 "동반인이 있다고 표시하지 않으셨네요."라고 하더라고요. 하지만 다른 직원과 서로 눈을 맞추더니 "문제없어요. 두 분 모두 안으로 모시겠습니다."라고 말했습니다.

저는 선댄스 영화제 만찬에 참석하기 위해 힘 있어 보이는 기술을 많이 사용해야 했습니다. 그래서 일부 규칙을 깨뜨리고 실제보다 제가 더 중요한 사람처럼 보이도록 행동했죠.

트로이티노의 계획은 여기서 끝이 아니었다. 코로나19가 전 세계를 덮치고 팬데믹이 선언됐을 때 그녀는 '긍정 전염병 팀'Team Positivity Contagion 을 발족했다. 모두가 사회적으로 고립되고 단절된 시기에도 학생들이 관계를 유지할 수 있도록 가상공간에서 행사를 개최하고 진행하기 위해서였다. 트로이티노와 팀원들은 여러 학교에 배포할 안내 책자를 만들었고 하룻밤 사이에 많은 학생이 그들의 플랫폼에 관심을 보였다. 트로이티노와 팀원들은 모든 학교를 단합시키기 위해 자선모금 행사를 진행했고 나중에 이것은 'MBA 배틀 로열'MBA Battle Royale 이라고 불렸다.

누군가가 "MBA 마이키를 끌어들이면 좋을 텐데."라고 했어요. 아마도 반쯤은 농담으로 한 말이었을 겁니다. MBA 마이키는 유명한 인스타그램 인플루언서였거든요. 그는 MBA 과정을 밟으면서 하게 된 경험과 인간관계를 웃긴 밈으로 만들어 자신의 인스타그램 계정에 포스팅했어요. 그의 인스타그램 팔로워는 수만 명이었죠.

저는 MBA 마이키에게 딱 세 문장으로 된 메시지를 보냈어요. '이봐요, 전 스탠퍼드 학생이에요. 우리는 여러 MBA 프로그램을 교차해 가상공간에서 자선행사를 열려고 해요. 동참할 생각 있어요?' 그러자 한 시간도 채 안 되어 MBA 마이키에게서 답장이 왔어요. '좋아요. 저도 함께할게요.' 이렇게 모인 인플루언서들은 우리가 준비하는 행사를 널리 알렸습니다. 그들의 참여로 행사는 우리가 의도했던 것보다 훨씬 더 명분을 갖게 되었어요. 10번째로 우리에게 연락을 해온 학교가 하버드였어요. 그들이 연락한 이유는 우리 행사에 참여한 경영대학원의 수가 임계치를 넘어섰기 때문이었죠. 사람들이 제게 "스탠퍼드에서 누가 이것을 승인했나요?"라고 물으면 전 "아무도 없어요."라고 답했죠.

학교는 우리가 준비한 행사를 좋아했어요. 그 행사에 호평이 쏟아졌고 스탠퍼드대 경영대학원에도 좋은 평가가 내려졌거든요. 우리는 5만 6,000달러를 모았죠. 처음부터 끝까지 행사를 준비하고 운영하는 데 한 달 남짓의 시간이 걸렸습니다. 이제 행사에 참여한 모든 학교가 적극적으로 내년에도 같은 행사를 개최하자고 요청하고 있어요. 그 모든 학교에 일일이 연락한 사람이 바로 저였기 때문에 많은 사람이 제게 수고했다면서 칭찬했죠. 그리고 사람들은 그 행사와 전혀 관련 없는 일에 관해서도 제 의견을 묻기 시작했어요. 제가 리더라고 생각했던 거죠.

이번에 트로이티노는 누군가가 승인이나 허가를 해주기를 기다리지 않았다. 그녀는 주도권을 쥐고 앞장서서 행사를 만들고 이끌었다. 이렇게 트로이티노는 규칙을 깼고 네트워크의 중심에 섰으며 무엇이든 해내는 사람이라는 브랜드를 만들었다.

분명 트로이티노는 규칙을 깨려는 의지 외에도 몇 가지 강점이 있었다. 일단 그녀는 명문 대학교의 경영대학원생이었다. 하지만 그녀의 사례는 당당하게 규칙을 깨라는 권력의 제2원칙이 사실상 거의 모든 상황에서 누구에게나 적용된다는 것을 보여 준다.

권력의 문을 부수고 들어가라

◆

기본적으로 권력을 얻기 위해 기존의 규칙과 사회 규범을 어기는 행위에는 어딘가 다르고 예상하지 못한 결과가 따른다. 다시 말해 규칙을 깨면 주도권이 생긴다. 하지만 규칙을 깨뜨리려면 먼저 주도적으로 무언가를 해야 한다. 앞서 사례에서 트로이티노는 가만히 있지 않았다. 그녀는 선댄스 영화제의 만찬을 후원하는 업체에 먼저 연락했고, 직접 여러 경영대학원을 섭외해서 특별한 활동을 시작했다.

규범과 규칙, 사회적 관습을 깨는 것은 '규칙 파괴자'를 더 힘 있는 사람으로 만들고 결과적으로 권력을 부여한다는 논리를 뒷받침하는 여러 심리학적 메커니즘이 존재한다. 지금부터 규칙을 깨는 것이 권력을 얻는 데 왜 그리고 어떻게 도움이 되는지 살펴보자.

무엇이 힘 있는 존재로 보이게 만드는가

《사회심리와 성격과학》Social Psychological and Personality Science에 실린 한 연구는 "사람들은 권력이 있으면 제 역할을 다하게 된다. 권력 있는 사람들은 미소를 덜 짓고 다른 사람들의 일에 간섭하며 더 큰 목소리로 말한다. (…) 권력 있는 자는 따라야 할 규칙이 줄어든다."라고 결론지었다.[1] 액튼 경Lord Acton은 "권력은 타락하고 완전한 권력은 완전히 타락한다."라고 표현했고 사회심리학자 데이비드 키프니스David Kipnis는 권력과 규칙을 깨는 행위의 연관성에 대해 경험적으로 설명했다.[2]

권력과 규칙을 깨는 행위 사이에는 체험적 연관성이 존재한다. 힘이 있는 사람은 더 자유롭게 사회적 규범과 관습에 맞선다. 그리고 그렇게 한다고 해서 그 어떤 처벌도 받지 않는다. 그래서 힘 있는 사람들이 사회적으로 부적절한 행동을 할 가능성이 큰 것이다. 암스테르담 대학교의 사회과학자 헤르번 판 클리프Gerben van Kleef와 동료들은 규칙을 깨는 행동이 실제로 더 힘 있는 존재로 보이게 만드는지를 조사했다. 그들은 시나리오, 영화 장면과 대면 상호작용 등 다양한 방법을 활용해서 실험을 연이어 진행했다. 그리고 실험의 결과는 '그렇다'였다.[3]

첫 번째 실험에서 참가자들은 여권을 갱신하려고 복잡한 시청 대기실에서 기다리고 있다고 상상할 것을 요청받았다. 자신의 순서가 될 때까지 자리를 지켜야 하는 규칙이 있다고 가정한 상황에서 한 사람이 서비스 창구가 비자 자리에서 일어나 커피 한 잔을 가지러 갔다. 그리고 규칙이 없다고 가정한 상황에서, 앞서 커피를 가지러 갔던 사람이 이번에는 자리에서 일어나 휴게실에 갔다가 다시 돌아왔다. 두 상황 모두에서 그 사람은 어떤 행위를 했지만 규칙을 어기고 커피를 가지러 갔을 때가 그냥 휴게실로 갔다 왔을 때보다 더 강한 존재라고 평가한 경우가 21퍼센트 더 많았다.

두 번째 실험에서는 시나리오가 제공됐다. 그 시나리오에서 한 부기 담당자가 재무 보고서에서 이상한 점이 발견됐다는 말을 듣게 되었다. 부기 담당자는 이런 일들은 항상 일어나며 외부 회계사들이 알아차리지 못할 것이고 때때로 필요하다면 변칙을 허용해야 한다고 말하며 규칙을 어겼다. 다른 시나리오에서는 똑같은 부기 담당자가 이와 반대로 사안을 심각하게 받아들여야 한다며 외부 회계사들이 알아차리지 못할 수 있지만 규칙을 따라야 한다고 말했다. 그 부기 담당자는 같은 인물인데도 규칙을 준수했을 때보다 어겼을 때 더 힘 있는 존재인 것 같다는 평가를 많이 받았다. 그리고 의지력이나 원하는 것은 무엇이든지 할 자유의지가 더 강하다는 평가도 받았다.

세 번째 연구에서 사람들은 옥외 카페테리아가 나오는 영상을 봤다. 영상 속 한 연기자가 다른 의자에 발을 올리고 담배를 피웠고 담뱃재를 바닥에 털었다. 이것은 규칙을 어기는 행위였다. 그리고 그는 웨이터에게 무례하게 말했다. 다른 영상에서 연기자는 웨이터를 예의 바르게 대하고 담뱃재를 재떨이에 털거나 다른 의자에 발을 얹지 않고 다리를 꼬고 앉았다. 참가자들은 규칙을 준수한 연기자보다 규칙을 위반한 연기자가 29퍼센트 더 강한 인물이라고 판단했다.

네 번째 실험에서는 영상이나 시나리오를 통해서가 아니라 직접적으로 규칙 파괴자와 소통이 이뤄졌다. 사람들이 실험에 참여하기 위해 장소에 도착했을 때 그 실험의 공모자는 계속해서 여러모로 부적절하게 행동했다. 그는 연구에 늦게 도착해 놓고 소파 앞에 놓인 탁자 위에 신경질적으로 가방을 내던졌다. 앞 실험과 마찬가지로 이번에도 규칙 파괴자는 더 힘 있는 존재라는 평가를 받았다. 위 실험들에서 나타나는 모든 차이는 통계적으로 중요했다.

이런 실험 결과를 발표한 논문의 도입부에서 클리프와 공동 저자들은 "사람들은 규칙을 어기는 권력자들이 위신이 떨어지고 힘을 잃기를 바랄지도 모른다. (…) 아니면 규칙을 어기는 행위 자체가 그가 권력자라는 인식을 조장하는 것인지도 모른다."라고 썼다.[4] 제재를 받지 않는 규칙 파괴자는 아이러니하게도 규칙을 어길 수 있는 능력 덕분에 더 많은 힘을 얻는다. 규칙을 서슴지 않고 어기는 행위는 그들이 사회적 기대에 부응하는 사람들과는 다른 존재이고 더 힘 있는 존재라는 메시지를 사람들에게 전달한다.

이는 거짓말을 하는데도 트럼프가 아주 곤란한 상황에 빠지지 않는 이유를 설명한다. 거짓말을 하는 것은 진실을 말해야 한다는 사회 규범을 어기는 행위다. 하지만 거짓말을 하는 행위는 대체로 아무런 제재를 받지 않는다. 그리고 거짓말을 하는 것도 사회적 기대를 저버리는 행동이다. 이런 이유로 거짓말을 하고도 처벌이나 비난을 받지 않는 사람이 실제보다 더 힘 있는 존재로 보이는 것이다.

규칙을 어겨서 얻을 수 있는 긍정적인 효과에는 한계가 있다. 하지만 규칙과 사회적 관습을 깨는 행위가 그런 행위를 하는 사람을 실제보다 더 힘 있는 존재로 보이게 한다는 것은 심각하게 고민해야 할 일이다. 이는 정치뿐만 아니라 직장과 사회에서 나타나는 많은 현상을 설명해 준다.

앞서 트로이티노는 상대적으로 힘이 없는 사람이 할 것이라고는 기대할 수 없는 행동을 했다. 아주 사소하지만 중요한 행동이었다. 그녀는 자신이 누구인지 자세히 밝히지 않았고 선댄스 영화제의 비공개 만찬을 후원하는 조직에 아주 짧은 이메일을 보냈다. 그 이메일에서 자신을 《포브스》기자라고만 밝혔다. 만찬에 참석하겠냐는 제안을 받고도 48시간이 지나서야 회신했고, 주최 측에 미리 알리지도 않고 남자 친구와 함께 만찬장에 갔다. 이는 그녀가 사회적 기대와 관습을 무시하고 자신이 원하는 대로 행동할 수 있는 사람처럼 보이게 했다. 아마도 이런 행동 때문에 그녀는 초청받은 극소수만이 참석할 수 있는 만찬장에 들어갈 수 있었을 것이다.

'뜻밖의 행보'로 성공하는 법

대부분 사람은 보통 규칙을 따른다. 그래서 규칙 파괴자를 만나면 사람들은 당황스러워 하고 이 놀라움이란 요소가 규칙 파괴자에게 유리하게 작용한다. 사람들은 규칙을 어기는 당혹스럽고 놀라운 상황에 어떻게 반응할지 결정할 시간도 갖지 못한 채 불시에 당한다.

인터넷 기업가이자 엔젤 투자자이며 앵커와 팟캐스터로도 활동하는 제이슨 칼라카니스Jason Calacanis의 사례를 살펴보자. 그는 중산층 가정에서 자랐고 대학생이었을 때 경제적으로 조금 어려움을 겪었다. 그는 포드햄 대학교에 가고 싶었는데 당시 입학처장은 에드 볼랜드Ed Boland였다. 그는 브루클린 칼리지를 다니는 동안 포드햄 대학교에서 태권도 강의를 수강했다. 그리고 이를 핑계로 사전에 연락도 없이 볼랜드를 '다짜고짜 찾아갔다.'

볼랜드를 찾아가기 전에 미리 추천서를 한 장 받았죠. 그리고 무작정 볼랜드를 만나 그 추천서를 내밀었어요. 추천서를 받아든 볼랜드는 황당해하면서 "제이슨, 오늘 우리가 만나기로 했었나요? 사전에 저와 일정을 잡았어요?"라고 말하더군요. 저는 "아닙니다. 저는 여기 태권도 강의 때문에 왔어요. 그냥 이 추천서를 드리고 싶어서 찾아왔습니다. 그리고 저의 2/4분기 성적도 한번 보시면 좋을 것 같아요."라고 대답했습니다.

(…) 볼랜드는 "저는 곧 예일로 옮겨 갈 거예요. (…) 이 학교를 떠날 때 학교 관계자는 이 학교를 더 좋게 만들려면 무엇을 해야 하느냐고 제게 묻겠죠. 그러면 저는 1988년 이전 학생들과는 완전히 다른 한 학생을 입학시켜야 한다고 말할 거예요. 바로 당신이요."라고 말했어요.[5]

그렇게 칼라카니스는 포드햄 대학교에 입학하게 됐다. 하지만 그는 학비를 제때 못 냈고 돈이 없어서 2학년 때는 등록을 할 수 없었다. 그래서 그는 다음과 같이 행동했다.

'좋아. 지금 뭘 해야 하지? 일단 이 학교의 최고 의사결정권자에게 가자'라고 생각했어요. (…) 그 중간에 있는 사람들은 아무래도 상관없었습니다. 저는 다짜고짜 총장실로 갔고 총장님이 안에 계신지 물었죠. 데스크에 앉아 있던 여성이 "지금 사무실에 계세요."라고 말하더군요. 저는 "감사합니다."라고 인사하고 사무실로 들어갔습니다. 그러고는 총장님에게 이렇게 말했죠. "총장님, 저는 제이슨 칼라카니스입니다. 저는 포드햄 대학교에서 정말 즐거운 시간을 보내고 있습니다. 하지만 학업을 중단해야 하는 상황이 되었습니다." 총장님은 "약속을 하고 온 건가요?"라고 묻더군요. 저는 약속은 하지 않았지만 정말 할 말이 있어서 왔다고 했습니다.[6]

긴 이야기를 짧게 요약하자면 그 후 칼라카니스는 경영대학원 컴퓨터실에서 시급 8달러를 받고 일할 수 있게 됐다. 전에 시급 3달러 50센트를 받던 일자리와 비교하면 좋은 일자리였다. 그는 이런 상호작용이 자신을 대담하게 만들었고 이후에도 뭔가에 도전해서 좋은 기회를 잡을 수 있었다고 강조했다.

칼라카니스는 약속도 잡지 않고 사람들을 불쑥 찾아갔다. 높은 자리에 있는 사람을 만나려면 사전에 약속을 잡는 것처럼 따라야 하는 절차가 있다. 하지만 칼라카니스는 그런 규칙을 과감하게 깨뜨렸다. 볼랜드는 칼라카니스의 대담함에 당황했고 놀랐지만 깊은 인상을 받고 그에게 포드햄 대학교에 다닐 기회를 제공했다. 포드햄 대학교 총장도 마찬가지였다. 그 역시 칼라카니스가 약속도 없이 불쑥 자신을 찾아와서 놀랐고 애초에 그를 재정적으로 도와줄 계획도 없었다. 하지만 곧 칼라카니스를 경영대학원 컴퓨터실에 소개해 주었고 칼라카니스는 두 배 이상의 시급을 받으며 일할 수 있었다.

이처럼 뜻밖의 행보는 사람들의 허를 찌르기 때문에 효과적이다. 그런데 뜻밖의 행보가 효과적인 이유는 이뿐만이 아니다. 사람들의 인지와 감정에도 영향을 미친다. 타니아 루나Tania Luna는 헌터 칼리지Hunter College의 심리학 강사였고 현재는 라이프랩스LifeLabs의 공동 CEO다. 루나는 뜻밖의 행보에 관한 신경생물학을 주제로 책을 발표했는데 PRI와의 라디오 인터뷰에서 이렇게 말했다. "인간은 뜻밖의 행보로 놀라게 되면 25분의 1초 동안 신체적으로 얼어붙습니다. 그러면 인간의 뇌 속에서 뭔가가 활성화되죠. (…) 바로 그 순간에 인간은 도대체 무슨 일이 일어나고 있는지 상황을 파악하기 위해 극도의 호기심을 발휘합니다. (…) 그리고 놀란 감정들은 강화됩니다."[7]

뜻밖의 상황에 놀란 사람들은 호기심이 활성화되고 상황에 집중하게 된다. 그러니 사람들에게 기억되고 싶다면 약간의 놀라움을 선사해서 상대방이 당신과의 상호작용에 더 바짝 관심을 두게 하라.

허락보다 용서를 구하는 것이 더 쉽다

직장 생활에서 갈등은 흔하다. 직장인들은 평균적으로 매주 약 3시간을 갈등을 해소하는 데 쓴다는 연구 결과도 있다. 하지만 직장인들의 약 60퍼센트는 갈등 상황에 대응하는 기본적인 훈련조차 되어 있지 않다.[8] 이렇게 훈련이 부족할 뿐 아니라 타인의 호감을 얻고 수용되길 바라는 욕구 때문에 우리는 가장 힘들고 불편한 상황을 정면으로 부딪치기보다는 피해야 한다고 생각한다. 대부분 사람은 갈등을 싫어하고 그래서 논쟁을 피하려고 애쓴다.

다르게 말하면 우리가 원하는 일을 마음대로 할 때 상대는 우리가 예상한 것보다 덜 저항할 가능성이 크다. 사람들은 대립을 싫어한다. 누군가와 대립해서 관계가 껄끄러워지고 불편해지는 위험을 감수하고 싶지 않기 때문이다. 그러니 그냥 하고자 하는 대로 행동하라. 그리고 미리 양해나 허락을 구하지 않고 한 행동에 대해 용서를 구하라. 이런 행동이 대체로 더 쉽고 더 성공적이고 더 생산적이다.

일단 무언가를 완수하거나 성취하고 나면 그 일은 기정사실이 되어 없었던 일로 되돌리기가 어려워진다. 게다가 그 일을 해냄으로써 발생한 혜택과 긍정적인 결과 역시 더 이상 가정이 아니고 사실이 된다. 사람들은 끝난 일을 다시 되돌려 이미 생긴 혜택마저 없애길 바라지 않는다. 트로이티노는 여러 경영대학원을 섭외해서 자선행사를 진행했다. 그 누가 행사 개최에 대해 허락을 구하지 않았다고 수많은 학생이 즐겁게 자선기금을 모으는 행사를 진행한 트로이티노를 비난할 수 있을까?

로버트 모지스는 40년 동안 뉴욕의 건축계에서 상당한 영향력을 행사한 인물이다. 그리고 그는 허가가 나기 전에 계획을 현실로 바꾸는 전략을 기가 막히게 구사하는 천재였다. 모지스는 필요한 허가를 모두 받기 전에 건축 프로젝트를 시작하곤 했으며 가끔은 자금이 마련되기도 전에 시작했다. 모지스는 공원이나 놀이터가 일단 건설되면 없애기가 쉽지 않다는 사실을 알고 있었다. 그렇게 모두의 허를 찌르고 개발한 첫 번째 공원이 헥셔 주립공원Hecksher State Park이다.

그는 롱아일랜드 이스트 아이슬립의 테일러 지구를 공원으로 개발하면서 사유지를 점유하고 부당한 자금을 끌어들였다. 이는 그에게 주어진 법적 권한을 넘어서는 행위였다. 모지스의 전기를 쓰고 퓰리처상을 받은 로버트 카로는 테일러 지구 개발 프로젝트에 대해 다음과 같이 말했다.

> 모지스는 테일러 지구를 개발하기를 멈추지 않았다. (…) 테일러 지구가 공원이냐에 관해 고등법원이 판결을 내릴 시점에 이미 그곳은 공원이었다. 그래서 판사는 무엇을 했을까? 주정부에 거리를 허물고 건물을 부수라고 지시했을까? (…) 아니면 테일러 지구를 방문한 사람들에게 그곳에 가지 말라고 지시했을까?[9]

카로는 모지스의 테일러 지구 개발 프로젝트에서 얻을 수 있는 교훈은

"일단 물리적으로 어떤 일을 저지르면 판사조차도 처음으로 되돌리기는 매우 어렵다는 것"이라고 정리했다.[10] 실제로 일단 무언가가 행해지면 그전으로 되돌리기는 어렵다. 시상식이나 기념식, 행사 등도 마찬가지다. 그러니 일단 저질러라. 그리고 그 행위 때문에 당신이 책임져야 할 일들에 대해서는 나중에 생각하고 고민하라. 규칙을 어기는 일이라 하더라도 말이다.

규칙은 권력이 있는 자에게 호의적이다

규칙의 압박에서 벗어나야 한다. 무엇보다도 기존의 규칙과 규범은 권력을 지닌 사람들에게 더 우호적이다. 규칙과 규범은 이미 권력이 있는 사람들이 만드는 것이다. 그렇다면 왜 당신에게 불리하게 작용할 수 있는 타인의 규칙과 규범에 따라 살아가야 할까?

한 사례를 살펴보자. 정치학자 이반 아레귄-토프트Ivan Arreguín-Toft는 '약자가 전쟁에서 이기는 법'이란 제목으로 연구를 진행했다.[11] 그는 군비, 군대 규모 등 국력의 차이가 최소 5배 이상 나는 강대국과 약소국 사이에서 발발한 전쟁들을 조사했다. 1800~2003년에 발발한 전쟁에서 강대국이 승리한 경우는 71.5퍼센트였다. 그리고 흥미롭게도 1950~1999년에 일어난 전쟁들에서는 약소국이 더 빈번하게 승리했는데 비율은 51.2퍼센트였다.

아레귄-토프트는 저서에서 그 이유를 분석했고 한 가지 결론에 이르렀다. 이 결론은 나중에 극찬을 받은 말콤 글래드웰의 '다윗이 골리앗을 이기는 법'이란 기사의 바탕이 됐다.[12] 언더독이 관습을 따르지 않을 때,

다시 말해 그 누구도 예상하지 못한 기상천외한 전략을 사용할 때 승률은 28.5퍼센트에서 63.6퍼센트로 올라간다.

전쟁에 해당하는 사실은 농구 경기에도 해당한다. 경기 내내 전면 압박 수비를 하는 농구팀은 타고난 경기력을 능가하는 힘을 발휘해 경기를 승리로 이끄는 사례가 빈번히 발생한다. 자신만의 규칙을 만들어 내는 사람들, 다시 말해 예상하지 못한 일을 하는 사람들은 자신도 예상하지 못한 방식으로 성공한다.

마찬가지로 성공한 많은 기업가, 특히 기존 산업과 비즈니스 모델을 파괴하려고 시도하는 기업가들은 악명 높은 규칙 파괴자들이다. 극단적이지만 잘 알려진 사례가 바로 전기차와 배터리 제조업체 테슬라의 CEO 일론 머스크다. 머스크는 규제당국과 좋은 관계를 유지하는 것이 사업을 하는 데 중요하다는 관습을 깨뜨리면서 성공을 거듭했다. 머스크는 규제당국에 맞섰을 뿐만 아니라 자주 모욕을 주기까지 했다. 〈월스트리트 저널〉에는 다음과 같은 기사가 실렸다.

일론 머스크는 여러 규제당국과의 싸움에서 승자가 됐다. 여러 규제당국이 머스크가 규칙을 교묘하게 회피하거나 무시하는지를 예의 주시했다. (…) 하지만 머스크는 테슬라의 전기차로 교통수단을 혁명적으로 바꾸거나 스페이스X의 로켓으로 화성에 식민지를 건설하고자 하는 자신의 목표를 규제당국이 방해하도록 두지 않았다. (…) 그는 정부 기관들과 뭔가를 주고받는 관계를 맺지 않았으며 트위터에서 공개적으로 종종 무례한 발언을 해서 그들을 폄하했다.[13]

규칙과 사회적 기대를 무시하라고 조언하기는 쉽지 않다. 규칙대로 하는 것, 다시 말해 통념을 따르는 것은 굉장히 자연스럽고 쉬운 일이다. 사람들은 결과에 상관없이 규칙대로 움직이기를 좋아한다.

글래드웰에 따르면 조지 워싱턴은 미국 독립전쟁에서 영국군에게 승리하기 시작하면서 그의 부대원들에게 영국군처럼 입고 대형을 갖춰 행군하도록 했다. 하지만 전투에서 패배하자 그는 과거의 전술로 되돌아가 다시 전처럼 나무와 암석 뒤에 매복했다가 영국군을 급습했다.

항상 전면 압박 수비로 승리했던 농구팀은 신선한 전략을 써서 승리한 경우가 더 많았음에도 자주 평범한 수비를 펼치곤 한다. 비대칭전과 파격적인 전략은 성공과 권력을 가져다줄 수 있다. 하지만 규칙을 깨뜨리려면 그에 따르는 사회적 비난을 감수할 수 있어야 한다.

관습과 통념을 넘어 '온리 원'이 되어라

◆

대부분 사람은 거의 규칙을 어기지 않는다. 사람들이 규칙을 따르는 데는 아주 합당한 이유가 있다. 세상은 당연히 준수해야 한다고 여겨지는 규칙들로 가득하다. 모든 사람은 부모, 직원, 의사, 교사 같은 역할을 갖고 있으며 각각의 역할에 기대되는 일과 행동을 하리라는 사회적 기대와 마주한다.

내 동료이자 지금은 고인이 된 제리 샐런식Jerry Salancik은 바로 이런 기대의 심리적 힘을 보여 주는 실험을 했다. 일리노이 대학교에서 1학기가 시작된 첫날 샐런식은 강의실에서 학생들 사이에 앉았다. 나이와 옷차림 때문에 그가 교수란 사실을 누구나 알 수 있었다. 하지만 그는 교수라면 이렇게 행동할 것이라는 기대를 깨뜨렸다. 예를 들면 교수는 강의실의 어디에 앉거나 설 것이란 기대 말이다. 샐런식이 교수라는 역할에 대한 기대와 어긋나게 행동하면 할수록 학생들은 매우 불편해했고 심지어 적대감까지 보였다. 이 사례를 통해서도 규칙을 깨는 것이 얼마나 불편한 일인지를 알 수 있다.

세상은 온갖 사회적 관습으로 가득하다. 예의 바르게 '부탁합니다'와 '감사합니다'라는 말을 사용해야 하고 목소리도 상황에 맞게 조절해야 하며 때와 장소에 맞춰 적절한 옷을 입어야 한다. 물론 승진하려면 이렇게 해야 하고, 리더가 되려면 이렇게 해야 하고, 좋은 부하직원이 되려면 이렇게 해야 한다는 등의 통념들도 존재한다. 그리고 이런 통념은 규칙처럼 여겨진다.

사람들은 규칙을 알고 준수할 것이라는 기대를 받는다. 규칙은 사회적 상호작용이 원활하게 진행되도록 돕기 때문이다. 유아기부터 사람들은 제일 먼저 부모에게서, 나중에는 학교와 종교 같은 기관에서, 좀 더 나중에는 고용인에게서 무엇을 해야 하는지를 배운다. 규칙을 어기면 퇴학당하고 파문당하고 해고당할 수 있다. 그보다 더 심각한 경우에는 사회적으로 배척당할 수도 있다.

반대로 규칙을 따르면 사람들과 어울릴 수 있다. 사람들과 어울려 살아가는 것은 우리에게 매우 중요하다. 우리는 동료애와 누군가와의 상호작용을 갈망하는 사회적 존재다. 여러 학문 중에서도 특히 사회심리학과 사회학은 사람들의 생각에 순응하고 그들의 기대에 따라 행동해야 한다는 압박감이 상당하다는 증거를 제시한다.

그런데 우리는 사람들과 자연스럽게 어울리면서 같은 무리로 받아들여지고 싶고 무리에서 배척당하고 싶지 않으면서도, 한편으로는 돋보이고 두드러지고 싶기도 하다. 너무 완벽하게 주변 사람들과 조화를 이루면 존재감이 사라져 승진을 위해 경쟁하는 주변인들과 전혀 구분되지 않는다. 그래서 주변인들보다 특출한 존재가 되기를 원하기도 한다. 하지만 특출하다는 것은 남들과는 어딘가 다르다는 뜻이다.

이번 장을 시작하면서 소개한 2가지 사례가 보여 주듯이 규칙을 부수고 무리에서 두드러지면 성공할 가능성이 크다. 유명한 작가이자 잡지 편집자인 티나 브라운Tina Brown은 CBS의 〈60분〉60 Minutes이라는 프로그램에 출연해 기숙 학교들에서 쫓겨난 유명인에 대해 이야기했다. 애플의 잡스와 마이크로소프트의 게이츠는 모두 대학교 중퇴자였다. 그들은 교외의 중산층 가정에서 성장한 사람들은 당연히 그럴 것이라고 여겨지는 일들을 모두 거부했다.

하지만 우리는 사람들과 관계를 맺고 같은 무리의 일원으로 인정받고 싶어 한다. 이런 욕구 때문에 대부분 사람이 사회적 통념을 따르고 다른 이가 만든 사회적 규칙을 기꺼이 준수한다. 타인에게 받아들여지고 싶은 욕구는 행동 규칙을 준수하는 행위에서 기인한다. 여기서 중요하게 짚고 넘어갈 부분이 규칙을 만드는 사람들은 대체로 더 권력이 있고 우리와는 전혀 다른 관심사를 지닌 사람들이란 것이다.

이번 장에서 얻을 수 있는 교훈을 한마디로 요약하면 이렇다. 규칙 준수와 순응을 강요하는 수많은 힘이 있지만 권력을 얻으려면 사회적 기대에서 벗어나고 통념을 무시하고 규칙을 어겨야 하는 경우가 많다.

매일 당신을 '영업'하라

◆

서구 사회에서 지배적인 행동 규범 중 하나로, 필요한 것은 자신의 힘으로 얻어야 하며 남들에게 도움을 요청해서는 안 된다는 것이 있다. 스탠퍼드 대학교 교수인 프랭크 플린Frank Flynn 은 버네사 레이크Vanessa Lake 와 함께 이 규범과 관련된 일련의 연구를 진행했다.

플린과 레이크는 사람들이 도움을 요청하는 것을 대체로 꺼리며, 부탁을 들어줄 사람을 찾으려면 너무나 많은 사람에게 부탁하고 거절당해야 한다고 생각한다는 사실을 증명했다. "누군가에게 도움을 요청하는 건 쥐꼬리만 한 용기가 필요한 당혹스럽거나 불편한 행위다. (…) 부탁하는 행위는 부적절하거나 무능해 보인다. 대부분 사람이 거절을 두려워한다."[14] 연구에 따르면 사람들은 휴대폰을 잠깐 빌려주거나, 간단한 설문지를 작성하거나, 컬럼비아 대학교 체육관까지 가는 길을 안내해 줄 사람 3명을 만나려면 적어도 6명에게 부탁해야 한다고 생각한다.

플린과 레이크는 무언가를 요청하는 사람들은 그 요청 때문에 자신이 감수할지도 모르는 잠재적인 비용만을 지나치게 신경 쓰고, 그 요청을 받는 사람의 입장을 충분히 고려하지 못한다고 봤다. 그래서 아주 많은 사람에게 부탁해야 자신의 부탁을 들어줄 사람을 찾을 수 있다고 생각한다는 가설을 세웠다. 연구 결과 이 가설은 사실로 입증됐다. 하지만 부탁을 받는 사람들은 거의 자동으로 그 부탁을 들어주려고 한다. 왜냐하면 자신이 협조적이고 자애로운 사람으로 여겨지길 바라기 때문이다. 그리고 대다수의 경우 부탁을 들어주기 때문에 감수하는 비용은 하찮다.

플린과 레이크의 연구는 다른 중요한 사실도 밝혔는데, 바로 사람들이 부탁하는 행위를 중도에 포기하는 비율이 크다는 것이다. 실험 참가자들은 낯선 사람들에게 무언가를 부탁하라는 요청을 받았다. 휴대폰을 빌리거나 체육관까지 데려다 달라고 하는 등 별로 어려운 부탁은 아니었다. 하지만 참가자들은 설령 실험이라고 해도 누군가에게 뭔가를 부탁하는 것을 꺼렸다.

처음에는 실험 참여에 동의했던 사람들의 27퍼센트가 자신이 무엇을 해야 하는지를 알고는 실험에서 빠지겠다고 말했다. 그리고 플린과 레이크가 실험에 참여하기로 동의한 52명에게 간단한 설문지에 답을 받아오라고 하자 6명이 그 즉시 실험에서 빠졌고 3명이 임무 완수에 실패했다. 이는 플린과 레이크가 지적했듯이 사람들은 '누군가에게 도움을 구하는 것은 불편하다'라고 생각하기 때문이다.

하지만 반대로 사람들은 누군가에게 도움을 주고 싶어 한다. 무엇보다도 누군가를 돕는 것은 협조적이어야 한다는 사회적 기대를 충족시킨다. 그리고 도움을 구하는 것은 일종의 아첨과도 같다. 조언이나 도움을 구할 때 부탁하는 사람은 부탁받는 사람의 지위를 암암리에 높이기 때문이다. 부탁을 받는 사람은 은혜를 베풀고 감사 인사를 받으며 무엇보다 부탁을 들어줘서 상대방에게 자신의 중요성을 입증하는 위치에 선다. 따라서 규칙을 깨뜨린다는 원칙과 플린과 레이크의 실험 결과를 보면 우리는 다른 사람들에게 지금보다 더 많이 요청해야 한다.

키이스 페라지Keith Ferrazzi는 마케팅 대가이자 베스트셀러 작가다. 그는 1992년 하버드대 경영대학원을 졸업하면서 맥킨지와 딜로이트 컨설팅 중에서 어디서 일할지 고민했다.

> "맥킨지 말고 우리와 함께 일하자고 키이스를 설득했죠."라고 딜로이트 컨설팅을 이끌었던 팻 로콘토Pat Loconto가 말했다. "승낙하기 전에 키이스는 '딜로이트의 대장들'을 만나고 싶다고 했죠. 그는 경영진을 '대장들'이라고 불렀어요." 그래서 로콘토는 뉴욕의 이탈리아 레스토랑에서 페라지와 만나기로 했다. "술을 몇 잔 마신 뒤에 (…) 키이스가 제안을 받아들이겠다고 했습니다. 그런데 조건이 하나 있다고 하더군요. 1년에 한 번은 그 이탈리아 레스토랑에서 단둘이서 저녁 식사를 해야 한다고 했죠. (…) 그래서 저는 1년에 한 번 그와 저녁 식사를 하겠다고 약속했고 그렇게 키이스는 우리와 일하게 됐죠. (…) 그 덕분에 키이스는 경영진과 소통할 수 있었습니다."[15]

물론 타인에게 무언가를 요청한다는 것은 대담한 행동이다. 그렇다면 누군가에게 무언가를 요구했을 때 당신에게 무엇이 불리해질까? CEO와의 식사처럼 무언가를 누군가에게 요구했을 때 당신에게 일어날 수 있는 최악의 일은 '거절'이다. 다시 말해 "안 돼요."라는 말을 듣는 게 전부다. 하지만 어떤 상황에서든 원하는 것을 요구하지 않는다면 당신은 원하는 것을 얻을 수 없다. 당신이 누군가에게 무언가를 요구한다고 해서 당신이 잃을 것은 아무것도 없다. 아마도 뭔가를 요구했다가 거절의 따끔한 맛을 보게 될지는 모르겠다.

대부분의 유능한 영업사원들이 거절을 감당하지 못하면 영업에 뛰어들지 말라고 조언한다. 우리는 모두 영업사원이다. 모두가 자기 자신과 자기 생각을 다른 사람들에게 '영업'한다. 그러니 사람들에게 여러 가지 것들을 요청하고 거절당하고 다시 요청하는 데 익숙해져야 한다. 다른 사람에게 무언가를 요구하는 것은 규칙을 어기는 행위지만 분명 효과가 있다. 플린과 레이크의 논문 제목이 모든 것을 말해 준다. '도움이 필요하다면 그냥 말하라.'

이 책에서 소개한 모든 권력의 원칙처럼 권력의 제2원칙 역시 인종이나 성별과 상관없이 거의 모든 사람에게 효과가 있다. 레지널드 루이스Reginald Lewis의 사례를 살펴보자. 루이스는 10억 달러 가치의 기업 TLC 베아트리체 인터내셔널 홀딩스TLC Beatrice International Holdings를 이끈 최초의 흑인이자 하버드대 법학대학원 졸업생이고 매우 성공한 사모펀드 투자자다. 그는 볼티모어에서 자랐고 1965년 버지니아 주립대학교에서 정치학 학사 학위를 취득했다.

그해 여름에 록펠러 재단이 하버드 대학교에서 프로그램 하나를 후원했는데 흑인 학생들에게 법학을 소개하고 법학대학원에 입학할 수 있도록 도와주는 프로그램이었다. 그 프로그램에는 2가지 규칙이 있었다. 첫째, 대학교 3학년 학생들만 프로그램에 지원할 수 있었다. 그래야 프로그램 참여자들이 배운 지식을 법학대학원 입시를 준비하는 4학년에 활용할 수 있었기 때문이다. 둘째, 하버드대 법학대학원은 지원할 수 없었다. 그 프로그램은 흑인 학생들이 법학에 관심이 생겨 다른 법학대학원에 진학하는 것을 돕는 게 목적이었다.

이미 대학교를 졸업했음에도 루이스는 억지로 그 하계 프로그램에 참여하게 됐다. 그해 여름 동안 루이스는 사람들의 눈에 띄고 좋은 성적을 얻으려고 최선을 다했다. 그리고 해당 프로그램에 자문해 주는 법대 교수를 만났고, 자신을 입학시킨다면 하버드대 법학대학원에 큰 도움이 될 것이라고 열변을 토로했다. 그는 이와 같은 경험을 자서전《온갖 재미는 왜 전부 백인의 몫인가?》Why Should White Guys Have All the Fun?의 '지원서는 필요없다'라는 장에서 그럴듯하게 풀어냈다.[16]

여러 번의 거절과 역경을 이기고 루이스는 결국 하버드대 법학대학원에 입학했다. 그는 하버드대 법학대학원 입학을 불가능하게 만든 규칙을 보란 듯이 깨뜨렸다. 그의 입학을 허가한 뒤에 하버드대 법학대학원은 지원서를 작성하도록 했다. 이로써 루이스는 "148년의 하버드 대학교 역사상 지원서를 작성해서 정식으로 지원하기도 전에 하버드 대학교에 입학한 유일한 사람"이 됐다.[17]

하계 프로그램이 진행되는 동안 입학 허가를 요구하는 것은 위험한 행동이었다. 루이스는 점심시간 동안 입학 면접을 준비했다. 면접관들 앞에서 무슨 말을 할지 고민하고 연습했고 신경 써서 옷을 입고 약속 장소로 갔다. 그는 하버드대 법학대학원에 입학시켜 달라고 한다고 해서 잃을 것은 없다고 생각했다. 루이스는 그해 가을에 하버드대 법학대학원에 들어가지 못했다. 그래서 또 한 번 시도했고 면접에서 무슨 말을 할지 철저하게 준비했다. 이번에도 그에게 일어날 수 있는 최악의 일은 그해 가을에 하버드대 법학대학원에 들어가지 못하는 것뿐이었다.

이후 펼쳐진 변호사이자 사모펀드 투자자로서 그의 삶은 규칙을 준수하거나 기대에 순응하기를 거부한 일들로 가득했다. 이렇게 위험을 감수하려는 의지가 재능과 더불어 그가 성공할 수 있었던 비결이었다.

권력은 규칙을 새로 쓴다

◆

규칙과 사회적 관습은 권력을 쥔 사람들의 손에서 만들어진다. 대체로 그들은 권력을 영속시키기 위해 규칙과 사회적 관습을 만들어 낸다. 따라서 일부 규칙, 사회적 규범과 기대는 합리적일지 모르지만 대다수는 그렇지 않다. 기껏해야 임의적이고 최악의 경우 권력 없는 사람들에게 심각한 피해를 준다.

흑인 여성인 로자 파크스Rosa Parks는 버스 뒷자리에 앉기를 거부했다. 흑인을 낮은 사회적 계급에 묶어 두기 위한 사회적 규범을 어긴 것이다. 마틴 루터 킹은 〈버밍엄 감옥에서 온 편지〉Letter from a Birmingham Jail를 썼을 때 실제로 감옥에 있었다. 그는 미국의 민권운동 역사에서 유색인에게 투표권 등 백인이 누리는 권리를 빼앗은 규범과 법을 거부했다. 하원의원이자 민권 운동가였고 지금은 고인이 된 존 루이스John Lewis는 말년에 사람들에게 '좋은 말썽'을 일으키라고 조언했다. 유색인의 기본권을 박탈하고 그들의 품위를 손상하는 법과 관습에 도전하라고 말이다. 넬슨

만델라는 인종차별 정책의 근간이 되는 법과 사회 기대를 어긴 이유로 남아프리카의 감옥에서 27년을 보냈다.

이와 같은 사례들은 극적이고 생생하다. 이 사례들을 통해 권력을 손에 쥔 사람들이 영원히 권력을 유지하려고 규칙을 만들어 냈다는 사실을 알 수 있다. 따라서 기존의 권력 배치가 변하려면 규칙을 깨뜨리고 사회적 규범을 어겨야 한다.

직장이라는 조직에서도 이와 유사한 일들이 일어난다. 여성은 분노를 표출하거나 공공연하게 욕망을 드러내선 안 되며 문제에 접근할 때 공공의 이익을 좀 더 우선해야 한다는 기대를 받는다. 이런 기대는 직장에서 성공하고 경력을 쌓는 데 불리한 조건이다. 그리고 그런 여성과는 달리 남성은 직장에서 분노를 표출하며 자신의 권력을 좀 더 편안하게 드러내고 욕망을 달성해 나간다. 암묵적으로 남자는 화를 내고 욕망을 드러내도 된다는 암묵적인 허락이 존재한다.

여자와 유색인은 이렇게 행동해야 한다는 사회적 기대는 미묘하든 노골적이든 간에 여성과 유색인에게 불리한 인식이다. 이런 현상을 '이중구속'이라고 부른다. 이들이 규범을 위반하면 주로 혜택을 받는 사람이 반발하고 분개하기 때문이다.

불공평하고 부당한 규칙이 불러일으키는 딜레마를 부정하지 않더라도 나는 조직에서 활동하는 사람들이 인종적 정의와 경제적 정의를 추구하는 사회적 운동에서 중요한 교훈을 얻을 수 있다고 생각한다. 마틴 루터 킹은 FBI의 감시를 받았고 말년에 이르러 그의 요구를 위협으로 여기는 사람들에게 비난을 받았다. 실제로 그는 경제적 정의를 추구하고 베트남 전쟁에 반대한다는 이유로 일부 사람들에게서 멸시를 받았다. 하지만 앞에서 배웠듯이 사람들에게서 미움을 받을까 봐 지나치게 걱정할 필요는 없다.

만일 당신이 스탠퍼드 대학교의 교육 목표를 살짝 바꿔 '삶을 바꾸고 조직을 변화시키고 세계를 바꾸고자' 한다면 때때로 꽤 거센 저항과 반발에 대비해야 한다. 변화는 언제나 자원의 재분배를 요구한다. 변화로 자원을 빼앗길 수 있는 사람들은 변화를 반기지 않을 것이다. 소외당한 이들에게 기회를 제공하기 위해 방향을 바꿔 경력을 쌓는 것은 더 많은 경쟁을 견뎌야 하고 경쟁에 덜 노출된 사람들에게 기회가 덜 주어질 것이란 뜻이다.

나는 이중구속의 딜레마를 봤지만 실제로 사람들에게 선택권이 주어지리라 생각하지 않는다. 규칙을 따르고 사회적 기대에 순응하면 힘을 얻으려는 여정은 험난할 수밖에 없다. 곧이곧대로 규칙과 사회적 기대에 따라 살아가면 과도하게 제한적인 기회와 가능성만이 허락될 것이다. 따라서 권력을 추구하는 사람들에게, 특히 불리한 위치에서 권력을 손에 넣고자 하는 사람들에게 규칙을 깨는 것은 유일하게 선택할 수 있는 합리적인 선택지다. 간단히 말해서 당신이 기존의 규칙들을 고려했을 때 승리하게 되어 있는 사람이라면 규칙을 따르고 지지하라. 하지만 성공이 보장되지 않은 모든 사람에게 권력의 제2원칙인 규칙을 깨는 것은 성공으로 가는 증명된 전략이다.

제3장

제3원칙:
이미 권력자인 것처럼
행동하라

RULES OF POWER

2010년 4월 골드만삭스의 CEO 로이드 블랭크파인Lloyd Blankfein이 상원 위원회 앞에 모습을 드러냈다. 골드만삭스는 금융계의 유명한 투자은행 으로 고객들에게 판매한 증권들을 공매도했다는 의혹을 받고 있었다. 일 부는 이를 이해의 충돌과 배임으로 봤다. 그해 6월 17일에는 다국적 석 유회사 BP의 CEO 토니 헤이워드Tony Hayward가 하원위원회 앞에 섰다. 당시 하원위원회는 멕시코만에서 BP 유정이 폭발한 사고를 조사하고 있 었다. 이 폭발사고로 직원 11명이 목숨을 잃었고 상당한 양의 기름이 바 다로 유출되어 해양 생태계가 큰 피해를 입었다.

이후 블랭크파인과 헤이워드의 경력은 완전히 다른 궤적을 그리게 됐다. 2010년 7월 17일 BP는 헤이워드가 사임하고 10월 1일부터 밥 더들리Bob Dudley가 뒤를 이을 것이라고 발표했다. 한편 블랭크파인은 2018년 말까지 골드만삭스 CEO로 있다가 자신이 선택한 시기에 스스로 자리에서 물러났다.

분명 두 사례에는 많은 차이점이 존재한다. 하지만 무엇보다도 두 리더의 사례를 보면 그들의 태도, 언어와 접근법에 상당한 차이가 있음을 알 수 있다. 이런 차이들은 청문회뿐만 아니라 거의 모든 상황에서 목격되었다. 헤이워드는 증언하면서 웅크리고 앉아 있었고 손이나 팔을 덜 사용했다. 그의 말과 행동에는 미안함이 담겨 있었고 차분했다. 반면에 블랭크파인은 좀 더 공격적인 언어와 몸짓을 사용했고 자신을 표현하는 데 주저함이 없었다.

나는 강의 시간에 너무나도 명백하지만 중요한 권력의 핵심을 학생들에게 설명하기 위해 그들의 증언 영상을 소리를 켠 채로 보여 주기도 하고 끈 채로 보여 주기도 한다. 소리를 끈 영상을 학생들에게 보여 줄 때는 두 사람의 몸짓언어에 주목하라고 한다. 다른 사람들에게 어떻게 '보일 것이냐'는 앞으로의 경력에 중요하고 심지어 경력을 결정할지도 모르기 때문이다.

사람들이 당신에게 권력과 지위를 얼마나 부여할 것이냐 그리고 당신이 직업을 유지할 수 있느냐에서도 마찬가지다. 이전 직책과 상관없이 당신의 능력과 강점에는 어느 정도의 불확실성이나 애매모호함이 존재할 수밖에 없다. 그래서 사람들은 당신을 얼마나 진지하게 대해야 할지, 당신의 의견을 따를지, 당신과 손을 잡을지를 결정하기 위해 당신을 '보고'

평가한다. 지금은 고인이 된 사회심리학자인 날리니 앰버디_{Nalini Ambady}는 "사람들에게 깊은 인상을 남기는 능력은 대단히 중요한 인간관계 기술"이라고 말했다.[1]

연구에 따르면 사람들은 불과 몇 초 동안의 '단편적인' 행동을 통해 상대에 대한 인상을 아주 빠르게 형성한다. 다시 말해 우리는 상대방이 보여 주는 지극히 단편적인 행동을 근거로 그의 성격을 꼼꼼하게 판단한다. 그리고 그 행동으로 후속 결정과 판단도 내린다. 연구에 따르면 이렇게 빠르게 형성된 첫인상은 놀라울 정도로 오래 지속된다.

첫인상이 오래가는 이유는 부분적으로는 사회에 만연해 있는 확증 편향_{confirmation bias} 때문이다. 확증 편향은 기존의 믿음이나 기대와 일치하는 증거만을 찾고 분석하는 성향을 말한다.[2] 따라서 권력의 제3원칙은 권력을 얻고 유지하는 데 매우 강력한 효과를 발휘한다. 당신이 어떻게 보이느냐에 따라 사람들은 당신을 어떻게 대하고 평가할지 결정한다. 그리고 자신이 생각한 첫인상이 옳다는 것을 증명하기 위해 당신에 관해 거의 비슷한 결론을 내린다.

예를 들어 보자. 사람들은 당신을 처음 봤을 때 별로 똑똑하거나 유능하지 않다고 생각하면 당신의 지적 수준이 어느 정도인지 보여 줄 수 없는 질문을 던질 것이다. 그러면 당신은 당신의 지적 수준과 유능함을 보여 줄 기회가 거의 없을 것이다. 로버트 치알디니는 당신이 첫인상을 남길 기회는 오직 한 번만 주어진다고 했다.

앞서 사례로 든 CEO 2명의 증언을 비교해 보자. 헤이워드는 미리 준비한 대략 6분 분량의 모두진술을 읽었다. 일반적으로 사람들은 1분에

130~150자를 말한다.[3] 헤이워드는 대략 900자의 모두진술을 준비했고 그 정도면 모두진술을 외워서 말할 수도 있었을 것이다. 하지만 그는 원고를 보고 읽었고 이로써 관중들과 눈을 자주 맞출 수 없었다.

수십 년 전에 진행된 연구에 따르면 눈 맞춤은 화자의 신뢰도를 높이고 그가 정직한 인물이라는 인식을 청자에게 심어 준다.[4] 그리고 눈 맞춤의 지속 시간은 리더십을 포함해 그 사람의 잠재력을 판단하는 데 영향을 미친다.[5] 눈 맞춤은 또한 화자의 자존감에 대한 사람들의 인식에도 영향을 미친다. 다시 말해 자주 눈을 맞출수록 사람들은 화자를 보다 우호적으로 평가한다.[6] 모두진술을 보고 읽는 헤이워드는 마치 대본을 읽는 것 같았고 진실해 보이지 않았다. 그가 직접 모두진술을 작성한 것이 아니라 변호사나 직원이 적어 주었을 것이라는 느낌을 주었다.

원고 없이 등장해서 주제를 완전히 숙지하고 상황을 통제하고 있는 것처럼 보이는 것은 중요하다. 38년 동안 미국영화협회를 이끌었고 지금은 고인이 된 잭 발렌티Jack Valenti는 미국 의회에 참석할 때 절대 메모지를 들고 가지 않는다고 내게 말했다. 자신이 모든 것을 완전히 알고 있다는 인상을 주고 싶고, 원고를 보지 않으면 청중과 직접적으로 소통할 수 있기 때문이라고 했다. 힘 있는 사람처럼 보이려면 메모지나 다른 소도구 등 보조 도구를 사용해선 안 된다. 특히 당신의 말을 듣고 있는 사람과 눈 맞춤을 방해하는 것들은 사용하지 마라.

증언석에 선 헤이워드는 연신 뭔가 미안한 듯 보였다. 그리고 질문에 대답할 때 전 세계에 매년 수백 개의 유정을 뚫는 회사의 CEO이면서도 멕시코만의 유정 폭발 사건을 모른다는 식으로 말하며 "전혀 없습니다."

라는 말만 반복했다. 가장 중요한 점은 그가 BP라는 조직과 그 조직의 행동에 관한 질문에 상황에 맞게 일관된 진술을 하는 데 실패했다는 것이다. BP가 얼마나 오래된 회사인가? 미국에서 몇 명을 고용하고 있는가? 멕시코 연안 지역에서 어떤 활동을 하며 그 활동은 그 지역의 경제와 고용에 어떤 영향을 미치는가? 왜 BP는 처음부터 악조건 속에서 멕시코만에 유정을 개발했는가? 이런 질문에 대해 그는 설득력 있는 대답을 하지 못했다.

헤이워드는 폭발 사고의 원인을 철저히 규명하고 기름 유출로 인한 경제적 손실을 보상하는 데 최선을 다하겠다고 약속했다. 하지만 자신이 상황을 완전히 통제하고 있고 유사한 사고가 다시는 발생하지 않도록 할 것이라는 메시지를 전달하는 데는 실패했다. 무엇보다 그는 BP의 활동과 명예 그리고 직원들을 보호하지 못했다. 헤이워드는 BP 상무였을 때 내 강의를 들었던 적도 있었다. 하지만 청문회에 선 그는 단호해 보이지도 않았고 양심의 가책을 느끼는 것처럼 보이지도 않았다.

그와 대조적으로 블랭크파인은 증언석에서 무척 편안해 보였다. 그는 쏟아지는 질문들에 조금도 놀라지 않았고 시종일관 미소를 지었다. 그리고 마치 질문 자체가 문제의 본질을 이해하지 못한다는 인상을 주면서 증언을 이어 갔다. 그는 금융중개기관이자 투자기관으로서 골드만삭스의 역할에 대해 수차례 설명했다. 회사 연혁을 소개했고 금융업계에서 골드만삭스의 주도적인 역할과 명성, 규모를 설명했다. 또한 골드만삭스는 고객의 신뢰가 가장 중요하며 유능한 전문가 직원들을 보유하고 있다고 했다. 블랭크파인의 말에 따르면 골드만삭스는 아는 것이 많고 지적인 고객들이 원하는 일만을 한다. 그리고 고객들이 이행하려는 거래의 반대편에 서서 그들이 추구하는 주택시장 같은 분야에서 리스크를 제공하기도 한다고 말했다.

블랭크파인의 태도는 골드만삭스가 해온 일들에 그 자신은 전혀 거리낌이 없다는 인상을 풍겼다. 그는 금융시장이 어떻게 움직이는지와 금융시장에서 골드만삭스가 어떤 다양한 역할을 해왔는지를 반복해서 설명했다. 3시간 동안 그는 증인으로서 질문을 받았지만 단 한 번도 골드만삭스의 행동에 대해 사과하거나 투자기관의 역할에 대한 자신의 생각을 굽히지 않았다. 그리고 골드만삭스가 판매하던 상품을 공매도하는 등 위험을 헤지하기 위해 한 결정들에 자신이 개입했으며 실제로 책임이 있다는 사실로부터 도망가지 않았다(참고로 헤이워드는 9시간 동안 청문회에서 증언했다).

심각한 문제를 해결해야 하는 회사의 CEO가 아니더라도 사람들에게 어떻게 보이느냐는 한 사람의 권력과 경력에 영향을 미친다. 어떤 회사에 지원하거나 승진하길 바라는 사람도 마찬가지다. 이번 장에서 강조한 내용이지만 언어와 몸짓언어는 사람들이 당신을 어떻게 판단하느냐에 지대한 영향을 미치며 그 판단에는 결과가 따른다. 에이미 커디의 몸짓언어에 대한 TED 강의가 가장 많은 사람이 시청한 강의가 된 것은 결코 우연이 아니다.[7] 그리고 그녀가 쓴 《프레즌스》가 베스트셀러가 된 것도 마찬가지다.[8] 지금부터 힘 있는 존재처럼 보이는 것이 왜 중요한지, 힘 있어 보이기 위해서는 어떻게 해야 하는지를 살펴보도록 하자.

인간의 본능은 보이는 것에 반응한다

◆

먼저 실험 사례 하나를 살펴보자. 서로 다른 과목을 가르치는 강사 13명이 있다. 연구진은 그들이 강의하는 모습을 촬영했고 촬영한 영상을 단편적으로 무작위로 편집해서 10초 분량의 짧은 무성 영상 3편을 제작했다. 그들은 그렇게 편집된 영상을 학부생 9명에게 보여 주었고 자신감, 장악력, 솔직함, 공감 능력 등 몇 가지 부문에서 영상 속 강사들을 평가하도록 했다.

이 연구의 목적은 평가자 9명이 짧은 무성 영상에 담긴 강사의 모습과 행동을 보고 매긴 점수의 평점이 실제 강의 평가와 상관관계가 있는지를 확인하는 것이었다. 강의 평가는 학부생들이 실제로 수 주일 동안 강사 13명이 진행하는 강의를 처음부터 끝까지 듣고 그들을 관찰한 뒤에 작성했다.

결과는 놀라웠다. 평가자 9명이 짧은 무성 영상을 보고 내린 평점과 실제 학부생들이 작성한 강의 평가에서 상당한 상관관계가 확인됐고 상관계수는 꽤 높았다. 예를 들면 자신감 부문에서 평가자 9명의 평점과 실제 강의 평가의 상관계수는 0.82였다. 그리고 장악력, 열정적 태도, 낙관적 태도에서 평가자들의 평점과 실제 강의 평가의 상관계수는 각각 0.79, 0.76, 0.84였다.[9]

연구진은 이 결과를 잠깐의 비언어적 행위가 개인의 실제 자질을 보여줄 수 있다고 해석했다. 하지만 다르게 해석할 수도 있다. 두 번째 해석은 이번 장의 주제와 일맥상통한데, 오랫동안 강의를 듣고 강의 평가를 한 학부생들과 단편적인 짧은 무성 영상만을 보고 평가한 학부생 9명은 모두 에너지, 능력, 자신감 같은 비언어적 신호들에 비슷하게 반응했다. 이런 비언어적 신호들은 그 강사가 강의 내용을 효과적으로 전달할 수 있느냐 없느냐와는 다소 상관없었지만 그 강사의 자질에 대한 학생들의 평가에 상당히 유의미한 영향을 미쳤다. 두 집단 모두 눈에 보이는 외적 요소에 반응한 것이다.

그리고 강의에서만 겉으로 보이는 모습이 중요한 게 아니었다. 강의 평가 연구를 진행했던 연구진 중 한 명이었던 날리니 앰버디는 'CEO의 인상이 회사의 실적과 관련이 있는가?'라는 질문에 대한 답을 찾고자 연구를 진행했다.[10] 앰버디는 《포춘》 선정 500대 기업 중에서 50개 기업을 대상으로 연구를 진행했다. 학부생 100명이 CEO의 사진을 보고 그의 전반적인 리더십이나 경쟁력, 장악력, 호감도, 성숙도, 신뢰도라는 5개 부문을 평가했다.

연구 결과에 따르면 연령, 영향력, 매력도를 통계적으로 통제한 뒤에 'CEO의 인상에서 권력과 관련된 요소들'에 대한 평가는 CEO의 리더십에 대한 평가처럼 회사 수익과 상당한 관련이 있었다.[11] 첫 번째 연구는 남성 CEO들만을 대상으로 진행됐지만 여성 CEO들을 대상으로 진행된 후속 연구에서도 같은 결과가 나왔다.[12]

이 연구 결과는 '더 성공적인 회사들이 특정한 외모를 지닌 사람을 CEO로 선택하는 것인가, 아니면 특정 외모를 지닌 사람이 CEO로서 일을 더 성공적으로 완수하는 것인가'란 질문을 하게 만든다.[13] 어느 해석이 옳은지와 상관없이(어쩌면 모든 해석이 사실일지도 모르지만) 외모와 리더로서의 성공이 상관관계가 있다는 사실이 회사 조직뿐만 아니라 수많은 분야에서 확인됐다.

위와 같은 실증적 결과를 근거로 우리는 다양한 환경에서 사람들에게 어떻게 보이느냐는 매우 중요하며 직업적 성공과 권력을 얻는 데 도움이 된다고 말할 수 있다. 어떻게 보이느냐와 권력의 관계를 다룬 방대한 연구 문헌을 살펴보는 것은 꽤 지루하고 힘든 작업이다. 그러니 이번 장의 주제와 가장 유의미한 연구 문헌들의 핵심만 간략하게 살펴보자.

- '사람들은 외모에서 느껴지는 내재적 특성들 때문에 편견을 갖는다'라는 전제 아래 진행된 연구에서 응급실의 초진 간호사들은 더 고통스러운 표정의 사람들을 우선 확인한다는 것이 확인됐다.[14]
- 수만 명의 스웨덴 남성들에 관한 데이터를 활용해 신장과 소득의 상관관계를 밝히는 연구가 진행됐다. 연구진은 신장과 소득의 관계가 가정환경을 반영하고 신장과 인지적·비인지적 능력의 연관성을 보여 준다는 증거를 확인했다.[15]
- 신장뿐만 아니라 신체적 매력은 소득 수준과 관련이 있다.[16] 신체적으로 매력적인 사람은 취업할 확률이 높고[17] 승진할 가능성이 크다는[18] 직업적 성공 가능성과도 관련이 있었다. 최근에 69개의 연구를 메타분석한 결과 평범한 외모를 지닌 사람들보다 매력적인 사람들이 20퍼센트 더 많이 돈을 벌고 승진할 사람으로 더 자주 추천받는 것으로 나타났다.[19] 이런 결과가 나타나는 이유는 매력적인 사람들이 인적 자본에서 작은 이점을, 사회적 자본에서 큰 이점을 갖기

때문이다. 그들은 매력적인 외모 때문에 사람들의 눈에 더 잘 띄고 사람들은 그들에게 기꺼이 멘토가 되어 주고 조언을 해주고자 한다.

힘에 대한 인간의 본능적인 반응을 이용하라

사람들은 힘이 있는 자와, 마치 힘이 있는 것 같은 분위기를 풍기는 외모와 행동에 본능적이고 무의식적으로 반응한다. 우리의 선조들은 생존을 위해 벗과 적을 빠르게 구분할 수 있었다. 그리고 세력을 건 투쟁에서 누가 우세할지도 순식간에 파악할 수 있었다. 즉 상대방을 빠르게 평가하는 능력은 진화론적으로 보면 일종의 적응 기술이었다. 그런데 이는 지금도 마찬가지다. 결과적으로 우리는 그렇게 해선 안 된다는 경고에도 불구하고 얼굴만 보고 첫인상을 결정한다.

그런데 간혹 어떤 사람들은 상당히 비슷한 첫인상을 갖고 있다. 이는 사회적으로 꽤 의미가 있다. 겉으로 드러나는 모습은 중요하다. 외모에서 보이는 일부 특징들은 앞서 언급한 적응행동을 유도해서 그런 특징들이 얼핏 보이는 것만으로도 사람들에게 깊은 인상을 남길 수 있다.[20] 물론 이런 자동적인 반응들이 언제나 정확한 것은 아니다. 하지만 지나친 일반화의 오류는 건강 상태, 연령, 감정 상태, 익숙함 등이 서로 다른 사람들에게 적절하게 반응하지 못해 초래된 오류들보다 부적응도가 낮은 것으로 간주된다.[21]

자신은 매우 합리적인 존재라고 생각하고 싶겠지만 우리가 내리는 결정들은 대체로 감정에 좌우된다. 스탠퍼드 대학교의 마케팅 교수인 바바 시브Baba Shiv는 선택에서 감정의 역할을 대대적으로 연구했는데[22] 기본적으로 시간과 집중력 같은 인지적 자원들이 제한될 때 결정은 사고보다 감정의 영향을 더 많이 받았다. 즉 우리는 일상에서 감정에 휘둘려 결정을 내리는 경우가 허다하다. 심지어 대부분 심사숙고하지 않고 결정을 내린다. 우리는 어떤 상황이 연속적으로 빠르게 발생하면 그 상황들에 무의식적이고 감정적으로 반응한다. 이는 누군가의 신체적 외형과 몸짓 언어에 무의식적으로 영향을 받는다는 뜻이다. 이렇게 누군가의 외형에 무의식적으로 반응하기 때문에 겉모습만 보고 판단하지 않기란 매우 어렵다.

누구나 승자와 함께하고 싶어 한다

◆

이쯤 되면 외모가 권력을 얻고 키우는 데 얼마나 중요한가에 대한 이 연구가 흥미롭게 다가올 것이다. 또 그렇다면 성형수술을 해서 외모를 바꾸면 그만이지 않냐고 생각할 수도 있다. 하지만 타고난 외모를 완전히 바꾸는 것은 거의 불가능하다. 다만 피부를 가꾸고 자신에게 어울리는 색깔을 찾고 옷차림에 신경을 쓰면 어느 정도 신체적 매력도를 높이고 실제보다 키가 더 큰 것처럼 보일 수도 있다. 이런 행동으로 자신의 강점과 긍정적인 부분을 강조할 수도 있을 것이다.

무엇보다 앞에서 소개한 사례들처럼 최대한 많은 권력과 영향력을 드러내기 위해 표정, 몸짓언어, 사용하는 단어와 기타 요소들을 활용할 수 있다. 버클리대 경영대학원 교수이자 비언어적 행동 전문가인 다나 카니는 "비언어적 행동으로 권력을 드러내는 것은 당신이 실제로 권력이 있건 없건 쉬운 일이다. (…) 권력을 보여 주는 행동들은 선택하고 활용하기 쉽다."라고 했다.[23] 이번 장에서 살펴본 내용은 권력이 있음을 겉으로 드러내면서 당신이 위축된 것처럼 보이지 않도록 행동하는 데 큰 도움이 될 것이다.

데이비드 디마레스트David Demarest는 사람들은 기본적으로 누구에게 생각한 바를 피력할 것인지, 그들이 자신에게서 원하고 요구하는 것은 무엇인지를 확인할 수 있어야 한다고 강조했다. 디마레스트는 스탠퍼드 대학교의 홍보 부책임자였고 비자카드의 기업홍보 상무였으며 조지 허버트 워커 부시George H. W. Bush 대통령의 홍보실장이었다. 유명하고 성공적인 소통 전력가인 그는 가장 중요한 청중이 반드시 눈앞에 있는 사람들인 것은 아니라고 강조했다.

예를 들어 블랭크파인과 헤이워드는 각자 상원위원회와 하원위원회 앞에 섰을 때 상원과 하원이 그들의 경력이나 회사의 운명에 지대한 영향을 미칠 유일한 청중은 아니었다. 그들에게 가장 중요한 청중은 조직을 위기에서 구해야 할 그들이 힘과 강인함을 지닌 리더라는 걸 확인하고 싶어 하는 직원들과 이사들이었다.

영국의 학자 롭 고피Rob Goffee와 저널리스트 개러스 존스Gareth Jones가 공동으로 쓴 《왜 누군가가 당신을 따라야 하는가?》Why Should Anyone Be Led by You?라는 도발적인 제목의 책을 살펴보자.[24] 매일 또는 적어도 가끔은 주변 사람들이 당신에게 "왜 당신이 선배 역할을 하나요? 누가 당신에게 그런 힘과 영향력을 행사할 권리를 줬나요?"라고 물을 것이다. 이 질문의

답 일부는 당신의 업무 실적, 기술과 능력에서 나올지도 모른다. 하지만 대부분 답은 당신이 어떻게 행동하고 말하느냐, 다시 말해 타인에게 어떻게 보이느냐에서 구할 수 있다. 그리고 자신의 능력에 대한 자신감을 보여 주는 행동을 한다면 이 질문에 완벽한 답을 한 것이다.

평범한 사람 대부분은 관계를 맺음으로써 자신이 좀 더 멋진 존재가 된 것 같은 기분이 드는 쪽을 선택한다. 그리고 그들이 다니는 회사의 브랜드가 되는 CEO에 대해서도 마찬가지로 생각한다. CEO의 브랜드가 곧 회사의 브랜드가 되고, 회사의 브랜드가 자신의 브랜드가 된다고 생각하기 때문이다.

이렇게 자신이 더 나은 사람이라는 기분이 드는 상대를 선택하는 성향 때문에 사람들은 성공했거나 성공하리라 예상되는 조직 또는 사람과 관계 맺기를 원한다. 그리고 사람들은 권력을 갖고 있다는 것을 알리는 신호들에 대체로 긍정적으로 반응한다. 당신은 사람들이 약자를 응원한다고 믿고 싶겠지만 사실 사람들은 자신의 정체성과 관련된다면 승자와 함께하는 것을 선택할 것이다.

힘이 느껴지는 감정 표현들

힘이 느껴지는 감정 표현이 있고 그렇지 않은 감정 표현이 있다. 권력을 얻고 키우려면 힘이 느껴지는 감정을 표현해야 하며 나약함이 느껴지는 감정은 표현하지 말아야 한다. 이런 점에서 분노와 같은 강렬한 감정을 표출하는 것이 대체로 힘을 보여 주는 현명한 행동이라는 사실이 이해될 것이다. 하지만 많은 사람이 이 사실을 잘 받아들이지 못한다. 심지어 누군가가 실수를 저질렀거나 불법 행위에 연루됐을 때조차도 사람들은 그 사람에게 분노하기를 주저한다.

이와 반대로 슬픔이나 회한을 드러내고 사과하는 것은 나약함을 전달하는 감정 표현이다. 그렇기에 권력이나 능력이 있어 보여야 할 때 이런 슬픔이나 회한의 감정들을 드러내는 것은 피해야 한다. 권력과 능력이 있어 보이는 게 중요한 순간은 대부분 사람이 생각하는 것보다 더 자주 발생한다.

이 주장의 논리는 간단명료하다. 분노는 강압과 위협과 어울리는 감정이다. 강압적이고 위협적인 행동으로 분노를 표출하는 것은 예의 바르거나 규범적인 행동이 아니며 심지어 사회적으로 용인되지 않는다. 앞서 제2장에서도 말했지만 권력을 지닌 사람은 규칙을 어겨도 처벌이나 비난을 받지 않기 때문에 규칙을 위반하는 행위 그 자체가 권력이 있다는 신호로 받아들여질 수 있다. 분노를 겉으로 드러내는 것은 관습적인 행동 규범에서 벗어나며 더 많은 권력을 지닌 사람만이 분노를 드러내 사회적 기대를 어기는 것이 허용된다.

권력을 지닌 사람이 규칙을 어겨도 쉽사리 처벌받지 않는 것처럼, 더 큰 권력을 지닌 사람은 상대적으로 힘이 없는 사람보다 분노를 쉽게 표출할 수 있다. 그래서 분노를 서슴없이 표출하는 사람이 그렇지 않은 사람보다 사회적 지위가 더 높다고 사람들은 생각한다.

이런 논리에 따라 권력을 얻고자 한다면 분노를 겉으로 드러내기를 추천한다. 앞서 청문회에서 블랭크파인과 헤이워드가 보인 행동을 다시 떠올려 보자. 헤이워드는 청문회에서 사과했고 이 행동으로 그는 나약한 존재처럼 보였다. 반면에 블랭크파인은 골드만삭스를 보호하기 위해 강하게 밀어붙이며 미안한 기색을 내비치지 않았다. 이 행동으로 그는 더 강한 사람처럼 보였고 회사에서 그의 지위도 한층 올라갔다.

또 다른 사례를 살펴보자. 도널드 트럼프 전 대통령은 여성의 가슴을 움켜쥔 것을 자랑하는 음성이 담긴 '액세스 할리우드 테이프'Access Hollywood tape 음담패설 파문부터 금융 부정행위 의혹에 이르는 다양한 스캔들에 직면할 때마다 더 단호하게 밀어붙이고 오히려 자신을 비난하는 사람들을 공격했다. 이 중에서 그 어떤 행동도 옳다고 말하는 것은 아니다. 그저 분노가 슬픔이나 회한과 같은 다른 부정적인 감정보다 권력과 지위를 높이는 데 어떻게 도움이 되는지를 보여 주기 위해 사례를 제시하는 것뿐이다.

사회심리학자인 라리사 티에덴스Larissa Tiedens 는 "분노를 표출하는 사람들은 지배적이고 강인하며 유능하고 똑똑한 것처럼 보인다. 그리고 사람들은 표정에 분노가 드러나는 사람은 슬픈 표정을 한 사람보다 사회적으로 지위가 높고 더 많은 권력을 지녔다고 믿는다."라고 말했다.[25] 다양한 기법을 동원해 진행한 4개의 연구에서 티에덴스는 "분노를 표출하는 행위가 사회적 지위의 부여로 이어질 수 있음"을 입증했다. 슬픔이 얼굴에 묻어 있는 사람은 따뜻한 인상을 주지만 화가 났다는 것을 거리낌 없이 표정으로 드러내는 사람은 유능해 보이기 때문이다.

티에덴스는 소프트웨어 회사에서 진행한 현장 연구를 통해 자주 분노를 표출하는 사람들이 더 많이 승진하고 더 많이 벌고 더 높은 평가 점수를 받는 것을 확인했다. 앞서 나는 사람들이 좋아해 주길 바라는 욕구를 극복하라고 조언했다. 이 조언과 일맥상통하게 티에덴스는 "화가 났다는 것을 드러내면 (…) 비호감을 얻고 차가운 인상을 주지만 호감은 사회적 지위를 부여하고 얻는 데 아무 의미가 없었다."라고 결론을 내렸다. 공동으로 진행한 연구에서는 분노를 드러내면 협상 테이블에서 더 큰 이익을 얻고 협상을 자신에게 유리하게 이끌 수도 있다고 말했다. 왜냐하면 협상 테이블에서 화가 났다는 것을 거리낌 없이 보여 주는 사람은 강인하고 단단하다는 인상을 상대에게 전달하기 때문이다.[26]

미안한 감정은 대체로 분노와 반대 효과를 낸다. 그런데 많은 사람이 비난을 받으면 기본적으로 미안한 표정부터 짓는다. 하지만 이럴 때 미안한 표정을 지으면 안 되는 이유가 3가지 있다. 미안한 표정을 짓기에 앞서 그렇게 하는 것이 옳은지를 진지하게 고민해야 한다. 첫째, 사과는 '잘못을 저지른 사람이 하는 행동'이라는 인식이 뿌리 깊이 존재한다.[27] 나쁜 결과에 대한 책임은 애매모호하거나 누가 져야 하는지를 분명히 가리기가 어렵다. 하지만 누군가가 일단 사과를 하면 그 사람과 부정적인 행위 사이에 명확한 연결 고리가 생긴다.

둘째, 사과는 사람들의 자기 인지에 영향을 줄 수 있어 사과를 할 경우 심리적 비용이 발생한다. 한 연구진은 두 번의 실험을 통해 사과하길 거부하는 행위가 "권력감/통제감, 가치 진실감과 자아 존중감을 높인다."라고 결론을 내렸다.[28] 사람들은 일관성과 자기 확신에 대한 욕구 때문에 쉽사리 사과하지 않으려고 한다. 즉 강력하고 유능하고 훌륭한 사람들과 조직들이 잘못을 저지르더라도 일관성과 자기 확신에 대한 욕구 때문에 그들에게는 사과할 게 없는 것이다.

셋째, 사과의 영향을 받는 것은 사과하는 사회적 행위자만이 아니다. 이것이야말로 함부로 사과해선 안 되는 가장 중요한 이유다. 사과를 한 다는 것은 누군가는 공로를 인정받고 다른 누군가는 비난을 받는다는 의미이기 때문에 사람들이 자기 자신에 대해서 느끼는 감정들에도 영향을 미친다. 그리고 사과를 하는 사회적 행위자를 바라보는 사람들의 믿음에도 영향을 미친다. 사과는 약자의 행위다. 그래서 사람들은 사과하는 주체가 영향력이나 지위, 명망이 낮을 것이라 여기고 그에 대한 행동도 달라진다.

사과에 관한 연구 문헌을 다룬 한 논평은 "유능한지 아닌지 판단할 수 있는 상황에서 잘못을 저지르고 사과하는 사람들은 무능하다는 평가를 받는다. (…) 감사와 사과가 예의 바르다고 여겨지는 화법에서도 정중한 의사소통이 발화자의 지배력과 권력, 적극성에 대한 사람들의 인식에 어느 정도 부정적인 영향을 미친다."라는 결론을 내렸다.[29] 사과에 관한 이 연구는 사과하는 사람이 따뜻한 사람이냐, 유능한 사람이냐에 대한 사람들의 사회적 인식에서 트레이드오프가 빈번하게 발생한다는 점을 강조했다. 다시 말해 사과하는 사람은 따뜻하지만 유능하지 않다고 사람들은 자주 결론을 내린다.

많은 사람이 책임을 인정하며 사과를 표현하는 것의 유용성을 보여 주는 사례로 타이레놀 독극물 사건을 이야기한다. 하지만 이 경우는 특별하고 이례적인 상황이었다. 1982년 시카고에서 3명이 청산가리가 들어간 타이레놀을 복용하고 사망하는 사고가 발생했다. 타이레놀 독극물 사건에 대한 불안과 흥분이 가라앉을 무렵 또다시 7명이 사망하는 사고가 터졌다.[30] 존슨 앤드 존슨 Johnson & Johnson 은 신속하게 시중에 유통되고 있는 타이레놀을 회수했고, 지금은 흔해진 '조작 방지 포장'으로 재포장되어 출시될 때까지 타이레놀을 복용해선 안 된다는 광고를 내보냈다. 존슨 앤드 존슨의 발 빠른 대응은 대중의 불안감을 누그러뜨렸고, 타이레놀은 다시 진통제 시장을 지배할 수 있었다.

타이레놀 독극물 사건과 사람들이 조직에서 경험하는 수많은 상황 사이에는 중요한 차이가 있다. 존슨 앤드 존슨과 이 회사의 사과는 사람들의 목숨을 앗아간 연이은 사건들에 대해 책임을 진 것이다. 이는 깊이 생각해 보지 않아도 쉽게 이해할 수 있다. 시중에 유통되고 있는 제품에 독극물을 주입하는 사고가 그전까지 발생한 적이 없었고 존슨 앤드 존슨은 그 비극적인 사고에 책임질 만한 행동을 자의든 타의든 전혀 하지 않았다. 즉 존슨 앤드 존슨과 타이레놀 독극물 사고에는 주체성의 부재라는 특징이 있다. 하지만 BP, 골드만삭스, 트럼프 등 대다수 기업이나 개인이 직면한 상황은 다르다. 대체로 자신의 행동이 초래한 부정적인 상황에 휘말린 것이다. 사회적 존재가 자기 자신과 행동을 분리할 수 없을 때 난처한 상황에 어떻게 반응할 것인가는 문제가 다르다.

티에덴스의 연구에서 사례를 빌려 오자면 빌 클린턴과 모니카 르윈스키의 성추문 사건을 들 수 있다. 부정적인 상황을 초래한 행동과 연관된 사람이 사과하면 청중은 그 사람이 나약하다고 생각하고 책임 소재와 문제를 막기 위해 무엇을 했어야 했는가를 두고 논쟁이 벌어진다. 이와 대조적으로 분노를 표출하고 로이드 블랭크파인이 했던 것처럼 잘못은 처음부터 저지르지 않았다고 주장하면 사람들은 이미지를 유지하려는 그의 주장을 받아들이면서 결국에는 진위 여부를 밝히기를 포기하고 다른 데로 관심을 돌린다.

필요하지 않을 때도 자신감을 드러내라

◆

연구에 따르면 감정과 행동은 전염된다.[31] 아픈 사람을 봤을 때, 특히 학교에서 반 친구가 아픈 것을 봤을 때 나타나는 집단 심인성 질환에 관한 연구가 진행됐는데[32] 연구 결과 전염은 생물학적 프로세스와 사회적 프로세스 모두에 관여하는 것으로 나타났다. 전염은 곳곳에 스며들고 심지어 사람들은 전염됐음에도 그 사실을 인지하지 못한다.[33]

그런데 감정도 전염된다. 앞서 언급했듯이 감정은 전염되기 때문에 매우 중요하다. 최근 연구에 따르면 조직에서 "사고방식, 인지력, 행동, 성과에 감정 전염이 영향을 미친다는 증거"가 확인됐다.[34]

사람들은 자신과 연관된 것들을 자랑스러워하고 자신과 동료들이 성공할 것이라고 믿고 싶어 한다. 그래서 조직을 이끄는 리더에게 주어진 가장 중요한 임무 하나가 자신감을 보여 주는 것이다. 사람들은 자신감 넘치는 사람을 따르고 지지하고 싶어 한다. 그렇기 때문에 자신감 있어 보이는 사람들이 취직하고 승진할 가능성이 크다. 이뿐만 아니라 리더가 자신감 있게 행동하면 그 자신감이 전염되어 그를 따르는 다른 사람들도 더 자신감 있게 행동한다.

이처럼 자신감을 표출하는 것은 중요하다. 권력의 제1원칙이 자신감과 능력 이외의 것을 보여 주는 언어 그리고 (이번 장과 관련된) 몸짓언어를 버리라는 이유다. 설령 자신감을 표출하는 것이 객관적인 현실이나 그 순간에 느끼는 감정에 따르면 적절하지 않더라도 자신감 있게 말하고 행동해야 한다.

캐머런 앤더슨 교수와 동료들은 과도한 자신감이 유능함의 신호로 사회적 지위를 높이는 데 도움이 된다는 주장이 사실인지 확인하기 위해 연구를 진행했다.[35] 지리학 지식을 활용한 연구에서 그들은 자만심이 그 사람의 유능함에 대해 어떻게 평가할지를 예측하는 데 도움이 된다는 것을 확인했다. 그리고 대체로 자만심을 드러내는 사람은 유능하다는 평가를 받으며 이 때문에 그에게 지위가 부여된다는 것도 확인했다. 앤더슨과 동료들은 자만심은 실제 능력만큼이나 유능함에 대한 타인의 평가와 강력한 관계를 맺고 있다고 결론을 내렸다.

두 번째 연구에서는 자신감이 있어 보이는 사람에 대한 타인의 인식 그리고 지위를 부여하는 결정에 미치는 자만심의 영향이 7주 뒤에도 지속됐다. 즉 자만심 때문에 유능하단 평가를 받고 지위를 부여받는 현상은 일시적인 게 아니었다.

앤더슨과 동료들은 사람들이 스스로 유능하다는 것을 넌지시 전달하는 구체적인 행동 신호들을 알아내기 위해 또 다른 실험을 진행했다. 이 실험에서 유능함을 판단할 때 그 사람이 얼마나 오랫동안 말했는지, 자신 있는 표정과 어조를 사용하는지, 문제와 관련된 정보를 제공하는지, 탁 트인 자세를 취하는지, 침착하고 느긋하게 행동하는지, 질문에 대답하는지 등이 긍정적인 영향을 미치는 것으로 나타났다.

흥미롭게도 이 연구와 다른 연구에 사람들의 성격적 특성을 포함해 분석해도 연구 결과는 달라지지 않았다. 연구 결과는 이 책의 주제와 일치한다. 한 번 더 강조하자면 권력을 얻는 데 중요한 행동은 학습하고 적응할 수 있는 행동이다. 그렇다고 성격이 권력을 얻는 데 전혀 중요하지 않다는 것은 아니다. 행동이 성격보다 더 중요한 경우가 많다는 말이다. 예를 들어 자신감과 힘을 주제로 진행된 연구에서 참가자들은 무작위로 탁트인 자세(권력자)나 폐쇄적인 자세(약자)를 한 채 2분 동안 가상의 취업 면접에 응했다. 면접 결과 탁 트인 자세를 취한 사람들이 채용할 만하고 면접 내용도 좋다는 평가를 더 많이 받았다.[36]

자신감과 분노를 겉으로 드러내라는 조언은 사회적 통념에 반한다. 일반적으로 타인과 관계를 맺으려면 자신의 나약함을 보여 주라고 조언한다. 부드럽게 행동해서 타인을 자신의 편으로 만들어 안정과 지지를 얻으라고 말이다. 주어진 상황에서 어떤 동기가 더 강하게 작용하느냐에 따라 선택은 달라질 것이다. 다시 말해 권력과 성공을 추구하느냐, 아니면 나약한 사람을 돕고 가까워지길 원하느냐에 따라 무엇을 할 것이냐가 결정된다. 모두 가능하지만 내가 검토한 증거에 따르면 성공을 추구하고 권력을 얻는 쪽을 선택하는 것이 일반적으로 더 좋다.

자기 개방 연구를 통해 상충하는 이 개념들을 분석해 볼 수 있을 것이다. 많은 연구자가 지적했듯이 자기 개방은 직장에서 점점 더 유의미하고 흔한 현상이 되고 있다.[37] 어떤 형태로든 나약함을 솔직하게 드러냈을 때 어떤 결과들이 초래되는지 확인하기 위해 3가지 실험이 진행됐는데, 그 결과 업무를 중심으로 생성된 관계에서 "지위가 높은 사람이 나약함을 솔직하게 표현하면 그 사람의 영향력은 줄어들고 (…) 조직 내에서 갈등이 커지고 (…) 그에 대한 호감도가 떨어지며 (…) 그와 미래에도 꾸준히 관계를 맺으려는 욕구가 떨어진다."[38] 하지만 나약함을 솔직하게 드러내는 사람이 지위가 같은 동료일 경우에는 이런 부정적인 효과가 나타나지 않았다.

그래서 나는 다음과 같이 결론을 내린다. 업무를 중심으로 관계를 형성하는 환경에서 자신감과 유능함을 표현하는 것은 매우 중요하다. 특히 당신이 높은 지위에 있고 사람들이 당신에게서 리더십과 안심을 바랄 때 더욱 중요하다.

물론 당신은 친구들과 함께 있을 때나 리더가 아닐 때 취약함과 불안감을 표현할 수 있다. 하지만 업무와 관련해 높은 지위에 있다면 불안감을 겉으로 드러내지 않고 꼭꼭 숨기는 것이 자신에게 훨씬 더 좋을 것이다. 사람들은 승리하고 우세할 것 같은 사람과 관계를 맺고 싶어 한다. 따라서 승리하고 승승장구할 것이라는 오해를 바로잡아 주려는 행위는 어쩌면 실수인지도 모른다.

크고 과장된 목소리와 몸짓의 효과

◆

버클리대 경영대학원에서 사회심리학을 가르치는 다나 카니는 2020년에 권력과 지위, 지배력의 신호가 되는 비언어적 행동에 관한 종합 검토를 완료했다.[39] 권력과 지위, 지배력은 개념적으로 구분되지만 몸짓언어로 비슷하게 구현되는 관련 있는 요소들이다.

카니의 검토 결과는 비언어적 행동에 대한 흔한 의문에 대한 답도 제시했다. '그렇다면 성별이나 문화를 기준으로 다르게 행동해야 할까?' 이 의문에 카니는 최신 증거를 근거로 '아니다'라고 답한다. 문화와 관련해 인간이 아닌 유인원은 사람과 비슷한 힘을 과시하는 행동을 했다는 증거가 있다. 게다가 권력의 비언어적 표현에 관한 많은 연구가 여러 나라에서 진행됐다. 이는 개인의 권력을 표현하는 몸짓언어가 문화를 가르는 일반화 가능성이 있음을 보여 준다. 성별에 관해 카니는 "성별은 권력과 지위와 지배력의 비언어적 표현과 체계적으로 상호작용하는 것처럼 보이진 않는다."라고 결론 내렸다. 따라서 이번 장에서 제시된 조언은 보편적인 것이라고 할 수 있다.

표 3-1은 실증적인 연관성이 있는 권력과 지위, 지배력의 비언어적 표현 사례들을 정리한 것이다. 대다수가 이미 알고 있는 것들이라서 놀랍지 않겠지만 사람들이 조직 생활에서 매일 어떻게 자신을 표현할지 생각하기 때문에 매우 중요하다.

표 3-1. 실제로 권력과 지위와 지배력을 연상시키는 비언어적 행동

몸짓이나 손짓을 많이 한다
열린 자세를 취한다
대인 거리가 짧다(다른 사람들과 가깝게 지낸다)

팔짓과 손짓이 섬세하다
목소리가 크다
말을 길게 한다
눈을 오랫동안 맞춘다
시각이 더 우세하다(보다+말하다>보다+듣다)
자주 박장대소한다

비언어적으로 권력을 표현하는 법은 얼마든지 배울 수 있고 훈련과 코칭, 연습을 통해 점점 능숙해질 수 있다. 이는 틀림없는 사실이다. 방대한 연구 문헌에 따르면 이런 노력은 가치가 있는 일이다. 왜냐하면 권력과 지위의 비언어적 표현은 실제로 결실을 맺기 때문이다.

'센 언어'를 써야 하는 이유

◆

"'그 단어들은 세'라는 말은 마케팅 분야에 몸담고 있는 사람들에겐 새삼스러운 말이 아니다. 옳은 단어는 제품에 호감을 갖게 한다. (…) 단어는 우리의 사고방식에 지대한 영향을 미친다."[40] 사람들이 누군가를 평가할 때 생김새와 목소리가 사용하는 어휘보다 더 중요한 것은 사실이다. 하지만 그 사람이 사용하는 언어도 분명 중요하다.

힘 있는 화법에는 여러 특징이 있다. 첫째, 단순하다. 센 화법은 대체로 1음절의 단어들로 구성되며 종속절이 삽입된 복잡한 문장구조가 아니다. 힘 있는 화법은 이해하기 쉽다. 이해하기 쉬워서 화법에 힘이 있는 것이다. 강한 화법은 청자에게 큰 인지 부담을 주지 않는다. 오히려 단순하고 이해하기 쉬운 단어를 사용해서 청자를 결론으로 쉽게 끌어들인다.

플레시 킨케이드 가독성Flesch-Kincaid readability 공식을 사용하면 영어로 적힌 문단을 이해하는 것이 얼마나 어려운지를 확인할 수 있다. 아니면 독해 점수와 역의 상관관계를 지닌 플레시 킨케이드 독해력Flesch-Kincaid grade-level 공식을 사용해도 된다. 플레시 킨케이드 독해력 공식에서 읽기 쉬운 문서는 저학년도 쉽게 읽을 수 있는 글을 의미한다.[41] 다음은 플레시 킨케이드 가독성 공식이다.

206.835 – 1.015(전체 단어 수/전체 문장 수) – 84.6(전체 음절 수/전체 단어 수)

대체로 단음절 단어들로 구성된 짧은 문장들은 읽거나 들어서 이해할 가능성이 크다. 다음은 플레시 킨케이드 독해력 공식이다.

0.39(전체 단어 수/전체 문장 수) + 11.8(전체 음절 수/전체 단어 수) – 15.59

힘 있는 화법의 두 번째 특징은 정중한 말도 부족하지만 '뭐랄까', '그런 거지' 같은 얼버무리는 말과 '음'이나 '어' 같은 망설이는 말이 없다는 것이다.[42] 센 화법에는 센 단어들이 사용된다. '상처 입은', '사망한', '문제' 등 센 단어는 들을 때 생생한 이미지가 떠오르고 사람들의 감정을 자극한다.

화법이 센 사람들은 질문하기보다는 선언한다. 이들은 문장에서 마지막 단어들이 중요하다고 생각한다. 문장의 마지막에 강한 단어들을 써서 인상적으로 말을 마무리하고 싶기 때문이다. 또한 핵심을 강조하고 청중들의 관심을 잡아 두기 위해 말하는 중간에 잠깐 쉬기도 하고 말의 속도에도 변화를 준다.

무엇보다도 강한 화법은 아이디어와 주제를 반복한다. 사람들은 새로운 진술과 비교해 반복되는 진술을 진실이라고 판단할 가능성이 큰데 이를 가리켜 '환상적 진실 효과'illusory truth effect 라고 한다.[43] 두 차례의 실험에 따르면 "사람들은 출처가 얼마나 많은가에 상관없이 반복되는 주장에 더 많이 호도되고 더 확신한다."[44]

2015년 당시 대통령 후보였던 트럼프가 지미 키멜Jimmy Kimmel 의 심야 TV 토크쇼에 출연했다. 키멜의 질문에 대한 트럼프의 대답을 낱낱이 분석한 유튜브 영상을 보면 지금까지 살펴본 모든 개념이 잘 나타난다.[45] 키멜은 트럼프에게 무슬림 이민 금지 공약이 반反 미국적인 것은 아니냐고 물었다. 그러자 트럼프는 묻는 말에 대답하지 않고 자신이 하고 싶은 말만 했다. 트럼프는 금융시장에서 중개 기관의 역할을 설명하면서 고객들을 이용한 것이 아니냐는 질문에 답했던 골드만삭스의 블랭크파인과 똑같이 행동했다. 그는 대략 1분 동안 대답했는데 사용한 단어의 78퍼센트가 1음절 단어였고 초등학교 4학년 수준이었다. 그는 똑같은 요점을 반복해서 말했다. 이것은 강한 화법의 또 다른 특징이다.

몸짓언어와 마찬가지로 성별에 따른 차이점보다 유사점이 더 많다는 증거가 존재한다. 예를 들어 '두 문화' 접근법에 따르면 여자들은 덜 센 언어를 사용하는 반면 남자들은 더 강한 언어를 사용한다. 하지만 기대와 달리 얼버무리는 언어를 사용하는 빈도와 말을 하다가 마는 경우의 빈도에는 남녀 간 차이가 없다는 것이 한 연구에서 확인됐다.

이 연구의 저자들은 "연구자들이 의사소통에서의 성별 차이를 연구할 필요성과 유의미성 또는 둘 중 하나에 이의를 제기하기 시작했다."라고 말했다.[46] 이런 결론이 의사소통에서 성별 차이가 전혀 없다는 의미는 아니다. 그보다는 말하고 행동할 때 효과가 없다고 입증되지 않는다면 증명될 때까지 지배적이고 관례적인 접근법을 시도해야 한다는 것을 시사한다.

이미 성공한 사람처럼 행동하라

◆

권력의 제3원칙의 전제는 겉으로 드러나는 모습, 다시 말해 몸짓언어와 구어로 자신을 표현하는 방식이 사람들의 인식에 중요한 영향을 미친다는 것이다. 이렇게 형성된 인식들을 기준으로 사람들은 그가 어떤 사람인지 판단한다. 따라서 자신감과 매력, 권력이 있는 것처럼 보이는 다양한 방법을 익혀야 한다. 확증 편향과 첫인상의 영향 때문에 자신을 표현하는 다양한 방식은 당신의 첫인상을 결정하고 앞으로의 이미지에 매우 중요한 영향을 미칠 것이다.

어떻게 보이느냐가 권력에 중요한 영향을 미친다는 사실을 보여 주는 연구 결과는 방대하다. 이와 함께 사람들이 사실과는 다른 거짓된 이미지에 현혹되는 경우도 너무나 많다. 가장 유명한 사례가 프랭크 애버그네일Frank Abagnale의 사례일 것이다.[47] 애버그네일의 자전적 영화 〈캐치미 이프 유 캔〉Catch Me if You Can은 아카데미상 후보작이 됐다. 사기꾼이었던 애버그네일은 팬암 항공사의 기장인 척 행동했고 가끔 다른 항공사의 항공기를 조정하도록 초대받기도 했다. 그는 브리검영 대학교의 조교뿐 아니라 (자신 때문에 신생아가 죽을 뻔한 사고가 터지고 나서 그만뒀지만) 수련의들을 감독하는 의사도 되었고 변호사인 척도 했다.

크리스틴 게르하르츠라이터Christian Gerhartsreiter의 사례도 있다. 제임스프레더릭 밀스 클라크 록펠러James Frederick Mills Clark Rockefeller로 더 잘 알려진 게르하르츠라이터는 록펠러 가문 사람 행세를 했다.[48] 그 덕분에 그는 샌드라 보스Sandra Boss와 결혼했다. 보스는 맥킨지 임원이었고 고소득자였으며 스탠퍼드 대학교와 하버드대 경영대학원을 졸업한 재원이었다. 돈은 보스가 전부 벌었지만 가정 경제권은 록펠러(게르하르츠라이터)가 가지고 있었다.

사람들은 기본적으로 사람을 믿는다. 사람들이 자신의 인생과 경력, 인성에 관해 이야기하면 그 누구도 그 사람과 전에 함께 일했던 부하직원이나 사업 파트너 등에게 그의 말이 사실인지 확인하는 수고를 하지 않는다. 그리고 사람들은 자신이 내린 결정에 헌신한다. 일단 관계에 금전적으로나 감정적으로 투자하면 그 수고로움과 헌신 때문에 그 사람에 대해 판단을 잘못 내렸다고 쉽사리 인정하지 않는다. 상황은 애매모호하다. 그래서 그 사람이 실제로 얼마나 큰 권력이 있는지, 얼마나 유능한 사람인지를 판단하는 것은 대체로 어려운 일이다.

이 모든 요소를 고려하면 확실히 권력의 제3원칙을 따라야 한다. 그리고 가능한 한 실제보다 더 큰 권력을 지닌 것처럼 행동해야 한다.

제4장

제4원칙:
성공한 사람으로
나를 브랜딩하라

RULES OF POWER

2020년 말 로라 차우는 1987년에 설립된 초기 단계 벤처캐피털 회사인 카나안 파트너스Canaan Partners의 파트너로 승진했다. 카나안 파트너스는 60억 달러를 조달했고 기업공개에 성공한 30개 이상의 스타트업에 투자했다. 차우는 강력한 개인 브랜드를 구축하는 것이 중요하다는 사실을 알았다. 그래서《포브스》선정 30세 미만 30인에 선정되는 등 자신의 브랜드를 강화하고자 노력했다.

　그녀에게 브랜드는 매우 중요했다. "펀드 회사에서 성공하려면 최고의 거래를 성사시켜야 합니다. 최고의 거래를 성사시키려면 실제로 그런 거래를 찾아낼 기회를 최대치로 올려야 하죠. 사람을 일대일로 만났을 때 할 수 있는 것은 제한되어 있어요. 그래서 브랜드가 믿기 어려울 정도로 좋은 마케팅 수단이 되죠. 브랜드를 제대로 구축하면 사람들이 그 분야를 떠올렸을 때 저를 제일 먼저 떠오르게 만들 수 있죠."

차우는 우벤woVen이라는 팟캐스트를 시작했다. 우벤은 '위험을 무릅쓰는 여성들'Women Who Venture이란 뜻이다. 팟캐스트에서 그녀는 각자의 분야에서 오래 일하면서 높은 지위에 올랐거나 상장기업을 세운 여성들과 한 시간 동안 대화를 나눈다. 대다수 여성이 차우의 초대에 응했고 덕분에 그녀는 전략적으로 인맥을 넓혀 나갈 수 있었다. 이렇게 팟캐스트에서 만난 사람들과의 인맥 덕분에 차우의 지위도 상승했다.

사람들은 어떤 사람들과 어울리느냐에 따라서도 평가를 받는다. 조직에서 특출하다는 평가를 받는 사람과 친구처럼 지내면 자신의 개인적인 평판도 일 잘하는 사람으로 올라간다는 연구가 있다.[1] 로버트 치알디니는 이렇게 인맥에 따라 지위가 상승하는 현상을 설명할 때 주로 다음의 사례를 소개하곤 한다. "부와 성공의 정점에 있을 때 금융가 배런 드 로스차일드Baron de Rothschild는 지인에게서 대출 부탁을 받았다. 로스차일드는 '자네에게 직접 대출을 해줄 생각은 없네. 대신 자네의 팔짱을 끼고 사이좋게 증권거래소를 한 바퀴 돌까 싶어. 그렇게 하면 사람들이 자네에게 돈을 빌려주겠다고 득달같이 달려들 걸세'라고 대답했다."[2]

개인의 지위와 명망은 사람들에게 영향을 미친다. 그래서 사람들이 성공한 사람과의 관계를 공개적으로 밝히는 것이다.[3] 이미 일류인 사람이나 조직과 관계를 맺는 것은 강력한 개인 브랜드를 구축하는 한 방법이 될 수 있다.

차우는 팟캐스트를 활용해 명망 있는 사람들을 만나 관계를 맺었을 뿐만 아니라 자신이 소비자 부문의 사려 깊은 투자자로 보일 수 있는 주제에 관해 블로그에 정기적으로 글을 올렸다. 그리고 소셜미디어에 대한 장문식 학위논문에서 한 장을 맡아 글을 썼다. 차우는 저자의 북 투어에 연사를 초청하는 데 도움을 준 유일한 사람이 자신이었다는 말도 했다. 이런 소개 활동은 그녀가 "이봐, 나는 아무개 벤처 회사에 다니는 로라라는 여자인데, 자금을 조달할 일이 있으면 반드시 이야기를 해봐야 하는 사람이야."라고 일일이 말하지 않고도 그녀를 반드시 만나야 할 사람으로 보이게 만들었다.

차우는 대략 20명으로 구성된 패널을 운영하기 시작했다. "저는 좀 더 깊이 알고자 하는 분야를 주제로 선택해요. 그런 다음 그 분야에서 오랫동안 활동하면서 전문가가 된 3명을 찾아 패널리스트가 되어 달라고 부탁하죠. 이런 식으로 인맥을 넓혀 나갑니다. 그리고 해당 분야에서 회사를 설립한 20명을 초대하죠. 물론 제가 만나고 싶은 사람들로요. 이 패널에서 저는 저보다 더 전문가들로부터 콘텐츠를 얻고 그 콘텐츠를 블로그에 올릴 수 있는 게시물로 개발합니다."

차우는 '테이킹 스톡'Taking Stock 이란 뉴스레터도 제작했다. 그녀와 이메일을 주고받거나 그녀가 주최한 행사에 참여했던 사람은 원한다면 뉴스레터를 받아 볼 수 있다. 차우는 뉴스레터를 기술업계와 느슨한 관계를 유지하는 수단으로 사용하는데, 자신의 자원을 공유하고 개인 블로그에 올린 글들도 공유한다. 그리고 피드백을 받거나 자신이 준비하는 행사에 초청할 후보군을 확보하는 수단으로도 뉴스레터를 활용한다.

2021년에 차우는 '핫 딜 타임머신'Hot Deal Time Machine이라는 주간 클럽 하우스를 시작해 벤처캐피털이 투자된 프로젝트들을 회고했다. 창립자들과 그들을 후원한 벤처캐피털들과의 대화를 통해 그들의 경험을 배우고자 만든 프로젝트였다. "쇼의 게스트들과 관계를 맺으면서 새로운 플랫폼에 청중을 모으는 것은 재미난 일이었어요. 저는 대화의 하이라이트 부분을 뉴스레터에 싣고 있습니다."

팟캐스트와 뉴스레터, 클럽하우스, 블로그, 패널, 콘퍼런스 활동은 모두 차우가 벤처캐피털 업계에서 존재감을 쌓는 데 도움이 됐다. "벤처캐피털 업계에 몸담으면서 제 브랜드 인지도가 올라가자 사람들은 제게 '제 팟캐스트에 출연해 줘요', '패널로 참여해 주실래요? 아니면 기조연설을 부탁해도 될까요?'라고 제안해 왔죠. 콘퍼런스 무대에 자주 오르는 연사들이 있어요. 사람들은 자신이 마지막으로 개최한 콘퍼런스의 연사들이 누구인지 보고 그들을 다시 부르는 것 같아요. 그래서 콘퍼런스에만 가면 얼굴을 보는 연사들이 있죠. 이 그룹에 들어가면 콘퍼런스에 연사로 자주 초청받고 더 많은 청중과 만날 수 있습니다."

차우는 개인 브랜드의 플라이휠 효과flywheel effect, 즉 하나의 기회가 다른 기회로 어떻게 이어지는지를 이해하기 쉽게 설명했다. 그녀가 벌이는 이런 활동들을 해나가다 보면 굉장히 경쟁적인 분야에서 자신만의 차별성을 만들어 낼 수 있다. 그렇게 해서 강력한 개인 브랜드를 구축한 사람들은 대중들의 눈에 두드러져 보일 수밖에 없다. 이렇게 되면 신뢰성, 관계성, 권력이 성장한다. 강력한 개인 브랜드를 구축하는 것이 권력의 제4원칙인 이유다.

나만의 서사를 세상에 알려라

◆

브랜드에는 일관성이 필요하다. 최고의 개인 브랜드는 브랜드 소유자의
개인 생활과 직장 생활을 구성하는 면면들을 조화시킨다. 이런 일관성을
만들어 가는 과정을 통해 자신이 어떤 자리에 적임자인지 또는 어떤 회
사가 자신에게 가장 잘 맞는지를 찾을 수 있다.

트리스탄 워커Tristan Walker는 불우한 가정에서 성장한 흑인이다. 그는
뉴욕 퀸즈의 저소득층 주택단지에서 자랐고 세 살이었을 때 아버지가 총
에 맞아 사망했다. 하지만 온갖 어려움을 극복하고 그는 워커 앤드 컴퍼
니 브랜드Walker & Company Brands를 설립했다.

워커 앤드 컴퍼니 브랜드는 소비재 회사로 유색인들이 외모를 가꾸는
데 필요한 제품을 주로 생산한다. 유색인들은 거대한 뷰티 시장을 형성
했지만 그들의 니즈에 꼭 맞는 뷰티 제품은 매우 부족했다. 워커 앤드 컴
퍼니 브랜드는 안드레센 호로위츠Andreessen Horowitz 같은 회사에서 자금
을 조달했고 2019년 프록터 앤드 갬블Procter & Gamble에 인수됐다.

워커는 자신과 회사를 위해서 굉장히 효과적으로 마케팅 활동을 했다.
2016년 워커가 32세였을 때 그와 그의 회사가 다수의 대중매체에 소개
됐다. 그중에서도 〈뉴욕 타임스〉, 〈로스앤젤레스 타임스〉, 〈월스트리트
저널〉, 《패스트 컴퍼니》, 《피플》, 《에센스》, 《잉크》, 《에보니》 같은 유명
신문과 잡지에 소개됐고, 《패스트 컴퍼니》에는 무려 8,000자 분량의 긴
기사가 실렸다.[4]

워커는 효과적인 서사를 갖고 있다. 흑인 남성인 워커는 면도 후 턱 주

변에 올라오는 여드름 때문에 스트레스를 받았다. 그래서 그는 오래전부터 여드름을 없애기 위해 수많은 제품을 써 봤고 어떤 제품이 효과적인지 잘 알고 있었다. 또한 유색인 전용 뷰티 제품이 거의 전무하다는 것, 유색인 전용 뷰티 제품은 가게 구석이나 진열대 제일 아래에 보관된다는 것도 알고 있었다.

당시에는 유색인을 위한 뷰티 제품을 개발하거나 기존 제품을 혁신하는 투자는 전혀 이뤄지지 않고 있었다. 이런 이유로 계속 성장하는 거대한 시장에서 시대에 뒤떨어지고 니즈에 맞지 않는 제품만 존재했다.

사실 흑인 기업가로서 워커는 실리콘밸리 스타트업 생태계에 유색인이 부재하다는 사실을 공개적으로 알리고 이야기할 수도 있었다. 그러나 마침 기업들이 인종 다양성과 포용을 개선하는 데 점점 관심을 가지면서 실리콘밸리 스타트업 생태계에서도 유색인의 부재 이슈가 많은 관심을 끌었다. 워커는 여성과 유색인을 위한 제품을 고안하고 판매하기 위해 많은 여성과 유색인을 직원으로 채용했다. 고객과 유사한 사람들을 고용해 그들을 위한 제품을 개발하는 재능 있고 열렬한 사람으로 자신을 브랜딩한 것이다.

브랜드는 모든 사람에게 필요하다. 자기 자신과 전문성, 지금까지 성취해 온 경험을 두세 문장으로 설명할 방법을 생각해 보고 거기에 개인사를 녹여 낼 방법도 고민해 보자.

나는 브랜딩에 대해서도 강의한다. 내 강의 시간에 한 푸에르토리코 여성은 경제발전을 촉진하기 위해 기술과 지식에 기반을 둔 경제를 구축할 필요성에 대해 열정적으로 이야기했다. 그러면서 그녀는 기술업계에 몸담았던 자신의 경험과 토마 브라보_Thoma Bravo (푸에르토리코 출신이 설립한 사모펀드 회사)에서 일하게 됐다는 개인사를 곁들였다.

경영 학위가 있다는 흑인 외과의사는 내 강의에서 헬스케어의 불공평한 접근성과 보건 현실이라는 시급한 현안에 대해 이야기했다. 그도 푸에르토리코 여성처럼 자라면서 어떻게 이런 것들을 경험했는지, 이 문제를 해소하기 위해 어떻게 외과의사가 됐고 경영 학위까지 따게 되었는지 등 개인사도 함께 들려줬다.

자신만의 브랜드 문구를 개발하면 직장 동료와 친구에게 피드백을 받아 보자. 그런 다음에는 그것을 널리 알리는 방법을 고민하라.

그 누구보다 먼저 자신의 이야기를 말하라

누구에게나 어떤 상황에서나 서사는 형성되기 마련이다. 그러니 다른 사람들이 서사를 만들기 전에 먼저 자신의 서사를 만들어 들려주고 브랜드 정체성을 구축해야 한다.

1997년 12월 에모리대 경영대학원의 제프리 소넨펠드 교수는 학교 건물을 파손했다고 고발당했으며 교내 경찰로부터 교수직을 관두라고 위협을 받았다. 사실 그는 곧 조지아 공과대학교로 옮겨 학과장을 맡을 예정이었다. 하지만 당시 에모리 대학교 총장이었던 윌리엄 체이스_William Chace가 조지아 공과대학교 총장에게 전화해 소넨펠드가 학교 건물을 파손해 고발당한 사건을 이야기하면서 그를 조심하라고 경고했다.[5] 결국 조지아 공과대학교 측은 소넨펠드에게 연락해 학과장 자리 제안을 취소했다.

그러나 소넨펠드가 학교 건물을 파손해서 고발당했다는 이야기는 거짓이었다. 그는 에모리 대학교를 대상으로 수백만 달러의 소송을 제기했고 결국 2000년 7월 에모리 대학교는 소넨펠드와 합의했다. 그리고 2009년에 조지아 공과대학교는 소넨펠드에게 학과장 제안을 철회한 것에 대해 120만 달러를 지불했다.[6]

처음에 소넨펠드와 에모리 대학교는 그가 건강상 문제, 특히 고혈압 때문에 학교를 그만뒀다는 부분에 대해서는 동의했다. 체이스는 소넨펠드를 비방하지 않는 데 동의했고 양측 모두 침묵하기로 했다. 하지만 체이스는 소넨펠드와 합의한 협상 조건들을 지키지 않았고 얼마 지나지 않아 〈뉴욕 타임스〉, 〈월스트리트 저널〉, 〈애틀랜타 저널 컨스티튜션〉Atlanta Journal Constitution에서 사건을 보도했다.

기사가 나고 첫 한 달 동안 소넨펠드는 갑자기 해고되어 당황스러운 상황이었기 때문에 자신의 입장을 제대로 밝히지 못했다. 개인적인 일로 좌절하고 당황하는 것은 자연스러운 반응이지만 대체로 도움이 안 된다. 사람들은 순진무구하게도 세상이 공정하다고 믿는다. 그래서 누군가에게 나쁜 일이 생기면 그럴 만해서 나쁜 일이 생기는 것이라고 생각한다.

소넨펠드는 범죄행위가 찍혔을 것으로 생각되는 영상을 손에 넣었고 학계 지인들과 도와줄 만한 사람들에게 적극적으로 자신의 입장을 밝혔다. 그리고 CBS 방송국의 시사 프로그램 〈60분〉에서 '흠집 난 고등교육 기관'이란 제목으로 방송을 내보냈다. 그 방송은 사건을 소넨펠드에게 유리하게 보도했고 에모리 대학교 재학생들과 동문들은 그를 지지했다. 결국 에모리 대학교는 합의를 위해 소넨펠드와 협상을 해야 했다.

소넌펠드의 사례에서 교훈을 하나 얻을 수 있다. 바로 마크 트웨인의 "진실이 신발을 신는 동안 거짓은 세상 반 바퀴를 돈다."라는 격언이다.[7] 이 격언이 첫 번째 교훈이라면 두 번째 교훈은 자신의 입장에서 빨리 그리고 자주 자신의 이야기를 하는 것이 중요하다는 것이다. 세 번째 교훈은 누군가 조직을 떠나게 된 사건에 대한 합의는 대체로 보상을 받는 사람이 실제로 무슨 일이 일어났는지 그 누구에게도 발설해선 안 된다는 조항이 삽입된다는 점이다. 그러나 누군가의 명예를 훼손할 가능성과 자신에게 도움이 되는 이야기를 할 수 없어 초래된 문제는 엄청난 결과로 이어질 수 있다. 사람들이 자신의 직업과 경력에 영향을 미치는 일이 어떻게, 왜 일어났는지 자신의 입장에서 이야기해야 할 때 침묵은 절대 금이 아니다.

나만의 스타일을 브랜딩하라

◆

로라 차우의 부모님은 베트남에서 미국으로 왔다. 개성이 강했던 차우는 한눈에 봐도 확 튀는 자신만의 스타일을 개발했다. 그녀의 스타일은 고정관념에 반하는 것이었다. 그녀는 대다수의 베트남 이민자들보다 키가 크지만 일부러 더 하이힐을 신는다. 하이힐을 신으면 그녀의 키는 6.1피트(약 186센티미터)가 된다. 그리고 일부러 아주 스타일리시하게 옷을 입는다. 큰 키와 화려한 옷차림은 그녀를 단연 돋보이게 만든다. "많은 사람에게 제가 그들이 본 아시아 여자 중에서 제일 키가 큰 여자라는 걸 직접 보여 주고 있어요. 아시아 여자는 자중하고 근면하다는 고정관념이 있죠. 전 이런 고정관념을 거부해요. 그것이 제가 '튀는' 데 도움이 된다고 생각합니다."

옷차림과 외모를 활용해 개인 브랜드를 만드는 것은 새롭거나 특이한 일이 아니다. 하지만 그렇다고 이 전략이 중요하지 않다는 것은 아니다. 문제의 테라노스Theranos를 창립했던 엘리자베스 홈즈Elizabeth Holmes는 뭘 입을지 고민할 시간도 없을 정도로 바쁜 사람처럼 보이려고 매일 검은색 옷을 입었다. 잡스도 마찬가지였다(아마도 홈즈가 잡스를 흉내 냈을 것이다). 페이스북의 저커버그는 한때 후드티만 입는 것으로 유명했다. 트위터 CEO였던 스퀘어Square CEO 잭 도시Jack Dorsey는 몇 년에 걸쳐 옷 입는 스타일을 바꿨다. 펑크스타일에서 와이셔츠 차림의 CEO 스타일로 바꿨다가 2020년 봄에는 덥수룩한 턱수염을 한 채로 의회 청문회에 등장했다. 언론은 청문회에서 했던 그의 증언보다 그의 스타일에 대해 더 많은 기사를 내보냈다.

색다르거나 이례적인 스타일의 CEO는 대체로 부정적인 평가를 받는다. 이는 보이는 모습을 통해 전달하려는 메시지가 무엇인지를 생각하고 그 목적에 맞게 행동해야 한다는 점을 시사한다. 흑인 정치인이자 변호사였고 전 샌프란시스코 시장이자 캘리포니아 의회 의장을 역임했던 윌리 브라운은 텍사스의 가난한 가정에서 자랐다. 하지만 정치에 입문해서는 (매우 값비싼) 브리오니 양복을 입고 고급 자동차를 몰았다. 패션잡지 《에스콰이어》Esquire에서 '캘리포니아에서 옷을 가장 잘 입는 사람'으로 선정되기도 했던 그는 자신의 성공 비결이 스타일이라고 말했다.[8]

1984년에 시사 프로그램 〈60분〉의 인터뷰에서 브라운은 살아 있는 예술 작품이란 무엇인가에 대해 이야기했다. 그는 자신만의 스타일로 "자신을 진지하게 대해야 하며 무언가를 해낼 자원을 가진 사람"이라는 메시지를 전달하고 싶었다고 했다. 그래서 의원들뿐 아니라 군중 속에서도 쉽게 눈에 띄는 옷차림으로 다른 사람들과 구분되는 긍정적인 차별성을 만들었던 것이다.

적극적인 활동으로 인지도를 높여라

◆

일단 설득력 있고 직장 생활과 개인 생활을 조화롭게 아우르는 브랜드와 자신만의 서사를 갖게 되면 가능한 한 널리 퍼뜨려 많은 사람에게 알려야 한다. 여기서 자신의 브랜드의 본질과 목표에 맞는 채널을 선택하는 것이 중요하다. 오늘날에는 개인 브랜드를 널리 알리는 수단과 방법이 무궁무진하다.

남과 차별화되는 팟캐스트를 하라

지금은 너무나 많은 팟캐스트가 존재하기 때문에 다른 팟캐스트와 차별화될 수 있는 전략이 필요하다. 그래야 사람들의 관심을 끌고 자신의 브랜드와 서사를 널리 퍼트릴 수 있다. 생각해 보자. 팟캐스트를 통해서 스폰서십을 얻고 흥미로운 관점을 개발하며 유명한 게스트를 초대할 수 있는가? 이렇게 할 수 있다면 당신의 팟캐스트는 오래갈 것이다.

작가이자 엔젤 투자자이며 행사 기획자이자 '규칙 파괴자'인 제이슨 칼라카니스는 '이 주의 스타트업'This Week in Startups 이라는 팟캐스트를 진행한다. 그는 비가 오나 맑으나 매주 2번 팟캐스트를 한다. 하지만 속보가 있을 경우는 예외다. 속보가 있으면 칼라카니스는 '긴급 팟캐스트'를 진행해서 그 사건에 대한 자신의 의견을 신속하게 밝힌다. 지난 몇 년 동안 꾸준하게 팟캐스트를 진행한 덕분에 그의 팟캐스트 구독자는 4만 명이상으로 증가했다.

나는 칼라카니스를 이야기할 때 '자고 일어났더니 수십 년 동안 공들인 성공을 맛본 사람'이라고 소개한다. 그의 팟캐스트는 하나의 분야에 집중한 덕분에 성장할 수 있었다. 그가 집중한 분야는 스타트업 생태계였다. 그는 회사 창립자와 투자자를 인터뷰하고 가끔 작가로도 활동한다. 이제 그의 팟캐스트에 출연할 기회를 거절할 사람은 거의 없을 것이다. 그가 초대한 매력적인 회사 창립자들과 기술 혁신가들이 그의 팟캐스트와 그를 더욱 유명하게 만들었다. 그의 팟캐스트에는 광고가 붙고 있고 그는 자신의 브랜드를 계속 강화해 나가면서 자신의 영향력과 구독자를 통해 금전적 수익을 올리고 있다.

책을 써서 자신의 이름을 알려라

초기 우버 투자자였던 칼라카니스는 엔젤 투자를 지지한다. 그는 엔젤투자자들을 훈련하고 그들이 서로 만나고 투자할 만한 회사의 창립자들을 만날 수 있는 행사를 개최한다. 칼라카니스는 자신의 브랜드를 만들고자《엔젤 투자》Angel를 출판했다.[9] 그는 이 책의 원고를 마무리하는 데만 한 달 넘게 걸렸지만 그 책을 쓰는 데 시간을 투자한 것은 잘한 일이라고 생각한다. 그 책 덕분에 이름을 널리 알리게 됐고 전보다 더 유명해졌다. 칼라카니스는 책에 자신만의 혜안과 실질적인 조언을 담았고 덕분에 엔젤 투자자로서 신뢰도도 상승했다.

책을 쓸 시간이 없거나 글을 쓸 재능이 부족하다면 다른 누군가에게 도움을 구하라. 종종 '유령 작가'라 불리는 대필 작가들은 많다. 책은 자신의 브랜드를 만드는 데 도움이 될 수 있다. 특히 책이 유명해지고 날개 돋친 듯 팔린다면 말이다. 그래서 사람들은 공짜로 나눠 주려고 자기가 쓴 책을 직접 사기도 한다. 자신에 관한 책을 쓴다면 자신의 서사를 원하는 대로 만들어 낼 수 있다. 지금은 고인이 된 리 아이아코카의 자서전에는[10] 그가 연료 탱크 폭발로 유명해진 포드 핀토Ford Pinto의 개발에 어떤 역할을 했는지 나오지 않는다.

수년 전 나는 콘퍼런스 연사로 초청되어 에스토니아 탈린으로 갔다. 거기서 나와 내 아내는 다른 행사의 연사로 초청받아 그곳에 온 작가 존 번John Byrne과 그의 파트너와 함께 저녁 식사를 했다. 와인을 진탕 마신 뒤에 나는 번에게 전 GE의 CEO 잭 웰치를 둘러싼 성공 신화에 일말의 책임을 느끼지 않느냐고 물었다. 번은 내 말에 동의했다. 그는 웰치의 전기를 칭송으로 도배하다시피 했다. 정정하면 번은 웰치의 완벽하게 정직한 자서전 작가였다.[11]

번이 그 책을 쓴 목적은 거짓으로 웰치를 홍보하려고 했던 것은 아니었다. 웰치에게 직접 보고했던 임원의 말을 빌리면 당시 GE에는 직원 수만 명이 있었다. 그런데 왜 성공의 모든 공로가 웰치에게 돌아갔던 것일까? 왜냐하면 웰치는 자신만의 이야기와 서사를 갖고 있었기 때문이다.

상업적 목적으로 쓴 자서전은 대체로 크게 성공한다. 이런 이유로 기업의 리더와 기업가에 관한 책들이 쏟아진다. 이런 책들은 상업적인 목적으로 쓰인 것이지만 책의 주인공인 인물의 이미지를 빛나게 하는 서사를 만들어 내는 도구이기도 하다. 이런 자서전은 다수가 세부적으로는 미흡하고 자기 홍보를 목적으로 하지만 여전히 브랜드를 만드는 데는 성공적인 도구다.

심지어 유령 작가의 힘을 빌려 자서전을 쓰는 것조차도 시간이 너무 많이 든다고 생각되면 책 말고 당신의 이야기를 퍼뜨릴 더 간단한 방법을 찾아라. 블로그, 잡지 기사 등 당신의 생각과 의견을 표현하고 관객을 끌 수 있는 글을 써라. 건축자재 분야에서 일했던 브라질 출신의 마르셀로 미란다Marcelo Miranda는 20대 초반에 기사를 쓰기 시작했다. 그가 쓴 기사와 글은 번번이 거절당했지만 포기하지 않고 계속 기사를 썼다. 이렇게 그는 자신의 브랜드를 구축했고 결국 주요 브라질 경제지에서 미래의 CEO를 다루는 특집기사에 이야기가 실렸다. 이런 제목의 잡지 기사에 이름을 올린 사람은 경력 초반에 CEO가 될 가능성이 크다.

직접 콘퍼런스를 개최하라

경력 초반에 칼라카니스는 맛있고 이색적인 음식과 음료가 있는 잘 준비된 행사의 중요성을 알고 있었다. 그는 회사 창립자들, 투자자들과 스타트업 부문에 관심 있는 사람들이 함께 있을 수 있는 공간으로 론치Launch를 운영한다. 코로나19 팬데믹이 터지기 전에는 이 행사에 1만 5,000명이 다녀갔다. 지금은 칼라카니스가 전 세계 여러 도시를 돌아다니면서 론치를 개최한다. 한 번 더 말하면 론치는 기술 스타트업들과 여기에 관심 있는 사람들이 만나기 위한 행사로 시작된 것은 아니었다. 시간이 흐르면서 서서히 그런 행사로 성장했던 것이다.

칼라카니스가 성공한 비결은 비슷한 시간대에 여러 세션을 진행해서 사람들이 주 무대에 오르는 것을 두고 경쟁하게 만든 것이었다. 그는 사람들이 세션을 잘 준비하고 흥미로운 이야기를 들려줄 수 있도록 도왔다. 참가자들의 콘텐츠를 미리 보고 더 흥미롭고 설득력을 갖도록 조언을 아끼지 않았다.

현재 칼라카니스는 엔젤 유니버시티Angel University, 파운더스 유니버시티Founders' University 등 회사 창립자들과 엔젤 투자자들이 함께하는 많은 행사를 진행하고 있다. 이런 행사들은 스타트업과 엔젤 투자 업계에서 그가 브랜드를 구축하는 데 도움이 됐다. 그리고 그는 행사를 통해 스타트업 생태계에 속한 많은 사람과 인맥을 형성할 수 있었다. 그들은 칼라카니스에게 기회와 정보, 교훈을 주었고 이로써 그는 식견을 넓혀 나갈 수 있었다.

언론을 내 편으로 만들어라

◆

당신의 이야기, 특히 자기 자신을 돋보이게 하는 이야기를 들려주는 최고의 방법 한 가지는 당신을 대신해 다른 사람들이 당신의 이야기를 하도록 만드는 것이다. 자신을 돋보이게 하는 이야기를 본인이 직접 하면 자화자찬처럼 보일 수 있기 때문이다.[12] 하지만 일부 사람들은 뻔뻔하게 자신의 유능함을 홍보하면서 자신감과 전문성을 자연스럽게 표출한다. 취업 면접이나 피칭 대회 같은 곳에서는 자기 홍보가 필수적이다. 그런 상황에서 당신의 훌륭한 면들을 직접 이야기하지 않으면 상대방이 어떻게 알 수 있을까?

하지만 자랑하거나 자화자찬하는 것처럼 보이는 사람들은 대체로 비호감으로 여겨지거나 심하면 비난을 받기도 한다. 연구에 따르면 누군가가 다른 누군가를 칭찬하면, 심지어 금전적인 보상을 받은 누군가가 다른 누군가를 칭찬하더라도 자기 홍보의 많은 단점이 사라진다. 언론은 이런 점에서 훌륭한 지지자들이 될 수 있다. 간접적으로나 직접적으로 돈을 받고 언론이 당신에게 우호적인 이야기를 하더라도 마찬가지다. 잡지와 신문에는 노골적으로 광고로 분류된 세션들이 있다. 하지만 이것들은 정기적인 콘텐츠처럼 보인다. 또 좋은 음식과 와인이 준비된 행사에 언론 관계자들을 초대해 그들이 평소 만나고 싶었던 사람들과 어울릴 기회를 제공해서 당신에게 우호적인 언론을 형성할 수도 있다.

자신에게 우호적인 언론을 키우는 최고의 방법은 언론이 힘을 덜 들이고 기사를 쓸 수 있도록 자신에 대한 정보를 적극적으로 제공하는 것이다. 예를 들면 기꺼이 개인적인 인터뷰에 응하는 방법이 있다. 요즘 대부분 언론인은 장시간 일하면서 빠듯한 마감 시간과 부족한 예산에 허덕인다. 이들을 위해 매력적이고 취재하기 쉬운 주제를 제공해서 당신과 당신이 하는 일에 대해 기사를 좀 더 쉽게 쓸 수 있도록 해주면 호혜의 원칙이 작동한다.

《패스트 컴퍼니》기자 맥코비J.J. McCorvey는 트리스탄 워커의 접근성에 대해 다음과 같이 긴 글을 썼다. "내가 연락을 하자마자 그는 자신이 어떤 사람인지 알 수 있도록 자신을 관찰하고 본인과 친구와 가족을 만날 기회를 모두 제공했다. 나는 수많은 사람에 관해 기사를 썼다. 하지만 지금까지 기사를 썼던 사람 중에서 워커는 가장 접근하고 이해하기 쉬운 사람이었다. 워커는 그야말로 기자의 꿈이었다."[13]

스페인 바르셀로나의 IESE 경영대학원 교수인 누리아 친칠라Nuria Chinchilla는 일과 가정의 조화와 관련해 글을 쓰고 컨설팅하고 정책 수립에 참여한 것으로 유명하다. 자신의 인지도를 높이는 것에 더해 친칠라는 자신의 연구 분야에 대해 많은 사람이 관심을 두고 논의할 수 있도록 노력하고 있다.

그녀는 저술 활동을 통해서 명성을 얻었지만 자신이 쓴 책과 기타 활동을 널리 알리는 능력으로도 유명하다. 처음부터 친칠라는 언론 보도의 중요성을 인식했고 언론의 관심을 끌기 위한 행동을 취했다. "그녀는 쉽게 접근할 수 있었다. 기자들의 전화를 받고, 인터뷰 요청을 받으면 곧장 인터뷰를 진행했으며 기꺼이 기자들의 일정과 마감일에 따라 일을 진행했다. (…) 친칠라는 많은 시간과 에너지를 요구하는 공인이 될 의지와 능력이 있었다."[14]

친칠라는 기자들에게 자신이 개최하는 콘퍼런스에 참가할 수 있도록 했으며 콘퍼런스에 참여한 주요 인사들과 만날 기회를 제공했다. 그리고 자신의 연구 데이터를 기자들과 공유했다. 그녀는 처음부터 언론과 관계를 형성하는 데 집중했다.

2001년 인적자원 부문의 여성 관리자들만을 위한 첫 미팅을 했을 때였어요. 미팅 전날에 누군가가 전화해서 제가 연구를 진행했다는 이야길 들었는데 (…) 인터뷰를 할 수 있냐고 묻더군요. 그래서 "좋아요. 마드리드에 있군요. 내일 제가 마드리드로 갈게요. (…) IESE 경영대학원 캠퍼스에서 만나는 게 어때요? 저와 인터뷰도 하고 거기에 있는 다른 관리직 여성들도 인터뷰할 수 있도록 준비할게요. 모든 세션에 참가하고 우리랑 점심을 먹고 기사를 쓰셔도 좋아요."라고 말했죠.

그 후로 모두가 제게 인터뷰 요청을 하기 시작했죠. 저는 주로 차 안, 사무실, 집에서 전화로 인터뷰를 해요. 인터뷰할 때마다 그렇게 하고 있어요. 저는 (…) 인터뷰를 요청하는 사람들에게 성심성의껏 최선을 다합니다. 이것이 TV와 라디오, 신문이 저와의 인터뷰에 만족하는 이유라고 생각해요. 저와 인터뷰를 하고 나면 또다시 인터뷰 요청을 하죠.[15]

많은 기업 리더가 자신에게 우호적인 언론을 형성할 필요가 없다고 생각한다. 그들은 언론과 좋은 관계를 구축하는 데 시간이나 노력을 쓰고 싶어 하지 않는다. 그래서 마케팅과 PR을 담당하는 직원들을 따로 두는 것이다. 알렉스 콘스탄티노플Alex Constantinople은 트리스탄 워커와 일했던 PR 전문가다. 콘스탄티노플은 많은 중역이 자신의 브랜드가 필요 없다고 생각하지만 워커는 그들과는 생각이 반대라고 말했다.

기업가이자 벤처캐피털리스트인 마크 서스터Mark Suster는 세일즈포스Salesforce의 창립자이자 CEO인 마크 베니오프Marc Benioff와 함께 일했다. 그는 베니오프가 언론의 중요성을 이해하고 있었고 기자들에게 개인적으로 메모를 보냈으며 직접 전화를 받았다고 말했다. 베니오프에 관해 우호적인 언론 보도가 많았던 이유가 아마도 이 때문이었을 것이다.

적당한 논란으로 사람들의 시선을 끌어라

◆

언론과 관계를 맺고 그들의 수고를 덜어 주어야 할 뿐만 아니라 일단 자신이 뉴스거리가 되는 사람이어야 한다. 요즘에는 인터넷에서 조회수를 올리고 사람들의 시선을 사로잡는 것이 중요하다. 사람들의 관심을 끌려면, 다시 말해서 뉴스거리가 되려면 대체로 논란이 될 만한 여지가 있어야 한다. 한 번 더 말하지만 이 부분에서 칼라카니스에게서 배울 점이 많다.

1980년대에 칼라카니스는《사이버 서퍼》Cyber Surfer라는 잡지를 만들기 시작했다. 그러다 소유자이자 후원자와의 분쟁으로《사이버 서퍼》를 접고 뉴욕 기술업계를 취재하는《실리콘앨리 리포터》Silicon Alley Reporter를 만들기 시작했다. 칼라카니스가 카드 빚을 내서 시작했던 이 잡지는 그로부터 5년 뒤에 연간 1,200만 달러의 매출을 올렸다.

《실리콘앨리 리포터》가 더 많은 관심을 받을 수 있도록 잡지를 발행한 첫해에 칼라카니스는 업계에서 가장 중요한 사람이나 회사 100곳을 선정해 '실리콘앨리 100'을 발표했다. 후보자들의 순위를 매기고자 했던 생각에 대해 칼라카니스는 다음과 같이 말했다.

우리 팀은 제가 그 리스트를 발표하는 걸 필사적으로 반대했어요. 그 리
스트에 이름을 올리지 못한 이들의 기분을 상하게 할까 봐 걱정됐던 겁
니다. 그래서 저는 "그게 바로 사람들의 순위를 매겨서 리스트를 만들고
발표하는 이유입니다."라고 말했죠.

그러면 누가 1위냐? 누가 봐도 1위는 더블클릭DoubleClick이었죠. 더블클
릭은 매출도 크고 그들만의 제품을 생산하고 직원도 많았으니까요. 저
는 "좋아요. 그럼 2위는?"이라고 했죠. (…) 저는 모두가 이 리스트에 관
해 이야기하기를 원했습니다. 1위에 오른 사람이 왜 다른 사람들보다
더 중요한지도 이야기하기를 바랐죠. 저는 에스더 다이슨Esther Dyson을
꼽았어요. 다이슨은 여성이고 빌 게이츠마저도 그녀에게 전화해서 조
언을 구하죠. (…) 그녀는 기술업계의 선구자입니다. 리스트가 발표되
고 7~8년 동안 저는 내년에 자신의 순위가 어디쯤인지 알고 싶어서 로
비하는 사람들을 상대하느라 꽤 고생했습니다.[16]

칼라카니스의 전략이 어딘지 친숙하게 느껴지는가? 그렇다. 전에도
이런 전략을 쓴 사람이 있었다. 존 번은 1988년 경제잡지《비즈니스위
크》BusinessWeek에서 발표한 경영대학원 순위에서 1위에 오른 경영대학
원에 관심을 집중시켰다.《비즈니스위크》는 하버드 대학교, 스탠퍼드 대
학교, 와튼 스쿨, MIT 등 명문 대학교의 경영대학원을 1위로 꼽지 않았
다. 당시에는 그렇게 유명하지 않았던 노스웨스턴대 경영대학원을 1위

로 발표했다. 뻔하지 않은 선택, 다시 말해 논란을 일으킬 만한 결정으로 사람들의 관심을 끌었다.

칼라카니스를 아는 사람들은 그의 영웅이 하워드 스턴Howard Stern이라고 입을 모았다. 스턴은 일부러 충격적인 발언을 해서 논란을 일으키는 라디오 DJ이자 작가, 연기자, 프로듀서다. 한 예로 트래비스 캘러닉Travis Kalanick이 우버의 '형제' 문화로 곤란한 상황에 빠졌을 때 칼라카니스는 CNBC의 〈스쿼크 앨리〉Squawk Alley에서 캘러닉을 격렬하게 옹호했다. 칼라카니스는 자기 생각을 밝히는 데 거리낌이 없었다. 그래서 그는 누구나 초대하고픈 쇼 게스트가 됐고 CNBC도 자사 쇼에 그를 정규 게스트로 출연시킨 것이다.

전 디즈니 사장이자 크리에이티브 아티스트 에이전시Creative Artists Agency의 공동 창립자인 마이클 오비츠Michael Ovitz는 칼라카니스에게 CNBC에 출연하는 그가 매우 마음에 든다고 말했다. "다른 사람이 무슨 생각을 하든 당신은 당당하게 자기 생각을 말해요. 당신은 자신의 편이라고 생각되는 사람을 옹호하고 사소한 것에는 별로 신경 쓰지 않죠."[17]

배경을 이용해 관계를 쌓아라

◆

사디크 길라니Sadiq Gillani가 유명한 독일 항공사인 루프스한자Lufthansa의 최고전략책임자로 고용됐을 당시 그의 나이는 32세였다. 이로써 길라니는 역사상 가장 젊은 중역이 되었다. 길라니를 최고전략책임자로 임명한 사람은 당시 루프트한자 CEO였던 크리스토프 프란츠Christoph Franz였다. 독일어를 한마디도 못 하는 길라니가 가장 전통적이고 독일적인 조직에서 중역을 맡게 된 것은 아이러니라고밖에 할 수 없었다.

2022년 1월 길라니는 독일에서 두 번째로 큰 항공사인 콘도르Condor에서 부회장급에 해당하는 감사회의 일원이 됐다. 그리고 콘도르의 새로운 주인인 아테스토르 캐피탈Attestor Capital에 여객과 여행 부문 투자를 돕는 상임고문으로 합류했다. 이런 경로는 그가 루프트한자의 직위를 통해 자신의 입지를 어떻게 넓혀 나갔는지를 잘 보여 준다.

길라니가 루프트한자에 입사했을 때 시버리 컨설팅Seabury Consulting의 사장은 그에게 대기업이라는 탄탄한 기반이 있으니 자신을 많은 사람에게 노출하고 입지를 다지라고 조언했다. 길라니는 그 조언을 진지하게 받아들였고, 이 선택으로 그는 항공업계에서 주목받고 자신만의 브랜드를 구축하며 중요한 인물로 성장했다.

루프트한자는 세계경제포럼의 회원이었지만 활발히 활동하지는 않았다. 하지만 길라니는 루프트한자의 최고전략책임자라는 지위를 통해 세계경제포럼에 참석해 인맥을 넓혀 나갔다.

저는 루프트한자의 대표단 일원으로 다보스로 갔습니다. 거기서 '영 글로벌 리더'Young Global Leader라는 모임을 알게 됐고 그 모임에 들어가기로 했습니다. 그 모임에 들어가려면 회사 CEO가 추천서를 써 줘야 했죠. (…) 저는 영 글로벌 리더에 들어갔습니다. 그리고 세계경제포럼에서 루프트한자의 대변인이 됐고 '여행을 위한 글로벌 미래 위원회'Global

Future Council for Travel에도 합류했죠. 이 위원회는 전 세계에서 20명 정도로 구성되는데 여행과 모빌리티와 관련해 세계경제포럼의 어젠다를 선정하고 설계하는 일을 돕습니다.[18]

한편 길라니는 스탠퍼드 대학교의 '여행과 접대 클럽'Travel and Hospitality Club의 강사로 초대되어 강연했고 그곳에서 MBA 프로그램을 책임지는 부학과장을 만났다. 그리고 스탠퍼드 대학교에서 여행업에 관한 2주 과정의 집중 강의에서 공동 강사가 됐다. 세계경제포럼에서 맺은 인맥 덕분에 명문 대학에서 강연할 수 있었던 것이다. 학생들은 업계에서 실제로 활동하는 거물을 만날 수 있다는 것에 감사했고 유명한 회사 중역들은 스탠퍼드 대학교에서 초청 강연을 하는 것을 좋아했다.

길라니는 항공업계의 전략 부문에서 유명했고 세계경제포럼에서도 활발히 활동했다. 덕분에 그는 TED 강연에도 초대되었다. 그의 TED 강연은 상당한 관심을 끌었고 영상 조회수는 무려 13만 5,000회에 이르렀다. 그는 독일 TED 주최 측과 만났을 때 자신이 TED에서 항공업계에 대해 강연하는 최초의 인물이었다고 말했다.

길라니는 자신의 브랜드를 높이는 다양한 활동들이 서로 계기가 되어 이어졌다고 말했다. 경제지 《캐피탈》Capital은 루프트한자의 최고전략책임자이자 영 글로벌 리더의 회원인 그를 독일에서 힘 있는 40세 미만 중역 40인 중 한 명으로 선정했다. 경제지 〈파이낸셜 타임스〉는 그를 영향력 있는 동성애 중역 100인 중 한 명으로(길라니는 동성애자다) 선정했고 업계에서 눈에 띄는 소수 인종 리더 100인 중 한 명으로 선정했다.[19] 길라니는 루프스한자가 발행하는 출판물뿐만 아니라 기타 업계 출판물의 인터뷰 요청에 적극적으로 응했고 덕분에 그와 관련해 상당한 언론보도가 나왔다.

길라니에게 효과가 있었던 방법은 다른 사람들에게도 효과가 있다. 유명한 조직에서 일한다면 이력서와 공개 프로필에 한 줄 추가하는 데 그치지 마라. 또 다른 높은 지위에 오르고 유명한 조직과 관계를 맺는 기회로 활용해 자신의 브랜드를 탄탄히 구축해서 입지를 넓혀 나가라.

내 몫은 내가 챙겨야 하는 이유

◆

브랜드를 만들고 긍정적인 평판을 구축하는 목적은 자신이 한 일에 대한 공로를 인정받기 위해서다. 자신이 한 일에 대한 공로를 남들로부터 인정받으려면 기꺼이 자기 이야기를 해야 하며 그릇된 겸손함이나 열심히 하면 사람들이 자연스럽게 알아주리라는 믿음은 버려야 한다. 당신의 상사와 동료는 자기 일을 하느라 바쁘고 자신의 목표에 집중하느라 여념이 없다. 그러니 그들이 당신의 성취를 알아차리거나 공로를 인정해 줄 것이라고 기대하지 마라.

데버라 리우는 11년 넘게 페이스북에서 일했다. 리우는 페이스북의 마켓플레이스 부사장이었고 인튜이트 이사회의 이사였으며 최근에는 앤세스트리닷컴의 CEO로 취임했다. 또 자신의 이름으로 특허를 보유한 엔지니어이며 페이팔에서도 일했다. 리우는 실적을 내면 주변 사람들이 자연스럽게 자신을 알아주리라 생각했었다. 페이스북으로 이직해서는 게임 사업과 페이스북 크레딧Facebook Credits의 전신을 만들었는데, 그녀가 시작을 도왔던 사업부서는 매우 크게 성장했고 회사가 상장할 때 수익보고서와 S-1에서 별도 계정으로 기록됐다. 하지만 그녀는 나중에 내게 이렇게 말했다.

"일이 끝나자 그 누구도 그 일을 이야기하지 않았죠. 신경 쓰는 사람이 단 한 명도 없었어요. 같은 팀에서 일했던 몇몇은 회사를 떠났고 모두가 다음 프로젝트를 시작했죠."

리우의 경력은 생각했던 것만큼 잘 풀리지 않았다. 그녀는 자신과 팀이 제대로 인정받지 못했다는 사실에 좌절했다. 그래서 경영 컨설팅을 받았고 그녀의 코치를 통해 우리를 만나게 됐다. 경영 컨설팅을 받은 리우는 자신의 이야기와 팀의 이야기를 스스로 해야 한다는 조언에 동의했다. 그렇게 해야만 그들이 해온 일들에 대한 공로를 인정받을 수 있기 때문이다. 하지만 지금까지 리우는 그런 이야기를 직접적으로 해본 적이 없었다.

리우는 출산휴가에서 복직한 뒤 '모바일앱 인스톨 애드'Mobile App Install Ads라는 새로운 프로젝트를 시작했다. 페이스북이 다운로드할 앱을 사용자에게 추천할 수 있도록 돕는 것이 이 프로젝트의 목적이었다. "모바일 부문에서 수익을 내지 못해서 모두가 전전긍긍했던 때가 2012년이었죠. 우리는 모바일 광고를 거의 하지 않았어요. 이 문제를 해결하는 임무가 우리 팀에 맡겨졌죠. 당시에 우리는 브랜드 광고회사였어요. 우리는 광고가 아니라 팀에서 최초로 직접반응광고를 만들고 있었죠." 리우는 자신과 자신의 팀이 무슨 일을 하는지 남들이 알게 만들라는 조언을 떠올려 다음과 같이 했다.

저는 만나는 모든 사람에게 우리가 모바일 부문의 수익화를 해결할 것이고 이런 식으로 문제를 해결할 계획이라고 말했습니다.

우리 팀은 5명이었어요. 엔지니어 3명, 다른 데서 온 데이터 과학자 한명 그리고 저였죠. 하지만 저는 내부적으로 글을 올릴 수 있는 곳이라면 어디든지 우리가 하는 일에 대해 포스팅을 했습니다. 그리고 PT 자료를 만들고 전략도 짰죠.

저는 마크에게 가서 모바일 수익화 전략에 대해 피칭을 했어요. 우리가 하는 일을 외부에 알리는 모든 일을 했습니다. 우리에게 자원이 많지 않았기 때문이죠. 모두가 우리를 돕고 싶어 했습니다. 유럽 파트너들은 "이 제품을 당신을 위해 시장에 출시해 보죠."라고 말했어요. 그들은 개발자들을 만나 제품의 작동 원리를 설명하면서 이 새로운 형태의 광고를 시험해 보도록 그들을 설득했죠.

저는 계속해서 우리가 하는 일에 관한 이야기를 했습니다. 모두가 이 제품에 대해 알게 됐을 뿐만 아니라 우리에 관한 이야기가 퍼지기 시작했어요. 중역들은 어닝 콜에서 우리가 만든 제품을 언급했습니다. 이야기를 회사의 가장 큰 문제와 연결하자 10여 명이 여유 시간에 우리 팀을 돕겠다고 나섰습니다. 사람들은 시급한 현안을 해결할 수 있는 프로젝트의 일원으로 참여하길 원했습니다. 그들은 이야기를 들었고 그 역사를 써 나가는 데 동참하고 싶어 했죠. 하지만 결국 우리는 그 제품을 포기했어요.

그로부터 수년이 지났지만 당시 회사의 명운이 달린 중요한 문제를 해결하려고 했던 작은 팀에 관한 이야기는 지금도 회자되고 있습니다. 오늘날 그 제품은 직접반응광고 부문을 주도하고 있어요. 페이스북과 비교하면 아주 소소하죠. 하지만 그 제품을 중심으로 한 서사는 뭔가 거대한 일을 하고자 하는 다른 팀들에 영감을 주는 접점이 됐습니다.

리우는 경제적 중요성이 큰 일을 했을 때보다 작은 성과를 냈을 때 더 많은 공로를 인정받았다. 왜냐하면 사람들이 듣고 싶어 하는 모든 요소가 담긴 서사를 만들어 내고 사람들에게 계속 이야기했기 때문이었다.

세인트 조지프 칼리지Saint Joseph College의 리처드 할스테드Richard Halstead 교수는 "영웅의 여정에 관한 이야기는 수 세기 동안 (…) 전달되고 다시 전달된다."라고 했다.[20] 그런 서사에는 인간 정신의 힘과 인내가 담겨 있다. 그리고 도전과 개인적인 변화, 승리의 가능성을 이야기한다. 이런 이야기의 구조는 대체로 비슷하다. 누군가가 예상하지 못한 좌절을 맛보고 여기서 교훈을 얻어 변화를 이뤄 낸다. 그 좌절의 경험에서 중요한 교훈을 얻은 사람은 성공할 방법을 찾아 다시 도전하고 보란 듯이 성공해서 앞서의 패배에서 얻은 교훈과 성장을 증명한다.

리우의 이야기는 남들에게 당신과 당신의 팀이 하는 일이 무엇인지를 들려주고 그 이야기를 자주 반복해서 이야기하는 것의 중요성을 넘어 더 중요한 교훈을 전달한다. 영원히 지속되는 브랜드를 만들려면 영웅의 여정과 일관성 있는 서사를 만들어야 한다. 그래야 이야기를 들은 사람들이 기억할 가능성이 크다. 그리고 그렇게 해야만 남들에게 영감을 주는 메시지가 담긴다.

내 이야기를 남이 하도록 내버려 두지 마라

◆

많은 사람이 그렇지만 특히 여성이나 겸손함의 가치가 중요한 문화에서 성장한 사람들은 자기 홍보에 거부감을 느낀다. 문제는 당신이 스스로 이야기하지 않으면 다른 누군가가 대신 당신의 이야기를 해줄지 알 수 없으며, 조직에서 당신의 성취를 제대로 평가할지도 확신할 수 없다는 것이다. 개인 브랜드와 자기변호에 대한 거부감을 극복하는 방법은 여기에 수반되는 활동과 그 의미를 재정의하는 것이다. 리우는 다음과 같은 이야기로 자기 홍보를 재정의했다.

> 이 행사에서 우리는 자기평가에 대해 논의했습니다. 그러자 한 여성 참가자가 "저는 자기 홍보에 젬병이에요."라고 했죠. 저는 "지금 당신이 무엇을 했는지 아나요? 자기평가를 자기 홍보로 여긴다면 당신은 지금 하는 일에 대해 이야기하지 않을 겁니다. 자기 홍보를 제대로 하지 못할 거예요. 하지만 당신의 관리자가 당신의 영향력을 이해하도록 돕는 것이라고 생각한다면, 당신의 팀이 당연히 받아야 하는 인정을 받을 수 있게 하는 일이라고 본다면 자기 홍보가 다르게 다가올 거예요."라고 말했습니다. 그녀는 "당신이 맞아요. 지금까지 자기 홍보를 오해하고 있었

네요."라고 했습니다.

이렇게 관점을 조금 바꾸는 것만으로 사람들은 자신과 동료의 이야기를 할 필요성과 중요성을 이해할 수 있다. 이와 함께 자신의 브랜드를 만드는 작업을 더 편안하게 할 수 있다.

이제 마지막이다. 자기 홍보와 브랜딩이란 개념은 짐 콜린스가《좋은 기업을 넘어 위대한 기업으로》에서 강한 결단력과 겸손함을 지닌 5단계 리더에 대해 제시했던 조언에 반하는 것이다.[21] 나는 여기서 3가지를 언급하고 싶다.

첫째, 콜린스는 사람들이 CEO 지위를 얻으면 나타나는 효과적인 리더십 행동을 연구했다. 콜린스와 내가 논의했듯이 높은 지위에 오르기 위한 행동은 권력을 지닌 사람에게 최적의 행동과는 완전히 다를지도 모른다. 둘째, 콜린스가 말한 5단계 리더는 아주 드물다. 1만 4,000명이 넘는 리더들 중에서 약 14명만이 5단계 리더인지도 모른다. 이례적인 행동을 연구하는 것은 흥미롭지만 그 결과가 대부분 사람이 지켜야 할 행동 지침으로는 유용하지 않을 수 있다. 셋째, 최근 연구에 따르면 사람들은 겸손해야 한다는 말을 듣기 때문에 일상생활에서 자신의 성공을 숨긴다. 이는 일상생활에서 흔한 일이지만 실제로 대인관계와 관련해 비용을 초래한다.[22] 다른 사람들은 성공을 숨기는 사람들이 가부장적으로 자신을 대했다고 여기고 모욕감을 느끼기 때문이다.

제5원칙:
영리하게 인맥을 쌓아라

RULES OF POWER

7 RULES OF POWER

오미드 코데스타니Omid Kordestani는 새너제이 주립대학교에서 전기공학

학위를 따고 MBA 과정까지 밟은 페르시아계 미국인이다. 코데스타니는

구글이 작은 회사였을 때 채용한 11번째 직원이었으며 첫 번째 사업가

였다. 1999~2009년에 그는 구글에서 세계 매출과 현장 운영을 책임지

는 수석 부사장이었다.[1] 그리고 20억 달러가 넘는 순자산을 갖고 구글을

떠났다. 2014년에 구글은 코데스타니가 돌아오길 원했는데 이때 그에게

연봉으로 1억 3,000만 달러를 지급했다.[2] 현재 그는 트위터 이사회 회장

을 맡았다가 지금은 이사로 참여하고 있다.

    몇 년 전 코데스타니는 스탠퍼드 대학교에서 강의를 했다. 학생들의

질문에 대답하면서 그는 권력에 관한 내 강의가 경영대학원에서 들었던 가장 중요한 강의였다고 말했다. 그의 발언으로 내 강의는 인기를 끌었을 뿐만 아니라 나까지 궁금하게 만들었다. 그는 내 강의의 어떤 부분이 그토록 유용하다고 생각했을까? 나는 그에게 연락했고 우리는 아침 식사를 했다. 코데스타니는 내게 이야기를 하나 들려줬다. 그 이야기는 사회적 관계와 성공적인 경력을 쌓기 위해 인맥이 중요하다는 이 장의 주제와도 일맥상통한다.

이민자 출신으로 공과대학교를 졸업한 코데스타니는 조직 내 정치에 관여하지 않으려고 노력했다. 일을 잘하고 실적을 내면 사람들이 자연스럽게 자신을 알아보고 인정할 것이라 생각했고, 겸손한 태도로 자신을 내세워선 안 된다고 믿었다. 내 강의를 들었지만 실천하지 않았던 그는 그렇게 눈에 띄는 학생도 아니었다. 그래서 나는 코데스타니를 거의 기억하지 못했다. 1991년에 그는 휴렛팩커드Hewlett-Packard로 돌아갔고 이후 고Go와 3DO라는 스타트업을 설립했다. 하지만 일이 잘 풀리지는 않았다.

1990년대 중반에 코데스타니는 넷스케이프에 합류했다. 인터넷이 막 부상하던 시기에 마크 안드레센Marc Andreessen이 설립한 유명 컴퓨터 브라우저 회사가 넷스케이프였다. 그는 거기서 마케팅과 사업개발을 담당했고 일도 잘 해냈지만 자신의 경력이 생각했던 대로 술술 풀린다고 생각하지 않았다. 그래서 성과가 항상 중요한 것은 아니며 사회적 관계와 스폰서십이 더 중요하다는 내 강의의 메시지를 떠올렸고, 이때부터 시간을 쓰는 방법을 지나치다 싶을 정도로 바꿨다.

코데스타니는 직업의 기술적 요소에 시간을 덜 할애하고 넷스케이프

안팎의 사람들과 관계를 맺고 상호작용하는 데 더 많은 시간을 투자하기 시작했다. 그렇게 그는 사람들의 주목을 받기 시작했고 많은 사람을 알게 됐다. 자신의 능력을 알아보거나 알아차리는 사람이 없으면 아무리 좋은 실적을 올려도 소용이 없었다.

넷스케이프는 큰 회사는 아니었다. 그래서 코데스타니는 넷스케이프의 중역들과 시간을 보내면서 회사 밖 실리콘밸리 생태계의 주요 인사들과 인맥을 형성해 나갔다. 인터넷이 급속도로 인기를 얻고 웹브라우저가 속속 등장하던 시기였기에 그는 그들과 이야기를 나누면서 많은 것을 배울 수 있었다. 다양한 사람들과 관계를 맺으면서 그의 직무 능력과 지적 능력, 대인관계를 맺는 기술이 두각을 드러냈다. 그리고 사람들과 관계를 맺는 일은 마케팅뿐 아니라 사업개발과도 맥을 같이하는 일이었다.

당시 작은 검색엔진 스타트업에 불과했던 구글은 조직을 보완하기 위해 1990년대 후반 사업개발에 전문성을 지닌 사람을 영입하기로 했다. 그래서 구글이 가장 잘하는 일을 했다. 결정을 내리기 위해 데이터에 의존한 것이다. 구글은 실리콘밸리 인력 풀을 샅샅이 검색했고 기술업계와 유관 업계에서 거의 빠지지 않고 영향력 있는 인사로 거론되는 단 하나의 이름을 찾아냈다. 바로 '오미드 코데스타니'였다. 그는 그렇게 구글이 영입해야 할 후보자 명단에 자신의 이름을 올렸다.

그 후 구글은 코데스타니를 비롯해 다른 후보자들과도 여러 차례 인터뷰를 진행했다. 오후 4시에 시작했던 인터뷰가 저녁 시간이 다 되도록 계속됐던 적도 있었다. 똑똑하고 대인관계에 능숙했던 코데스타니는 단체로 저녁 식사를 하러 가자고 제안했고 식사비용을 모두 지불했다. 압박감이 덜 느껴지는 비공식적인 자리에서 사람들과 관계를 맺고 사업 수완이 좋은 그의 능력은 빛을 발했다. 코데스타니가 말했듯이 그날 자신이 저녁 식사에 투자하고 회수한 수익은 계산할 수 없을 정도로 어마어마했다. 그렇게 그는 구글의 11번째 직원으로 채용됐다.

다른 사례도 있다. 로스 워커Ross Walker는 스탠퍼드 대학교 이사회의 최연소 회원이었고 지금은 10억 달러의 자산을 관리하는 부동산 투자회사 호킨스 웨이 캐피털Hawkins Way Capital의 설립자다. 워커는 "사람이 가장 중요합니다."라고 말한다.[3]

학생이었을 때 그는 동급생들을 위해서 재미있는 행사를 기획했으며 1학년과 2학년 여름 방학 동안에는 성공적으로 호텔 체인을 세운 스탠퍼드 대학교 졸업생인 칩 콘리Chip Conley를 위해 무급으로 일했다. 무급 인턴 기간이 끝날 무렵 콘리가 임금을 지불하겠다고 했지만 그는 거절했다. 학교에 다니는 동안 워커는 뭔가 배우고 좋은 멘토를 얻을 수 있는 곳에서 일할 기회를 찾아다녔다. 그러다 류 울프Lew Wolff와 일할 기회를 얻었는데 유명한 부동산 개발자인 울프는 호텔 체인과 스포츠팀에 관심이 있었고 나중에 워커의 중요한 멘토이자 초기 후원자 중 한 명이 됐다.

학교를 졸업한 뒤에 워커는 로스앤젤레스의 고급 나이트클럽과 행사장의 투자자가 되어 운영진들과 친해졌다. 그 덕분에 그는 자신이 만나고 싶었던 사람들과 접촉할 수 있었고 그들에게 흥미로운 저녁 시간을 보낼 수 있는 장소를 제공했다. 부동산 개발에는 기본적으로 개발 프로젝트와 투자 자금을 연결하는 일이 수반된다. 그리고 프로젝트에 착수하려면 현지의 구획 당국과 건설업자, 마케터 등 여러 이해관계자와 상호작용을 해야 한다. 이 모든 활동에서 업무 적임자들을 많이 알고 그들과 성공적으로 인간관계를 맺는 것은 매우 중요한 기술이다.

앞서 제2장에서 소개한 키이스 페라지는 마케팅 대가이자 규칙 파괴자로, 인간관계에 관한 책《혼자 밥 먹지 마라》Never Eat Alone를 쓰기도 했다.[4] 페라지는 마케팅 컨설팅과 강연 회사인 페라지 그린라이트Ferrazzi Greenlight를 설립해 성공적으로 운영하고 있다.

페라지는 자신과 함께 일할 인재를 영입하고 그와 그의 회사를 아는 고객들을 확보하는 탁월한 능력 덕분에 크게 성공할 수 있었다. 페라지는 성공하려면 사람들을 많이 알아야 했다고 했다. 그리고 사람들에게 자신을 알리는 것도 그의 성공에 중요한 요소였다. 말하자면 누군가에게 자문을 얻거나 강연을 부탁해야 할 때 그 일을 맡길 사람이나 회사가 누구인지부터 알아야 한다. 그래서 페라지는 인간관계를 맺는 일을 진지하게 생각한다.

40세가 됐을 때 페라지는 7개 도시에서 생일 파티를 열어 달라고 친구들에게 요청했고 모든 생일 파티에 참석했다. 팰러앨토에서 열린 생일 파티에는 나도 참석했는데 그곳에서 대화를 나눴던 사람들의 3분의 1이 그 파티에 초대받기 전까지 페라지를 개인적으로 알지 못했다. 페라지는 이런 행사를 통해 이미 알고 있던 사람들과 다시 만나서 관계를 확인하고 새로운 사람들을 만나 인맥을 넓힌다.

그는 자신의 목표는 유산을 남기는 것, 다시 말해 이 세상에 영향력을 행사하는 것이며 혼자서는 이 목표를 달성할 수 없기 때문에 사람들의 도움이 반드시 필요하다고 말한다. 이처럼 사회적 인간관계는 조직, 더 넓게는 사회에서 무언가를 완수하는 데 매우 중요하다.

옛말에 '네가 무엇을 아느냐가 중요한 게 아니라 네가 누구를 아느냐가 중요하다'라고 했다. 이 말은 적어도 어느 정도는 사실이다. 당신이 누구를 알고 얼마나 많은 사람이 당신을 아느냐는 당신의 영향력과 경력에 중요한 영향을 미칠 것이다. 그래서 권력의 제5원칙이 '영리하게 인맥을 쌓아라'인 것이다.

인맥을 쌓는다고 코데스타니처럼 속담에나 나올 법한 대박을 터뜨린다거나, 페라지처럼 베스트셀러 작가가 되고 컨설팅 회사를 차린다거나, 워커처럼 성공적인 부동산 투자자가 될 수 있는 것은 아니다. 하지만 여러 증거가 보여 주듯이 인맥을 쌓고 사회적 인간관계를 맺는 것은 분명 권력을 얻고 경력을 쌓는 데 추진력을 제공한다. 그래서 이 장에서는 인맥 쌓기가 권력을 얻는 데 도움이 된다는 증거를 제시하고, 어떻게 인간관계를 맺어야 하는지 지침과 방법을 소개할 것이다.

내게 도움이 되는 사람들을 만나라

◆

인간은 사회적 동물이다. 그래서 대부분 사람은 다른 사람들과 소통하면서 자유 시간을 보낸다. 권력의 제5원칙을 기준으로 봤을 때 여기서 문제는 대부분 상호작용이 상사나 직장 동료 등 직업적으로 도움이 될 사람이 아니라 가족과 친구와의 관계에서 일어난다는 것이다.

예를 들어 미국생활시간조사American Time Use Survey의 일일 데이터를 활

제5장

용한 연구에 따르면 사람들은 타인과 어울리면서 소통하는 데 평균 112.9분을 쓰지만 이 중에서 겨우 9분이 직장 동료들과의 소통에 쓰이는 것으로 나타났다.[5] 1만 2,000명이 넘는 직장인들을 대상으로 진행된 조사에 따르면 자신의 성공에 타인과의 소통이 어느 정도 역할을 한다고 말한 사람들은 일주일에 평균 6.3시간을 타인과의 상호작용에 썼다. 반면에 인맥 쌓기가 성공에 별다른 역할을 하지 않는다고 답한 사람들은 타인과의 소통에 일주일에 2시간도 채 쓰지 않았다.

이 조사는 직업에서 성공적인 인간관계를 맺으려면 일주일에 8~10시간을 써야 한다고 결론 내렸다. 그리고 그 이유는 "인맥 쌓기를 통해 많은 일거리를 확보하는 비결은 (…) 인맥 쌓기에 더 많은 시간을 쓰는 것"이기 때문이라고 덧붙였다.[6]

왜 우리는 사회적 관계를 맺는 데 시간을 쓰지 않는가

거의 모든 사람이 직업적 성공과 경력을 위해 일과 관련된 사람들을 만나고 관계를 맺는 것이 중요하다는 걸 안다. 다시 말해 직장에서 업무를 처리하고 성공적으로 경력을 쌓는 데 도움이 될 사람들과 사회적 관계를 맺는 게 중요하다는 걸 거의 모든 사람이 알고 있다. 그런데도 많은 사람이 이런 관계를 맺는 활동에 시간을 할애하지 않는다. 나는 그 이유가 무엇인지 실로 궁금하다.

이유는 여러 가지이고 상호배타적이지도 않다. 노벨 경제학상을 받은 심리학자 대니얼 카너먼Daniel Kahneman은 동료들과 함께 사람들의 일상 경험을 평가하고 연구하는 방법을 개발했다. 그들은 사회적 인맥을 쌓는 것이 사람들이 하루 동안 관여한 긍정적인 활동들 중에서 친밀한 인간관계 다음으로 중요하다는 것을 확인했다.[7] 하지만 상대방과 구체적으로 어떤 상호작용을 했느냐가 그 사람이 인맥을 쌓는 데 쓴 시간을 긍정적 또는 부정적으로 평가하는 데 영향을 미친다는 것도 확인했다. 친구, 친지 및 배우자와의 상호작용은 직장 동료, 상사나 고객과 소비자와의 상호작용보다 훨씬 긍정적인 경험으로 여겨졌다. 즉 사람들이 직업적으로 유용한 사람들과 관계를 맺는 데 시간을 덜 할애하는 이유는 그런 경험이 특별히 유쾌하지 않기 때문이다.

게다가 연구에 따르면 사람들은 직업적 인맥 쌓기를 도덕적으로 바람직하지 않다고 생각하는 것 같다. 개인적인 발전을 위해 의도적으로 도움이 될 만한 사람들과 관계를 맺는 경우가 있기 때문이다. 많은 사람이 누군가를 이용할 목적으로 상호작용하고 관계를 맺는 것은 부적절한 행동이라고 믿는다.

스스로 도덕적으로 덜 바람직하다고 생각하는 일을 하면 사람들은 그런 일을 했다는 사실 때문에 기분이 더럽다고 생각한다. 이런 생각은 일상생활에서 자연스럽게 표출되고 '더러움을 씻는' 제품을 가치 있게 여기는 모습으로 나타나기도 한다. 한 로펌에서 진행한 현장 연구에 따르면 사람들이 직업적인 인맥을 쌓는 행위를 더럽다고 느꼈다. 하지만 지위가 높고 큰 권력을 지닌 사람들은 그렇게 느끼는 경우가 적었다. 그런데 바로 이런 사고방식의 차이가 더 큰 권력을 손에 넣을 수 있었던 이유인지도 모른다. 그리고 사람의 감정과 상관없이 인맥 쌓기는 직업적 성공과 관련 있다는 데이터가 있다.[8]

또 다른 쟁점은 대인관계와 우정이 중요하기 때문에 사람들은 경력이나 일과 관련된 문제를 해결하는 데 '일을 바탕으로 형성된 우정'을 이용하길 꺼린다는 것이다. 예를 들어 취직하기 위해 인맥을 활용하는 것에 관한 연구에 따르면 "알고 지내는 사람에게 직업과 관련된 조언이나 도움을 요청했던 사람들은 (…) 대인관계에 금이 갈까 봐 걱정하거나 자신이 나쁜 사람처럼 보이지 않을까 당황했다."[9] 사람들은 직장에서 더 많은 시간을 쓰며 일은 다수에게 삶의 핵심이다. 그래서 수많은 중요한 사회적 인간관계가 직장에서 형성된다. 하지만 직업적 이득과 자연스럽게 형성되는 우정에 기반한 관계를 혼합하는 것은 많은 사람에게 딜레마를 야기하고 불편하게 다가온다.

심지어 사람들은 인맥을 쌓을 때조차도 이를 개발해야 할 기술이 아니라 완수해야 할 업무로 생각한다. 로스 워커의 사례에 대해 인터뷰했을 때 호텔 기업가이자 작가이며 전 에어비앤비 임원이었던 칩 콘리는 인맥 쌓기를 기술이 아니라 처리할 업무로 보는 관점의 숨겨진 의미에 대해 이렇게 말했다.

인맥 쌓기를 하나의 과업으로 생각하면 후딱 해치워 버려야 하는 일이 됩니다. 실제로 쓰레기를 버리는 것처럼 더러운 기분이 드는 일을 처리할 때는 그 일을 함으로써 자신이 해결할 수 있는 것들이 무엇인지 깊이 생각하지 않죠. 많은 사람이 인맥 쌓기를 과업이라고 생각합니다. 그런데 워커는 이를 연마해야 하는 기술로 여겼습니다. 인맥 쌓기가 기술이라면 더 다양한 기술을 개발하려고 노력하면서 더 잘 사용하는 방법에

대해 전략적이거나 분석적인 태도도 가져야 합니다.[10]

인맥 쌓기와 직업적 성공

대부분 사람은 불편하거나 부자연스럽다고 하더라도 자신의 목적을 달성하는 수단으로 직업적 인맥을 쌓는 것이 성공적인 경력을 쌓는 데 도움이 될 것이라고 믿는다. 직관적으로 인맥 쌓기가 경력에서 중요하다고 생각하는 것은 옳은 생각이며 여러 연구 결과를 통해 사실임이 증명됐다. 갈수록 많은 일이 사회적이고 상호의존적인 환경에서 지식과 기술을 바탕으로 처리되면서 사회적 유대 관계를 맺는 의지와 능력이 점점 더 중요해지고 있다.

예를 들어 3년에 걸쳐 직원 112명의 경력 쌓기의 성공 여부를 조사한 종단적 현장 연구에 따르면 인맥 쌓기는 직업적 성공을 예측하는 가장 강력한 요소였다. 또 다른 종단적 연구에서는 급여 수준과 급여 인상률에 대한 인맥 쌓기의 영향뿐만 아니라 인맥 쌓기와 직업적 만족도의 관계가 발견됐다.[11] 전문 서비스회사의 직원 510명에 관한 연구에서는 인맥 쌓기가 역할 내 성과와 역할 외 성과 모두와 긍정적인 관계를 맺고 있다는 사실이 확인됐다.[12] 여러 직업군에 종사하는 직원 191명을 조사한 또 다른 연구에 따르면 인맥을 쌓는 능력은 승진과 직업, 삶의 만족 등 직업적 성공을 설명하는 데 조직 내 정치와 관련된 다른 요소들보다 더 중요하다는 사실이 확인됐다.[13]

인맥 쌓기에 관한 문헌을 체계적으로 검토한 결과는 경력에 인맥 쌓기가 중요하다는 사실을 입증한다. 플로리다 주립대학교의 제럴드 페리스

교수는 정치적 기술의 중요성에 관해 광범위한 연구를 진행했다. 그의 연구에 관해서는 이 책의 전반부에서 이미 언급한 바 있다. 업무 생산성, 직업적 성공, 개인 평판, 직업 만족도 등 경력에서 어떤 정치적 기술이 가장 중요한지 알아보는 연구에서 인맥을 쌓는 능력이 가장 중요한 것으로 확인됐다.[14] 인맥 쌓기에 관한 또 다른 연구에서는 인맥을 쌓으면 조직에서 존재감과 권력이 커지고 성과가 향상되며 조직의 전략적 정보에 접근할 수 있고 성공적으로 경력을 쌓을 수 있는 것으로 나타났다.[15]

사회적 관계는 성공적으로 경력을 쌓고 일을 완수하는 능력을 기르는 데 매우 중요하다. 하지만 많은 사람이 인맥을 쌓는 것을 즐기지 않고 전략적으로 상호작용하는 것에 불편함을 느낀다. 따라서 자신의 시간을 어떻게 쓸지 적극적으로 결정하고 시간을 함께 보낼 사람들을 선택할 때 의도적으로 사고해야 한다.

인맥을 쌓는 가장 똑똑한 방법

◆

인맥 쌓기가 일처럼 느껴지고 불편한 기분이 들기 때문에 대부분 사람은 직업적으로 도움이 되는 사람들과 사회적 관계를 맺는 데 충분한 시간을 쓰지 않는다. 하지만 새롭고 흥미로운 사람들과 만나고 소통한다는 올바른 시각으로 올바르게 인맥을 쌓으면 인맥 쌓기는 아주 멋진 경험이 될 수 있고 심지어 그 자체가 좋은 경력이 될 수 있다. 인맥 쌓기의 장점과 우아하게 인맥을 쌓는 법을 가장 잘 보여 주는 사례가 존 리비Jone Levy다.

리비는 자신의 뉴욕 아파트에서 많은 인플루언서와 저녁 식사를 했는데 이 일이 〈뉴욕 타임스〉에 기사로 보도됐다.[16] 나는 그 기사를 통해 리비를 처음 알게 됐다. 그는 출신 배경이 다양한 사람들 12명을 자신의 아파트로 초대했다. 그리고 그들과 간단한 식사를 함께 만들어 먹고 설거지도 함께 했다.

하지만 이 모임에는 규칙이 하나 있었다. 그 누구도 다른 사람에게 자신이 무슨 일을 하는지, 자신이 누구인지를 그날 저녁 식사가 끝날 때까지 말해선 안 된다는 것이었다. 모임에 초대된 사람들은 저녁 식사가 끝날 때까지 다른 사람의 정체를 추측해야만 했다. 리비는 사람들이 자신의 일에 대해서 말할 수 없을 때 색다른 즐거움과 강한 호기심이 생긴다고 말했다. 그리고 이는 사람들을 동등한 지위에 놓고 거만하게 행동할 가능성을 줄인다. 왜냐하면 자신들이 상호작용하고 있는 상대방의 지위를 모르기 때문이다.

조너선 데이비스Jonathan Daves는 로스앤젤레스의 WRT 벤처스WRT Ventures에서 수석 부사장이며 내가 온·오프라인 강의를 준비하기 위해 함께 일하는 파트너다. 그는 리비를 알고 있었고 그 저녁 식사에 초대된 적이 있었다. 데이비스는 내게 리비를 만나고 싶은지 물었고 나는 무조건 만나고 싶다고 답했다. 나는 무디스 애널리틱스Moody's Analytics에서 포트폴리오 연구책임자로 일하는 리비의 남동생이 초대한 아름다운 샌프란시스코 아파트에서 리비를 만났다. 우리는 사회과학과 세상사에 똑같이 관심이 있었고 그 덕분에 빨리 가까워졌다. 리비는 지적 호기심이 강했기 때문에 나는 그와 쉽게 친해질 수 있었다. 그리고 그를 직접 관찰하고 인터뷰하면서 다음과 같은 사실을 알게 됐다.

리비는 똑똑하고 사회과학에 관심이 있었다. 그는 출판사 하퍼콜린스에서《당신을 초대합니다》라는 두 번째 책을 출판했다. 그런데 알고 봤더니 같은 편집자가 그와 나를 담당하고 있었다. 이 사실은 인간관계를 맺는 과정에서 중요한 접점이 됐다. 그의 부모는 모두 이스라엘 사람이고 교육 수준이 높진 않았지만 굉장히 재능 있는 분들이었다. 리비의 아버지는 화가이자 조각가였고 그의 어머니는 작사가이자 작곡가였다.

리비는 컴퓨터과학과 수학, 경제학을 공부했고 2002년에 뉴욕 대학교를 졸업했다. 대학에 다니는 동안 그는 직접판매회사인 컷코 커트러리Cutco Cutlery에서 일했고 졸업한 뒤에 매장을 운영했다. 그는 실적이 가장 높은 영업사원 중 한 명이었다. 또한 뉴욕의 한 케이터링 회사에서도 일했으며《맨즈 헬스》Men's Health,《우먼즈 헬스》Women's Health,《러너스 월드》Runner's World를 발행하는 출판사인 로데일Rodale Inc.에서 디지털 전략을 담당했다. 리비는 맡은 일을 잘 해냈지만 특별난 것은 없었다. 그의 말대로 그는 자신이 여는 인플루언서들과의 저녁 식사에 초대될 만한 사람은 아니었다.

그러다 리비는 2008년인가 2009년에 한 세미나에 참석했고 거기서 살아가는 데 주변 사람들이 중요하다는 이야기를 들었다. 그 후로 그는 가장 비범한 문화 인사들과 시간을 보내기로 마음먹었다. 그 이유는 삶의 수준을 개선하기 위해 그들의 지식과 습관을 배우고 싶었기 때문이었다. 그날 이후로 리비는 이 결심에 따라 살았다.

지금처럼 리비가 인플루언서들을 저녁 식사에 초대하는 방식으로 인맥을 쌓게 된 과정은 통찰력이 돋보였다. 그리고 거기에는 모두가 다른 누군가를 자신의 삶에 끌어들일 때 적용할 수 있는 원칙들이 숨겨져 있다. 첫째, 리비는 사람들을 만나고 그들로부터 뭔가를 배우기 위해 그들과 전화 통화를 할 생각을 했다. 하지만 그는 모르는 사람에게서 그런 전화를 받고 싶은 사람은 아무도 없다는 사실을 깨달았다. 거의 대부분은 영향력 있고 성공한 사람들을 좇고 그들로부터 배우고 싶어 한다. 그래서 그들에게 뭔가를 바라는 사람이 아니라 뭔가를 주는 사람이 되어야겠다고 생각했다. 그는 그들의 방어벽을 낮춰야 했다. 그래야 영향력 있고 성공한 사람들이 자신과 진심으로 소통할 수 있기 때문이다.

리비는 사람들이 관계를 맺으려고 노력할 때 더 마음을 쓰게 된다는 것을 알았다. 관계를 맺기 위해 노력할 가치가 있는 존재로 생각하기 때문이다. 헌신과 노력의 강도가 세지면 그 가치는 커진다. 이런 현상이 왜 나타나는지는 '이케아 효과'를 살펴보면 이해하기 쉽다. 이케아 효과는 소비자들이 부분적으로 조립해야 하는 반제품 가구를 판매하는 가구회사에서 이름을 따왔다.[17] 연구에 따르면 사람들은 종이를 접거나, 레고를 조립하거나, 평범한 검은색 이케아 수납 상자를 조립할 때 전문가들이 만든 것보다 더 가치 있다고 생각하고 다른 사람들도 같은 생각을 하리라고 기대한다.

또한 리비는 무엇을 하든지 참신해야 한다는 것을 알았다. 그래야 사람들이 새로운 경험을 탐구하고 이해하려고 노력하기 때문이다. 그는 "사회적 지위가 높고 영향력이 큰 사람들과 선택적으로 관계를 맺을 수 있다면 사람들은 기꺼이 자신의 틀에서 벗어나 그들이 있는 곳으로 갈 것"이란 사실을 이해하고 있었다. 대표적인 사례가 세계경제포럼이 개최되는 다보스다. 리비는 "가장 바랐던 인간적인 감정이나 경험"에는 경이감이 따른다고 주장한다. 그는 이 모든 것을 통틀어 자신에게 관대하고 참신하고 잘 조율되고 가끔 경이감을 일으키는 뭔가가 있어야 한다고 생각했다.

그렇게 인플루언서들의 저녁 식사가 탄생했다. 리비는 이 행사를 통해 함께 시간을 보낼 사람들을 모으면서 다양한 경험을 기획하는 능력을 키워 나갔고 그 자체가 경력이 됐다. 요즘 그는 저녁 식사에 초대할 후보자들을 찾고 그들을 면밀히 평가하는 번듯한 팀을 거느리고 있다. 코로나19 팬데믹이 닥치기 전에는 3~5개 도시에서 한 달에 5번 저녁 식사 모임을 조직했다. 팬데믹이 전 세계를 덮친 후에는 온라인에서 가상 모임을 조직했고 오프라인 모임을 덜 열게 됐지만 모임의 규모는 오히려 커졌다.

리비의 사례에서 배울 수 있는 마지막 교훈을 살펴보자. 리비는 다음과 같이 말했다.

우리의 영향력은 우리가 누구와 관계를 맺고 그들이 우리를 얼마나 신뢰하고 공동체 의식을 얼마나 공유하느냐에서 생겨난 일종의 부산물입니다. 공동체 의식을 만들어 내려면 공동체의 '일원'이란 자격이 필요하죠. 안과 밖을 구분하는 분명한 선이 있어야 합니다. 아마도 공통의 언어, 공유된 역사, 서로 주고받는 영향력 등이 안팎을 구분하는 선이 될 것입니다. 저는 이런 방법으로 굉장히 많은 사람과 다양한 관계를 맺을 수 있으리라고 생각합니다. 하지만 인플루언서들의 저녁 식사는 이런 확장성을 의도적으로 억제하고 있습니다.

리비와 페라지, 워커는 서로 너무나 다른 사람들이다. 하지만 그들이 공통으로 지닌 특징이 하나 있다. 그들은 의도적으로 어떤 목적을 갖고 광범위하게 관계를 맺었다. 하지만 그들처럼 심사숙고하고 의도적으로 인간관계를 맺는 것이 그렇게 드문 사례는 아니다. 누구나 노력하고 관계를 맺기 위해 사회과학적 연구를 살펴보고 개인의 경험을 충분히 검토하면 기쁨과 힘을 동시에 가져다주는 자신만의 사회적 인간관계를 형성할 수 있다.

인맥을 쌓는 4가지 기본 원칙

◆

효과적이고 효율적으로 인맥을 쌓는 데 도움이 되는 4가지 중요한 원칙이 있다.

1. '약한 유대'를 추구하라

1970년대 초반에 경제사회학자 마크 그라노베터Mark Granovetter는 구직활동에 관한 연구를 진행하고 결과를 발표했다. 보스턴 일대에서 282명의 구직활동을 조사한 그라노베터는 대부분이 입사 지원이나 구인광고와 같은 공식적인 채널보다 사회적 인맥과 같은 비공식적 채널을 통해 구직활동을 한다는 것을 확인했다.[18] 여기서 놀라운 사실이 발견됐다. 구직활동에 가장 유용한 인맥은 가족, 친구, 가까운 직장 동료 같은 강한 유대를 맺은 사람이 아니라 그냥 알고 지내는 사람과의 관계, 이른바 '약한 유대'였던 것이다.[19]

이런 발견의 이면에는 간단명료하고 직관적인 사실이 존재한다. 강한 유대를 형성하고 있는 사람들은 서로 강하게 연결됐을 가능성이 크다. 그래서 대체로 비슷한 정보, 인맥과 관점을 공유한다. 그러나 약한 유대를 맺고 있는 사람들은 서로 다른 자원을 활용하고 서로 다른 모임에서 활동할 가능성이 더 크다. 쓸모 있는 정보와 인맥을 제공할 가능성도 큰 것이다. 서로 중복되지 않는 정보는 새롭고 가치가 더 크다. 연구에 따르면 약한 유대는 더 강한 창의력과도 연관됐다.[20] 그 이유는 더 다양한 관점과 아이디어, 정보 원천과 연결되어 있기 때문이다.

어떻게 약한 유대가 도움이 될까? 사실은 어떤 유대든지 다짜고짜 전화해서 물건을 파는 것보다 더 낫다. 그래서 '따뜻한 소개'란 말도 생긴 것이다. 사람들은 자신과 비슷한 사회집단에 속한 사람들을 선호한다. '우리'라고 불리는 집단을 형성하거나 공유된 사회적 정체성을 형성하는 데 아주 심오하고 깊은 사회적 관계가 필요한 것은 아니라는 사실이 밝혀졌다.

예를 들면 워커가 자신의 부동산 개발 프로젝트를 위해 자금을 모을 때 중요한 초기 투자자 두 명은 약한 유대를 통해 발견했다. 한 명은 워커가 몇 년 동안 연락을 거의 하지 않고 지냈던 대학교 룸메이트였다. 이처럼 가볍고 약한 유대가 더 신뢰감을 주거나 거래의 성사 여부를 결정하는 경우가 많다.

그라노베터의 연구 이후로 약한 유대와 감정적이고 심리적인 웰빙의 관계를 살펴보는 연구가 진행됐다. 학부생 242명을 대상으로 진행된 연구에 따르면 소통하는 동급생이 많을수록 행복감과 소속감을 크게 느끼는 것으로 나타났다. 특별히 약한 유대에 집중하고 한 공동체에 속한 성인을 대표하는 표본을 대상으로 연구했을 때도 동일한 결과가 나왔다. 따라서 사회망의 주변부에 있는 사람들과의 상호작용은 사회적이고 감정적인 웰빙을 높일 수 있을지 모른다.[21]

약한 유대의 중요성은 매우 명확한 메시지를 전달한다. 가까운 사람들과 지나치게 많은 시간을 쓰지 마라. 그 대신 다양한 조직과 산업에 속한 다양한 사람들을 만나 보라. 그들 중 한 명이 당신의 업무 성과나 경력의 전망에 중요한 정보를 갖고 있을지도 모른다.

2. 사람들을 잇는 중개자가 되어라

시카고 대학교의 사회학자 로널드 버트Ronald Burt와 나는 1970년대에 둘 다 버클리 대학교 교수였을 때 처음 알게 됐다. 버트는 그의 말을 빌리면 '구조적 공백에 다리를 놓는' 사람, 즉 중개자가 자신의 활동을 통해 얻는 이점을 분석한 연구로 유명하다.

중개자는 무슨 일을 할까? 그들은 서로 소통하거나 알고 지내면 금전적 이익을 얻을 수 있는 사람들을 연결한다. 부동산 중개자는 부동산 매수자와 매도자를 연결한다. 투자 은행가는 투자할 자본을 가진 사람들과 자본이 필요한 사람들을 연결하고, 인수합병 은행가는 사업체를 인수하려는 사람들과 사업체를 매각하려는 사람들을 연결한다. 벤처캐피털리스트는 기술과 사업 계획이 있는 사람들과 그 사업 계획을 실현할 자본을 가진 사람들을 연결한다. 헤드헌팅 회사는 직원을 채용해야 하는 기업과 업무를 수행할 자격을 갖춘 후보자를 연결한다. 이쯤에서 내가 무슨 말을 하려고 하는지 이해하리라.

관계를 맺으면 서로에게 이득이 되는 사람들을 연결하는 사람과 조직은 그런 활동과 제공하는 서비스를 통해 이득을 본다. 중개자들이 사회적 자본을 창출하고 축적하는 법은 간단명료하다. 버트의 말에 따르면 일반적으로 의견과 행동의 동질성은 집단과 집단 사이보다 집단 내에서 더 강하게 나타난다. 그래서 여러 집단에 걸쳐 연결된 사람들은 대안적인 사고방식과 행동 방식에 더 익숙하다. 집단과 집단 사이의 구조적 공백을 잇는 중개 행위는 그것이 없었다면 알지 못했을 선택지를 제공하며 이 메커니즘을 통해 사회적 자본이 된다.[22]

한 전자기기 회사에 대한 연구에서 버트는 구조적 공백을 잇는 인간관계를 보유한 사람들이 그렇지 않은 사람들보다 보상과 긍정적인 평가를 받고 승진할 가능성이 훨씬 크다는 사실을 확인했다.[23] 이후 진행된 유사한 연구들에서도 버트가 전자기기 회사의 연구에서 발견한 사실이 일관적으로 증명되었다.[24]

결국 중요한 것은 인간관계다. 중개 활동을 하고 구조적 공백을 이어줄 수 있는 위치나 직업을 얻을 수 있다면 경력과 업무 성과는 향상된다. 여기서 말하는 위치나 직업을 얻는다는 것은 사람들 각자가 지닌 아이디어, 정보, 기회, 자원을 활용하면 상호 간 이득을 볼 부서나 사람이나 조직을 연결한다는 것이다.

유익한 인맥을 형성할 수 있는 위치를 원하지 않거나 어떤 이유로 그런 위치에 오를 수 없더라도 중개자 역할을 해서 이득을 볼 수 있는지 궁금할 수 있다. 이 의문에 일반적인 답은 존재하지 않지만 중개 활동과 관련해서는 부정적인 답이 나온다. 버트는 연구를 통해 "중개 행위의 이득은 개인의 주변에 존재하는 직접적인 인맥에 극적일 만큼 집중된다."라는 사실을 발견했다. 그리고 "간접적으로 연결된 사람들 사이에서 정보를 전달하는 것 같은 간접적인 중개 행위는 대체로 가치가 거의 없다."라는 사실도 확인했다.[25]

즉 인맥 쌓기는 다른 사람들에게 하청을 줄 수 있는 일이 아니다. 인맥과 구조적 위치의 이득을 누리려는 사람은 유리한 위치에 서야 하며 그 위치에 서기 위해 스스로 노력해야 한다.

3. 네트워크의 중심에 서라

파키스탄 출신의 지아 유수프Zia Yusuf는 미네소타의 매캘러스터 칼리지를 졸업했고 조지타운 대학교에서 국제관계 석사를 취득했으며 하버드대 경영대학원을 나왔다. 유수프는 대학교를 졸업하고 골드만삭스에서 일을 시작했다. 2000년 1월에 그는 독일 소프트웨어 회사인 SAP의 공동 창립자이자 대표이사인 하소 플라트너Hasso Plattner의 이사회 비서로 입사했다. 유수프는 시장 조직인 SAP 마켓을 맡았지만 얼마 후 마켓이 폐쇄됐다. 이후 그는 외부 인재와 시각을 조직에 들여오고 외부 컨설팅 회사들과의 관계를 관리하며 조직 내부에서 전략 수립과 분석을 이끌기 위해 신설된 전략 부서를 맡게 됐다.[26]

2008년에 유수프는 SAP 집행위원회의 일원으로 승진했다. 지극히 독일적인 조직에서 파키스탄 출신이며, 공학에서 출발한 조직에서 비공학자로 제품 개발이나 영업에 대한 경험이 전혀 없었음에도 그는 SAP에서 높은 지위에 올랐다. 그의 성공을 어떻게 설명할 수 있을까?

유수프는 현명하게 상황을 판단하고 사람들과 관계를 맺는 데 뛰어났다. 그리고 그에게는 또 다른 힘의 원천이 있었다. 전략책임자로서 그는 많은 이사회 미팅에 참석해서 자신의 부서에서 진행한 분석 작업의 결과를 이사진에게 설명해야 했다. 그래서 임원들과 상호작용할 기회가 많았고 조직 전반에 걸쳐 많은 부서와 소통했다. SAP 임원급의 소통 체계에서 전략책임자인 유수프는 중심에 있었다. 전략을 수립하고 분석하는 업무 성격 때문에 유수프와 그의 부서는 전체 조직을 대상으로 정보를 수집하고 전달해야 했고 덕분에 엄청난 정보 우위를 갖게 되었다.

나중에 유수프는 승진하는 대신 SAP를 떠나 주차구역을 관리하는 기술 스타트업의 CEO가 됐고 이후에는 파트너로서 보스턴 컨설팅 그룹Boston Consulting Group에 입사했다.

SAP에서 승승장구한 유수프의 사례를 관찰한 연구에 따르면 기술적이고 행정적인 혁신에서 권력 행사와 관련해 네트워크의 중심에 서는 것은 매우 효과적이고 중요한 것으로 밝혀졌다.[27] 또 다른 연구에서는 네트워크의 중심에 가까이 위치할수록 직장 내 대인관계에서 사람들의 권익을 위한 행동에 관여할 가능성이 컸다.[28] 커뮤니케이션 네트워크 구조의 효과에 관한 대규모 메타분석은 같은 네트워크에서 중심이 되는 일의 중요성을 확인했다.[29]

네트워크의 중심에 서면 많은 사람의 눈에 띈다. 이는 당연한 일이다. 인간관계의 중심에 가까이 간 사람들은 전보다 훨씬 많은 사람을 알게 되고 이로써 더 많은 정보와 기회를 얻는다. 인맥에 관한 많은 연구에서 네트워크의 중심에 선 사람들이 더 많은 정보를 얻고 더 많은 사람과 직접적인 관계를 맺는 것으로 나타났다. 그들이 더 많은 정보를 얻는 이유는 그들을 통해 많은 소통이 이뤄지기 때문이었다.

여기에는 다음과 같은 함의가 있다. 어떤 조직에서 어떤 역할을 맡을지 결정할 때 그 조직에 들어가서 그 역할을 했을 때 네트워크의 중심에 설 수 있는지를 반드시 고려해야 한다. 만일 다른 요소들이 동일하다면 인맥의 중심에 가까운 직업이나 역할을 선택하라.

4. 타인을 위해 가치를 창출하는 일을 하라

마지막으로 남을 위해서 가치를 창출하라. 사람들은 자신에게 이롭지 않다면 그 누구와도 관계를 맺길 원하지 않는다. 이렇게 말하면 타인에게 관대하라는 의미로 받아들이는 사람들이 가끔 있다. 그렇다면 조금 다르게 말해 보겠다. 다른 사람의 입장이 돼서 그의 출신배경과 어려움을 이해하면 합리적이고 효과적으로 그를 도울 수 있다.

여기서 호혜의 원칙을 이용해야 한다. 호혜의 원칙에 따르면 누군가에게 은혜를 베풀면 은혜를 받은 사람은 베푼 사람에게 어떤 식으로든 보답해야 한다는 의무감을 갖게 된다.[30] 호감을 이용해서 사람들을 연결하라. 사람들은 자신을 돕는 사람을 그렇지 않은 사람보다 더 좋아한다. 그리고 사회적 관계를 통해 다른 사람에게 가치를 제공하면 인맥 쌓기를 불쾌한 기분이 들게 하는 행위나 거래적인 행위로 보는 관점에서 훨씬 더 긍정적인 행위로 보게 된다. 이렇게 되면 다른 사람들을 돕고 그들에게 도움이 되는 것이 인맥 쌓기의 목적이 된다.

여기서 교훈 2가지를 얻을 수 있다. 첫째, 로스 워커가 내 강의 시간에 말했듯이 타인과의 관계에서 가치를 얻고 싶다면 상대방이 당신의 속내를 파악하기 위해 고민하게 두어선 안 된다. 즉 어느 정도는 구체적이고 합리적인 이유로 어떤 도움이 필요하다고 구체적으로 요청해야 한다. 그러면 상대방은 당신에게 도움이 될지도 모르는 자원과 당신을 연결해 줄지 그리고 어떻게 연결해 줄지를 빠르게 판단할 수 있다.

경력을 어떻게 쌓아야 할지 조언을 구한다는 식으로 일반적이고 두루뭉술하게 도움을 요청하면 당신의 요청에 대한 상대의 반응은 호의적이지 않을 것이다. 왜냐하면 요청 사항이 너무나 일반적이고 목표가 무엇인지 정확하지 않기 때문이다.

둘째, 남들에게 도움을 주는 것은 실제로 힘을 기르는 데 도움이 된다. 사람들이 여러모로 유용한 인간관계를 맺게 한다면 그렇게 형성된 네트워크에서 당신이 중심에 있고 가치 있는 존재임이 은연중에 드러날 것이다. 더 많은 인간관계를 만들수록 더 많은 사람이 당신을 인맥이 넓은 사람, 즉 힘 있는 사람이라고 생각하게 된다. 따라서 남을 돕는 것은 당신의 명성을 높이고 널리 퍼트린다. 이는 모두에게 진짜 가치를 제공하는 것으로, 말 그대로 모두가 이득을 보는 '윈윈' 상황이다.

효과적인 인맥 관리를 위한 조언

◆

인맥을 쌓는 데는 시간이 걸린다. 그런데 우리에게는 인맥 쌓기 말고 해야 할 일이 쌓여 있다. 친구와 가족과 함께 시간을 보내고 무언가를 결정하고 업무를 처리해야 한다. 따라서 사회적 인간관계를 형성하는 데 쓸 시간을 효율적으로 관리하는 것은 매우 중요한 일이다.

여기에 기술이 도움이 될 것이다. 사람들은 이메일과 링크드인, 페이스북 같은 SNS를 사용해서 다른 사람들이 어떻게 지내는지 확인하고 그들에게 자신의 일상을 업데이트한다. 이런 방법은 직접적으로 관계를 맺고 소통하는 것만큼 효과적이지는 않을 수 있다. 하지만 이렇게라도 연락을 유지하면서 서로의 소식을 알고 지내는 것이 아무것도 하지 않는 것보다 낫다. 그동안 누구와 연락을 하고 지냈는지, 연락처가 오래되어 업데이트가 필요한지 등을 파악하는 데 다양한 인맥 관리 소프트웨어가 도움이 될 수 있다.

무엇보다 인간관계, 특히 약한 유대를 유지하기 위해 강렬하거나 깊은 관계를 맺어야만 하는 것은 아니다. 소소한 일상을 공유하거나 공통의 관심사에 관한 흥미로운 기사를 주고받거나 당신이 그들을 생각한다는 사실을 알려주는 것만으로도 약한 유대로 엮인 관계를 유지할 수 있다. 예를 들면 키이스 페라지는 매년 대학교 룸메이트의 생일에 전화를 걸어 안부를 물으면서 관계를 유지했다.

로스앤젤레스의 자비에르 코차르Xavier Kochhar는 링크드인에 자신을 영상과 데이터의 대가라고 소개한다. 그는 AT&T와 워너미디어Warner

Media에서 일했고 디지털 미디어 조직을 설립했다. 나는 로스 워커에 관한 사례 연구를 준비하는 과정에서 코차르를 인터뷰했다. 설사 대다수가 시간과 노력을 투자하고 싶지 않더라도 누구나 워커가 해왔던 일을 충분히 할 수 있다고 사람들을 설득하는 것이 나의 일이다.

나는 코차르와의 인터뷰에서 인맥 쌓기를 더 효율적으로 만드는 2가지 방법을 찾아냈다. 첫째, 코차르는 사회적 인간관계를 형성하는 데 투자하는 것과 그런 노력의 결실을 거둬들이는 것의 균형을 맞출 필요가 있다고 주장했다.

인맥을 쌓는 데 뛰어난 능력을 지닌 사람도 결국에는 매우 어렵지만 중요한 결정을 내려야 하는 순간에 이릅니다. 그래서 인맥을 키우는 것과 인맥을 활용하는 것의 균형을 맞추는 방법을 찾아야만 하죠. (…) 대부분 사람은 둘 중 어느 하나를 잘하고 가끔 둘 다 못하는 사람들도 있습니다. 인맥 성장 대비 인맥 가치 추출 비율을 제대로 풀어낸 사람은 극히 드물죠. 하지만 이 문제를 풀어낸 극소수가 아주 빨리 정점에 오르고 그 위치에 계속 머무르게 됩니다.

둘째, 코차르는 워커와 성공한 많은 사람이 그들만의 독특한 방식으로 인맥 쌓기와 인맥 관리에 시간을 할당한다고 말했다. 그들은 의도적으로 인적 네트워크의 중심에 있는 사람들보다 주변부에 있는 사람들과 더 많은 시간을 보낸다. 다시 말해 그들은 자신과 가까웠던 사람들보다 소원했던 사람들에게 더 많은 시간을 할애한다.

저는 이것을 '사회적 인수의 역설'이라고 부릅니다. (…) 인적 네트워크의 중심에 있는 사람은 중심에서 멀리 떨어진 사람에게 도움을 주기가 어렵습니다. (…) 그래서 관계를 이어 주는 사람, 즉 인적 네트워크의 중심에 선 사람은 그 주변부에 있는 사람들을 안으로 끌어당기려고 하는 겁니다. (…) 대체로 사람과 사람을 이어 주는 고리가 되는 사람과 중심에 가까이 선 사람들은 인적 네트워크의 주변부에 있는 사람들과 비교해서 관계를 유지하는 데 시간과 노력을 덜 들여도 됩니다. (…) 이미 인적 네트워크의 중심에 가까이 들어온 사람과 관계를 유지하는 데 시간과 노력을 더 들일 이유가 없어요.

기술을 사용하고 직원을 고용하는 것과 함께(생각보다 사람을 채용하는 것은 비용이 많이 들지 않는다), 인맥 성장과 인맥 가치 추출의 균형을 맞추는 것과 이미 자기 집단의 일원인 사람들보다 관계를 단단히 다져 나가는 단계에 있는 사람들에게 더 많은 시간을 쓰는 것은 인맥을 쌓는 데 시간을 효율적으로 사용하는 방법이다.

이번 장은 실제로 연습해 볼 기회, 실습 결과를 실전에 적용하라는 조언 그리고 이렇게 해야 하는 이유를 설명하는 통계치로 마무리할 것이다. 자신의 달력을 살펴보거나 다른 사람에게 물어보거나 해서 자신과 남들이 시간을 어떻게 쓰고 있는지 살펴보라. 사회적 인간관계를 맺고 사회적 상호작용에 관여하는 데 충분한 시간을 할애하고 있는가? 그리고 누구와 시간을 보내고 있는가? 관계를 맺으면 서로에게 이득이 되는 사람이 조직을 연결해 인맥을 만들고 있는가? 사회적 지위가 높은 사람들과 충분히 소통하고 관계를 맺고 있는가? 최소한 가끔이라도 직업적으로 유용한 사람들에게 시간을 쓰고 있는가?

믿든 안 믿든 사람들은 인맥을 쌓고 관리하면서 사회적 자본을 보는 법을 배울 수 있다. 그리고 사회적 자본을 보는 법을 익히면 경력을 쌓는 데 유리해진다. 레이테온Raytheon에서 내부적으로 진행한 연구에서 버트는 인맥 쌓기 원리를 가르치는 훈련 프로그램을 이수한 사람들과 그런 프로그램에 참여한 적이 없는 사람들을 비교했다. 그리고 이런 유형의 프로그램에 참여하도록 지명받았지만 실제로 참여하지 않았던, 즉 노련하고 잠재력을 지녔다고 여겨지는 임원들과도 비교했다.

비교 결과 "인맥 쌓기 프로그램을 완수한 사람들이 높은 평가를 받을 가능성은 36~42퍼센트 더 크고 승진할 가능성은 43~72퍼센트 더 크며 (…) 장기 재직자가 될 가능성은 42~74퍼센트 더 컸다."[31] 권력을 얻기 위한 다른 기술들처럼 인맥을 쌓는 기술도 가르치고 배울 수 있다. 따라서 권력을 얻고자 한다면 경력적으로 도움이 되는 인맥을 쌓고 관리하는 법을 완벽하게 습득해야 한다.

제6장

제6원칙:

권력은 얻은 즉시 사용하라

RULES OF POWER

린든 존슨은 1963년 11월 22일 존 케네디 대통령이 암살된 이후 미국의
대통령직을 맡게 됐다. 존슨은 그날 밤에 잭 발렌티를 보좌관으로 임명
했다. 이후 38년 동안 미국영화협회의 회장을 맡았던 발렌티는 존슨이
대통령직을 맡자마자 자신의 권력을 적극적으로 행사했다고 말했다.

　발렌티의 말에 따르면 댈러스에서 돌아오는 대통령 전용기인 에어포
스원에서 존슨은 6~7시간 동안 침실칸에 3명과 앉아 있었다. 존슨은 그
들과 함께 노인 의료보험제도인 메디케어Medicare, 조기 보육 프로그램인
헤드 스타트Head Start, 고속도로 미화 사업, 국립예술기금위원회National
Endowment for the Arts, 국립인문학기금위원회National Endowment for the Humanities,

나중에 2개의 부서로 분리되는 보건·교육·복지 내각부서Cabinet department
of Health, Education, and Welfare, 가난과의 전쟁, 1964년 민권법 등 그가 꿈꾸
던 '위대한 사회'The Great Society의 윤곽을 그렸다. 발렌티는 다음과 같이
말했던 존슨을 기억했다.

> "이제 내게 힘이 있으니까 그 힘을 쓰겠어."라고 존슨은 말했습니다.
> "오랫동안 계류 중인 민권법을 통과시키겠어. 그리고 모든 소년과 소녀
> 가 (…) 교육을 받을 수 있도록 교육법을 통과시키겠어. (…) 셋째, (…)
> 트루먼의 의료보험 계획을 통과시키고 말겠어." 트루먼의 의료보험 계
> 획은 오늘날의 메디케어입니다. 존슨은 말을 계속 이어 갔습니다.[1]

존슨은 권력에 관해 3가지 사실을 이해하고 있었던 것 같다. 첫째, 새
로운 지위를 얻은 사람은 적들이 힘을 합치기 전에 그리고 현직자가 일
종의 허니문 기간을 갖는 동안에 많은 일을 끝낼 수 있는 시간이 생긴다.
예를 들면 자신의 업적을 토대로 권력을 영속시키기 위해 뭔가를 시도하
고 권력을 제도화하기 위해 변화를 만들어 낼 시간 말이다.

둘째, 대체로 적과의 관계는 도움을 받았다는 사실을 기억하는 친구와
의 관계보다 더 오래 지속되는 경향이 있다. 시간이 갈수록 적의 마음에
는 더 많은 원한이 쌓이게 된다. 이는 한자리에 오래 머무를수록 적이 더
많이 생기고, 위치가 위태로워질수록 뜻한 바를 완수하는 것은 더 어려
워질 것이란 뜻이다. 따라서 강한 권력은 오랫동안 유지할 수 없기 때문
에 영향력을 행사할 수 있는 자리에 오른 사람들은 자신이 뜻한 바를 달

성하기 위해 빠르게 움직여야 한다.

오늘날 조직은 갈수록 정치적으로 변하고 있다. 이는 조직을 이끌 임기가 단축된다는 의미다. 2019년 보도된 어느 기사에 따르면 2018년에 전 세계 대기업 2,500곳의 CEO 17.5퍼센트가 회사를 떠났다. 이 수치는 프라이스워터하우스쿠퍼스$_{PwC}$가 CEO 임기를 조사하기 시작한 이후로 가장 높은 비율이었다.[2] 2000년에 CEO의 평균 임기는 8년이었지만 2010년대에는 5년으로 줄어들었다. 대도시 교육감의 임기는 평균 5년 6개월이며[3] 병원장의 평균 임기도 약 5년이다. 2012년 이후로 교체율은 17퍼센트 이상이었고 가장 오랫동안 교체율이 매우 높게 집계되었다.[4] CEO에게 적용되는 이 사실은 모든 규모와 유형의 조직에 있는 고위직에도 적용된다.

셋째, 권력은 사용하면 고갈되는 희귀하고 한정된 자원이 아니다. 이것이 이번 장의 핵심 주제다. 오히려 자신을 둘러싼 세상을 구조화하고 자신과 목적에 대한 지지를 확보하기 위해 함께 일하는 사람을 바꾸는 것을 포함하여 무언가를 완수하고자 권력을 행사할수록 권력은 더 커진다.

권력을 쓴다는 것은 어찌 보면 그가 권력을 갖고 있다는 반증이다. 사람들은 권력에 끌린다. 그래서 권력을 더 많이 행사하고 자신이 강하다는 것을 보여 줄수록 더 많은 조력자들이 생긴다. 따라서 권력의 제6원칙은 '권력은 얻은 즉시 사용하라'다. 사람들이 당신이 갖고 있다고 생각하는 권력 이상의 힘을 사용하라. 권력을 효과적으로 사용하면 그 힘은 소진되기보다 영속될 가능성이 크다.

권력을 빠르게, 효율적으로 사용해야 하는 이유

◆

2011년 1월 3일 아미르 단 루빈Amir Dan Rubin은 (나중에 스탠퍼드 헬스케어 Stanford Healthcare가 된) 스탠퍼드 병원의 CEO가 됐다. UCLA 메디컬센터의 COO(최고운영책임자)였던 루빈은 외부인이었다. 그래서 스탠퍼드 헬스케어의 일원으로 받아들여지고 신뢰를 얻는 데 어려움이 있었다. 루빈이 도착했을 때 스탠퍼드 헬스케어의 응급실은 전국에서 5분위수였고 환자 만족도는 40점대였다. 그의 전임자는 8년 동안 병원을 이끌었고 주로 극심한 예산 문제를 해결하는 데 집중했으며 눈에 잘 띄는 인물은 아니었다.[5]

루빈은 환자 경험을 개선하는 데 집중해서 전략을 짰고 훗날 '스탠퍼드 운영 시스템'으로 널리 알려진 새로운 운영 시스템을 빠르게 수립했다. 그는 품질 운동의 원칙에 따라 각 부서에 업무를 처리하는 유의미한 지표들을 개발하고 그 지표들에 따라 환자를 돌보도록 했다. 또한 지표 달성률을 확인하기 위해 그래프와 차트를 만들었고 자신의 사무실뿐만 아니라 병원 곳곳에 그 차트를 설치했다.

루빈은 병원 식구들에게 올해의 결과가 어떻든지 내년에는 전년보다 더 좋은 결과를 내야 한다고 분명히 말했다. 그는 병원 관리자들과 많은 회의를 했고 어떻게 채용을 진행할 것인가, 신입 직원들이 병원에 잘 적응할 수 있도록 어떻게 도울 것인가, 직원들의 노고를 어떻게 효과적으로 인정하고 보상을 해줄 것인가 등 다양한 주제로 교육 프로그램을 진행했다.

루빈은 이 시스템을 도입하면서 그 무엇도 운에 맡기지 않았다. 모범 사례를 이용하고 널리 전파했다. 그는 재무부서와 구매부서처럼 환자를 대면하지 않는 부서의 관리자들을 포함한 모든 관리자가 한 달에 두 번, 늦은 오후나 이른 저녁에 환자들과 직원들을 보기 위해 병원을 순회하도록 했다. 여기에는 루빈 본인도 포함되었다.

그리고 그는 거의 모든 조직에 존재하는 작지만 대단히 짜증 나는 문제들도 해결하기 위해 움직였다. 당시 병원 사람들은 2년쯤 뒤에 현재 건축하고 있는 새 병원 건물로 혈관수술실을 옮길 계획이어서 곧 사용하지 않을 건물을 수리하는 것은 '돈 낭비'라고 생각했다. 하지만 루빈은 혈관수술실의 물이 새는 지붕을 수리했다. 또한 병원을 찾는 환자들의 대다수가 아주 멀리서 치료를 받으러 오기 때문에 혈관수술 부서와 다른 부서들이 원했던 대리주차 제도를 도입했다. 환자들은 무료 대리주차 덕분에 빈 공간을 찾고자 병원 주차장을 빙빙 도는 스트레스를 받지 않고 복잡한 새 병원 건물 공사 현장을 쉽게 빠져나올 수 있었다.

이렇게 스탠퍼드 운영 시스템을 도입하자 전반적으로 병원의 운영이 극적으로 개선됐다. 재정 부문에서 수익은 약 50퍼센트 증가했고 영업이익이 4년 만에 약 300퍼센트 증가했다. 임상 부문에서 임상적 오류와 병원 감염이 대폭 하락했다. 그리고 환자 만족도 부문에서 90분위수에 도달했다. 루빈이 의도했던 것은 아니었지만 새로운 운영팀도 꾸려졌다. 그가 들어오면서 병원의 임원급뿐만 아니라 2~3단계 아래 직급에서 사람들이 많이 바뀌었다. 새롭게 취임한 부서장들은 부서 운영의 효율성을 대폭 개선하지 못하는 바로 아래 직급의 직원들을 교체했다.

루빈은 회의와 교육 프로그램에 참석하고 관리직보다 여러 단계 낮은 직급의 직원을 채용하는 데도 관여했으며 자신의 운영 철학을 따르는 새로운 팀을 도입하고 병원 이사들과 시간을 보냈다. 병원 곳곳에서 그를 볼 수 있었고 이 모든 것이 그의 권력을 키워 주었다. 이제 직원과 이사회 모두 병원을 자랑스러워했다. 스탠퍼드 헬스케어는 캘리포니아의 최고 병원으로 선정됐고《US 뉴스 앤드 월드 리포트》US News & World Report에서 발표한 미국 병원 순위에서 15위를 차지했다.[6]

인사 부문과 운영 부문에서 단행한 개혁은 루빈이 권력을 키우고 그의 존재감을 다지는 데 도움이 됐다. 이후 루빈은 스탠퍼드 헬스케어를 떠나 유나이티드헬스 그룹UnitedHealth Group의 자회사인 옵텀Optum에 수석 부사장으로 합류했다. 그로부터 약 18개월 뒤에 그는 성장하는 제약회사인 원메디컬OneMedical의 CEO가 됐다. 원메디컬은 2021년 초에 주식을 상장했고 현재 40억 달러의 시가총액을 기록하고 있다. 나는 외부인으로서 조직에 들어와 권력을 빠르게 키우는 원칙을 설명할 때 루빈의 사례를 종종 들곤 한다.

민간 부문에서 효과가 있는 것은 다른 곳에서도 같은 이유로 효과가 있다. 다른 누군가가 방해하기 전에 주어진 권력을 이용해서 긍정적인 변화를 만들어 내야 한다. 이런 행동은 뜻이 다른 사람들을 자신의 쪽으로 끌어당기고 성과를 개선하는 데 도움이 된다.

1995년 11월 루디 크루Rudy Crew는 뉴욕시 교육감이 됐다. 당시 뉴욕 시장은 루돌프 줄리아니Rudolf Giuliani였다. 크루는 워싱턴 타코마 지역에서 왔고 그 지역의 학생 수는 뉴욕만큼 많았지만 교사 수는 학생 수의 절

반 정도였다. 사람들은 그가 설령 뉴욕에서 태어났어도 뉴욕 정치를 이해하지 못할 것이라고 생각했다. 그가 스탠퍼드 대학교에서 내 학생들에게 강연할 때도 학생들은 마치 포상 휴가를 나온 군인처럼 긴장이 완전히 풀려서 꾸벅꾸벅 조는 등 그를 과소평가했다. 하지만 그는 강하게 강의를 밀어붙였다. 한 기사는 그런 그를 다음과 같이 묘사했다.

부임하고 첫 1년 6개월 동안 그는 뉴욕의 교육 시스템을 연구했고 약점을 찾았다. 그리고 지난가을 펀치를 연이어 날리는 복싱 선수처럼 연이어 개혁을 단행했다. 우선 만성적으로 낙제점을 받는 학교들을 한데 묶어서 '교육감 특별관리 구역'으로 편입시켰다. (…) 그다음에 자신의 주요 정책인 문맹 퇴치 운동을 실행했다.

이후 크루는 뉴욕시의 모든 학교에 대한 '예산 성적표'를 배포해 학부모들에게 자녀가 다니는 학교에 대한 풍부한 정보를 제공했다. (…) 그는 교육위원회에 자세한 예산 설명서를 제공해서 중앙 본부가 더 이상 비평가들의 주장처럼 '돈 먹는 하마'가 아니라는 것을 입증했다. 한편 뉴욕시의 복잡 미묘한 특수 교육 프로그램을 대대적으로 정비하는 계획을 공개했다. 그리고 모든 학교에 예술 교육을 재건하는 데 필요한 자금을 직접 마련하겠다고 발표했다.

12월에 크루는 뉴욕시가 전국에서 '국가적 차원의 새로운 교육표준'을 채택한 최초의 도시가 될 것이라고 발표했다. (…) 그러고 나서 결정타를 날렸다. 주 의회가 통치법을 통과시켰고 이로써 교육감이 교육구 장학사들을 직접 관리할 수 있게 되면서 교육 관례를 약 30년 동안 일관성 있게 유지할 수 있는 기반이 마련됐다. (…) 크루는 25년 만에 뉴욕시에서 정치적으로 가장 성공한 교육감이자 미국에서 가장 영향력 있는 도시의 교육자가 됐다.[7]

변화가 빠르게 이뤄지고 좋은 결과물을 내놓으면 리더의 권력은 커질 수밖에 없다. 긍정적인 변화와 더 나은 결과물을 만들어 내는 것이 다른 사람들에게 리더를 지지할 이유가 되기 때문이다. 그리고 권력을 키우기 위해 불가피하게 이미 주어진 권력을 사용해야 하는 경우가 많다. 정도와 형태는 다르지만 조직은 일반적으로 타성에 젖는다. 그래서 무언가를 개선하려면 기존의 방식을 타파해야 한다. 조직의 기존 구성원들과 프로세스는 대개 현상을 유지하는 데 관심이 있기 때문에 현상을 타파하고 상황을 개선하려면 권력이 필요하다.

기존의 리더가 조직의 변화를 이루기 위해 권력을 성공적으로 사용하면 그의 권력은 커진다. 반면에 권력을 행사하길 미루거나 전혀 행사하지 않으면 현상은 그대로 유지되겠지만 권력은 줄어든다. 따라서 권력은 반드시 사용해야 한다.

지지자를 모으고 적을 몰아내기 위해 권력을 행사하라

◆

게리 러브먼은 하라스 엔터테인먼트Harrah's Entertainment의 COO가 됐을 때 회장 특별상을 받은 마케팅 총괄책임자를 포함해서 임원 몇몇을 회사

에서 내보냈다(이후 그는 하라스 엔터테인먼트의 CEO가 되었다). CFO(최고
재무책임자)가 CEO 자리를 두고 러브먼과 치열한 경쟁을 벌였고 그 CFO
는 결국 하라스 엔터테인먼트를 떠나 경쟁사의 CEO가 됐다.

이후 러브먼은 시저스 엔터테인먼트에서 성공적으로 변화를 꾀했다
(하라스 엔터테인먼트는 시저스 엔터테인먼트로 법인명을 변경했고 시저스 팰
리스Caesars Palace 와 여러 카지노 호텔을 소유했다). 여기에 새로운 기술들이
요구되는 최신 애널리틱스가 사용됐다. 러브먼은 기존 인력들에게 새로
운 분석 기술을 가르칠 시간이 없다고 판단하고 최신 애널리틱스 관련
기술을 보유한 사람들을 새롭게 영입했다.

이런 인사 교체는 모든 조직에서 새로운 리더가 등장하면 흔히 일어나
는 일이다. 새로운 리더는 일반적으로 조직을 변화시키기 위해 자신을
도와줄 사람들을 데리고 온다. 루빈이 스탠퍼드 헬스케어의 CEO가 된
지 2년여 만에 사실상 모든 고위임원, 부서장, 심지어 3직급 아래의 사람
들이 새로운 사람들로 교체됐다. 모든 기존 인력이 루빈이 새롭게 제시
한 높은 성과 기준을 기꺼이 따랐던 것은 아니었다. 그리고 성과 기준에
미달한 자신의 업무 실적이 차트와 그래프로 공개되는 것을 좋아하는 사
람은 거의 없었다. 이후 원메디컬로 옮겼을 때 루빈은 스탠퍼드 헬스케
어에서처럼 이전에 함께 일했던 사람들을 채용했다. 루디 크루도 교육감
이 되어 뉴욕과 마이애미로 갔을 때 교육 시스템을 개선하기 위해 자신
의 사람들로 주요 직위를 채웠다.

1999년 켄트 시리Kent Thiry 는 토털 레날 케어Total Renal Care 라고 불리던
신장 투석 업체 다비타DaVita 의 CEO가 됐을 때 앞서 벤처회사에서 함께

일했던 자신이 믿고 좋아하고 존경했던 사람들과 접촉했다.[8] 그는 할란 클리버Harlan Cleaver를 CTO(최고기술책임자)로 영입했고 조직을 변화시키고 조직문화를 형성하기 위해 더그 블렉크Doug Vlechk를 책임자로 불러들였다. 그리고 COO에는 조 멜로Joe Mello를 임명했다.

실적을 높이고 변화를 만들려면 목적을 달성하는 데 필요한 기술을 보유했거나 목적을 지지하는 사람들이 필요하다. 러브먼은 하라스 엔터테인먼트의 전 CMO(최고마케팅책임자)가 게 다리와 아름다운 장소를 촬영해서 경력을 쌓았다고 말했다. 하지만 러브먼은 회사에 가장 이득이 되는 고객들을 파악하기 위해 애널리틱스를 사용했고 경제적 가치를 기준으로 회사의 매출을 높이는 데 도움이 되는 고객들에게 차별화된 서비스를 제공해서 고객 충성도를 높이고자 했다. 전 CMO는 새로운 과업을 해낼 역량이 없었고 그런 역량을 키울 시간도 없었다.

외부인이 조직의 리더가 되면 조직 안팎에서 자신을 도와줄 조력자를 확보해야 한다. 왜냐하면 새로운 리더의 소통 방식과 운영 방식을 이해하는 사람들과 함께 일하는 것이 원하는 변화와 결과를 만들어 내는 데 도움이 되기 때문이다. 일단 조력자를 확보하면 모든 것이 신속하고 효율적으로 돌아간다. 그리고 모두가 같은 생각을 하고 같은 것을 지향하는 것도 중요하다. 그런 의미에서 예전에 함께 일했던 사람들은 당신의 전략에 반발하고 개혁 시도에 저항하거나 고의적으로 방해할 가능성이 별로 없다.

사람을 교체하는 것은 권력을 키우는 데 2가지 이유에서 효과적이다. 첫째, 당신과 같은 생각을 하고 변화를 효과적으로 실행할 능력을 갖춘 사람들로 조직을 채울 수 있다. 이는 조직의 성과를 개선하고 조직에서 힘을 기르고 입지를 단단하게 다지는 데 도움이 될 것이다. 둘째, 도전적이고 정치적으로 힘겨운 상황에서 힘이 되어 줄 우군을 확보할 수 있다.

적에게 전략적으로 취업을 알선하라

연구에 따르면 새로운 리더의 등장은 대체로 인사 개편으로 이어진다.[9] 외부에서 새로운 리더가 영입되고 이전 성과가 저조했다면 기존 경영진이 새로운 인물들로 교체되는 것은 불가피하다.[10] 리더가 자신의 사람들을 데려오는 것은 정계에서만 일어나는 일이 아니다. 기업을 포함해 모든 유형의 조직에서 일어난다.

그런데 미국의 일부 지역과 산업화된 많은 국가에서는 명확한 이유 없이 사람을 해고할 수 없다. 그렇다면 노동법 때문에 행동의 제약을 받는 새로운 리더는 기존 인력을 어떻게 제거할까? 법과 규제와 관련된 문제들은 차치하고라도 어떻게 좀 더 친절하게, 사회적으로 용인되는 방법으로 적과 경쟁자를 조직에서 제거할 수 있을까?

나는 이미 한 가지 방법을 소개했다. 성과를 개선하려면 새로운 기술적 역량과 프로세스를 개선하려는 의지가 필요한데 이를 확보하기 위한 수단으로 인사 교체를 단행하는 것이다. 인사 교체 전략은 실제로 활용될 뿐 아니라 정치적으로도 유용하다. 또 다른 방법은 '골칫거리들'을 다른 자리 또는 더 좋은 자리로 보내 버리는 것이다. 그들이 가까이에 있으면 목적을 달성하는 데 방해가 될 수 있으니 주위에서 일단 그들을 제거한다. 새로운 좋은 자리로 옮길 수 있도록 그들을 도와 마음의 빚을 갚는다. 나는 이런 전략을 '전략적 취업 알선'이라 부른다. 정계의 사례긴 하지만 이 전략이 노골적으로 사용된 전형적인 사례를 살펴보자.

샌프란시스코 시장이자 캘리포니아 의회 의장이었던 윌리 브라운은 굉장히 노련한 정치인이었다. 1980년 치열한 의장 선거에서 승리한 그는 "자신의 강력한 민주당 정적들에게 1882년 선거에서 명예롭게 캘리포니아 의회를 떠나 국회에 입성할 길을 열어 주기 위해서" 민주당에 유리하게 설계된 주 구획 조정 계획을 이용했다.[11]

1980년 의회 의장 선거에서 윌리 브라운의 최대 경쟁자였던 하워드 버먼Howard Berman과 (…) 브라운의 주요 정적인 멜 러빈Mel Levine과 리치 리먼Rich Lehman은 국회로 갈 길을 확보했다. (…) 샌디에이고의 와디 데데Wadie Deddeh와 같은 다른 캘리포니아 의회의 민주당 의원들도 안전하게 주 상원으로 선출됐다. (…) 공화당원들은 브라운이 위협이 된다고 판단하고 제거한 민주당 정적들이 그가 힘을 다지는 데 어떻게 도움이 됐는지 확실히 이해하지 못했다.[12]

전략적 취업 알선을 이용하려면 경쟁자에 대한 원망이나 분노에 따라 행동해서는 안 된다. 전략적이고 냉정하게 행동하는 리더는 드물지만 이는 리더가 갖춰야 할 중요한 자질이다. 지금부터 한 가지 사례를 살펴보자.

1991년 5월 22일 프랜시스 콘리Frances Conley 박사는 스탠퍼드 의과대학의 신경외과 교수직에서 물러나기로 마음먹었다. 콘리는 스탠퍼드 대학병원에서 최초의 여자 외과 수련의였고 스탠퍼드 의과대학에서는 최초의 여성 교수였다. 그리고 1982년 미국 의과대학에서 최초의 여성 신경외과 종신 교수가 됐다.[13] 콘리는 수년 동안 다양한 차별과 괴롭힘에 시달렸다. 그런 그녀가 사임을 결심한 결정적인 이유는 데이비드 콘David Korn 총장이 성차별적인 행동으로 물의를 빚었던 제럴드 실버버그Gerald Silverberg를 학과장으로 임명했기 때문이다.

콘리의 사직 결정은 주요 신문사[14]와 아침 뉴스의 관심을 끌었고 의과대학생들은 격렬하게 반대했다. 여학생들은 의과대학에서 계속되는 성차별적 행동에 불만을 토로했고 콘리는 곧 성차별 문제에 대중의 관심을 끈 영웅이 되었다. 그해 여름에 콘리는 사직서를 철회하고 신경외과 교수로 학교에 남기로 했다. 그리고 이로써 여학생들, 여교수들과 여직원들의 처우를 바꾸는 데 더 큰 힘을 발휘할 수 있게 됐다. 나중에 그녀는 스탠퍼드대 경영대학원에서 MBA 학위를 받았는데 바로 거기서 나는 그녀를 처음 만났다.

콘리는 탁월한 연구와 임상 기술 그리고 훌륭한 경영 능력으로 유명했다. 하지만 사직을 결심했던 일로 명성이 더 높아졌고, 사직을 철회한 뒤에는 수많은 행사에서 발언할 기회를 얻게 됐다(이후 콘리는 팰러앨토 재향군인 헬스케어Palo Alto Veterans Health Care system의 수석 보좌관과 스탠퍼드 의과대학 교수평의회 회장이 됐다).

콘리의 사례에 관한 글을 쓰면서 나는 데이비드 콘을 인터뷰했다. 콘은 당시 자신이 할 수 있는 최선의 방법은 콘리를 극찬하는 추천서를 써줘서 그녀가 다른 곳으로 이직할 수 있도록 돕는 것이었다고 말했다. 하지만 콘은 콘리에 대한 강한 반감이 자신에게 장애물이 됐다고 고백했다. 어쨌든 콘리는 콘의 결정에 반발했고 이에 콘은 그녀를 격렬히 비난하면서 사람들이 그녀의 신원 조사를 하게 만들었다. 이런 행동 때문에 콘리는 스탠퍼드 의과대학을 떠날 수 없었다. 그녀가 학교에 머무르면서 의과대학 내 성차별 문제를 계속 문제 삼자 결국 내부 조사와 외부 조사가 이어졌고 콘은 총장직에서 물러나게 됐다. 이 사례는 전략적 취업 알선에는 정서적 성숙과 냉정한 마음가짐이 필요하다는 것을 보여 준다.

때로는 불도저처럼 힘을 과시하라

◆

이 책에서 거듭 등장하는 말이지만 사람들은 성공한 사람과 어울리길 원한다. 특히 다음 장에서 권력자가 과거의 잘못된 행동에 대해 대체로 처벌받지 않는 이유를 살펴볼 때도 위와 같은 성향이 자주 언급될 것이다. 권력자는 자신이 계속 그 자리에 있을 것이고 누구도 무시할 수 없는 힘이 있음을 사람들에게 보여 줘야 한다. 그리고 이를 위해 강인함뿐 아니라 자신의 지위를 지키기 위해 무엇이든 할 것이며 원하는 것은 얻고야 말겠다는 의지를 보여 줘야 한다.

힘을 과시해 공포를 조장하는 행위의 유용성에 관해서는 마키아벨리의 《군주론》에 있는 유명한 구절이 하나 떠오른다. "사랑을 받는 것보다는 두려움의 대상이 되는 것이 훨씬 더 안전하다. (…) 왜냐하면 사랑이란 일종의 의무감으로 유지되는데 인간은 지나치게 이해타산적이어서 이익을 취할 기회가 있으면 언제나 사랑을 내팽개치기 때문이다. 그러나 두려움은 처벌에 대한 공포로 유지되며 실패하는 법이 없다."[15] 마키아벨리는 리더(군주)의 첫 번째 책임은 자신의 지위를 지키는 것이라고 했다. 그 지위를 잃으면 리더는 더 이상 무언가를 해낼 힘을 상실하기 때문이다.

제2장에서 만난 규칙 파괴자 로버트 모지스는 20세기의 그 어느 인물보다 뉴욕의 물리적 환경을 조성하는 데 큰 역할을 했다.[16] 그리고 전 세계적으로 도시 설계와 건축에서 상당한 영향력을 행사한 거물이었다. 그는 자신의 힘을 거침없이 드러냈고 이는 그에게 더 큰 힘을 가져다주었다. 사람들은 말 그대로 반대 세력을 불도저로 밀어붙이는 모지스의 거침없는 행동을 보면서 그의 편에 서기로 선택했다.

1936년 모지스는 이스트리버를 횡단하는 페리의 운행을 중단시킬 생각이었다. 그렇게 해야 페리 선착장을 허물고 그 땅 위에 트라이버러 다리로 이어지는 이스트리버 드라이브를 놓을 수 있었다. 하지만 페리를 이용하는 사람들 1,700명이 20분마다 운행되는 페리를 가능한 한 오래 탈 수 있기를 원했다. 피오렐로 라과디아 뉴욕 시장은 도로 건설에 필요한 60일 동안에도 페리 운항을 결코 중단할 수 없다고 말했다. 그러나 모지스는 그 누구도 자신을 막을 수 없다는 것을 보여 줄 생각이었고 60일을 기다릴 생각도 없었다. 퓰리처상을 수상한 로버트 카로의 모지스 전기에는 당시 상황이 다음과 같이 묘사됐다.

그(모지스)는 이스트리버 드라이브 공사를 맡은 하청 업체에 (…) 바지선 2개를 구해서 하나에는 항타기를, 다른 하나에는 기중기를 설치하도록 지시했다. 준비가 되자 (…) 그는 록어웨이(페리)가 맨해튼에서 멀어 지기만을 기다렸고 (…) 록어웨이가 멀어지자 경고도 없이 바지선을 페 리 슬립으로 접근시켜 고정했다. (…) 이로써 록어웨이는 맨해튼으로 돌아왔을 때 정박할 곳이 사라졌다. 그리고 모지스는 바지선 2개에 설 치된 항타기와 기중기로 페리 슬립을 산산조각 내서 철거했다. 육지에 서도 록어웨이에 대한 공격이 진행됐다. 모지스는 노동자들에게 페리 선착장 바로 앞에 있는 요크 애비뉴의 자갈길을 부수도록 지시했다. 이 로써 육로로 페리 터미널에 갈 방도도 완전히 사라졌다.[17]

시장은 경찰에게 작업을 중단시키도록 지시했다. 하지만 때는 이미 늦 었다. 페리 슬립이 벌써 완전히 철거된 뒤였다. 이렇게 모지스는 반대가 있거나 심지어 불법이더라도 자신이 원하고 해야만 하는 일이라면 거침 없이 밀어붙였다. 이런 행동은 모지스를 가공할 만한 권력자로 만들었다.

하지만 결국은 과도한 자부심으로 이어졌다. 센트럴파크에 있는 맛집 인 태번 온 더 그린Tavern on the Green의 주차장을 확장하기 위해 운동장을 부수는 것에 반대하는 사람들이 있었다. 모지스는 이들과의 힘겨루기에 서 자신의 힘을 과신한 나머지 큰코다치고 말았다. 하지만 그가 어떤 생 각을 했고 어떻게 권력을 이용했는지 살펴보는 것은 권력을 얻고자 하는 사람들에게 유익할 것이다.

공원 '개선' 사업에 대해 주민들이 항의 시위를 벌인다는 것은 어쩌면 신선한 소식이었을지도 모른다. (…) 하지만 모지스에게는 새로울 것

없는 지루한 이야기에 불과했다. 그는 공원위원회 회장이 된 이후 공원 개선 사업을 비밀리에 진행해서 지역 주민 항의를 최소화했다. 공원 인근 주민들이 공원 개선 사업이 진행되리라는 걸 눈치챘을 때는 이미 사업이 진행되고 있었다. (…) 모지스의 입장에서 태번 온 더 그린의 주차장 확장 사업에 대한 항의는 항의라고 할 수 없을 정도로 사소했다. 아기 엄마 23명이 항의한다? 불과 얼마 전 크로스 브롱크스 익스프레스웨이의 한 구역을 단 한 블록도 옮기지 않고 수백 명의 아기 엄마들을 퇴거시켰던 그였다. 모지스는 바로 그때 맨해튼 타운을 건설하기 위해 아기 엄마 5,000명, 링컨 센터를 짓기 위해 아기 엄마 4,000명과 힘겨루기를 하고 있었다.[18]

모지스는 권력을 휘두르는 데 주저함이 없었고 매우 공격적으로 권력을 행사했다. 그는 "할 수 있는 자는 건설할 것이고 할 수 없는 자는 비난이나 할 것이다."라는 유명한 말을 남기기도 했다.[19] 정치인, 공인, 건설회사 사장 등은 그가 무언가를 이룰 만한 힘이 있는 인물이라고 여겼다.

모지스는 공공사업을 효과적으로 진행했다. 그는 거의 뉴욕에서만 오늘날의 달러 가치로 1,500억 달러를 들여서 13개의 다리, 416마일(약 669킬로미터)의 공원도로, 658개의 운동장, 15만 개의 주택단지를 세웠다.[20] 이런 유능함 때문에 사람들은 그의 주변으로 몰려들었고 이런 현상이 그가 44년 동안 영향력을 행사할 수 있는 위치를 유지하는 데 도움이 됐다. 사람들은 모지스의 거친 성미와 자신 이외의 모든 권위를 무시하는 행위를 기꺼이 눈감아 주었다. 왜냐하면 그는 자신에게 방해가 되는 사람들에게 거칠게, 매우 거칠게 대응할 힘이 있는 위인이었기 때문이었다.

인식은 현실을 창조하는 데 도움이 된다. 자신이 얼마나 큰 권력을 지녔는지 사람들이 볼 수 있도록 권력을 행사하고, 권력이 있다는 신호를 보내는 일들을 하는 것은 그 권력을 영속시키는 데 도움이 된다.

권력을 유지하고 영속시키는 법

◆

잡스가 애플에서 쫓겨났을 때 실리콘밸리의 모든 창립자는 세상이 그들의 성공을 어떻게 판단하든지 실제로 그들의 힘이 보잘것없다는 중요한 교훈 하나를 배웠던 것 같다(하지만 잡스는 성공적으로 애플로 돌아왔고 죽을 때까지 애플을 지배했다). 창립자들은 자신이 세운 회사에서 쫓겨날 수 있다는 두려움 또는 깨달음을 얻고 차등의결권제도를 도입했다. 차등의결권제도 덕분에 그들은 소유한 주식의 수보다 훨씬 큰 지배력을 회사에 행사할 수 있게 됐다(예를 들면 마음대로 이사를 선택하거나 인수합병을 검토하고 결정할 수도 있었다). 하지만 이는 하나의 주식, 하나의 투표권이라는 기본 원칙을 위반하는 것이며 '좋은 기업지배구조'의 지지자들을 적으로 돌리는 일이었다. 하지만 그럼에도 창립자들은 이 제도를 도입한다.

몇 가지 사례를 살펴보면 페이스북의 마크 저커버그는 보통주의 5배 의결권을 가진 복수의결권 주식을 보유하고 있다. 그래서 그는 약 60퍼센트의 의결권을 가지며 페이스북에서 그 누구도 건드릴 수 없는 존재다. 뉴스 코퍼레이션News Corporation의 루퍼트 머독Rupert Murdoch과 그의 일가는 모든 의결권을 갖고 있다. 구글은 세 종류의 주식을 발행해서 창립자들이 대다수 의결권을 갖게 했다. 스냅챗Snapchat의 모기업인 스냅Snap이 주식시장에 상장할 때는 의결권 없는 주식만 공모했다. 차등의결권제도를 도입한 기업으로는 그루폰Groupon, 징가Zynga, 알리바바Alibaba, 쇼 커뮤니케이션스Shaw Communications, 우버 등이 있다. 쇼 커뮤니케이션스도 의결권 없는 주식만 공모했다. 원했다면 트래비스 캘러닉은 모든 권력을 포기하고 우버를 떠나지 않을 수 있었다.

2017년 미국의 주식시장에 상장된 기업의 19퍼센트가 의결권이 차등적으로 부여되는 최소한 2종류의 주식을 발행했다. 하지만 2005년에는 차등의결권제도를 도입한 상장기업이 겨우 1퍼센트에 불과했다.[21] 기업들이 의결권이 차등적으로 부여되는 주식을 발행해 창립자들의 힘을 제도화하는 시스템을 아무렇지 않게 도입할 수 있는 이유는 이른바 '핫한' 기업들이 주식시장에 상장할지 말지를 고민할 때 투자자들은 기존의 경영진에게 유리한 조건들로 회사가 주식시장에 상장되기를 바라기 때문이다.

권력을 영속시키는 또 다른 구조적 방법은 한 사람이 CEO와 이사회 회장을 모두 맡는 것이다. 이런 구조를 지닌 기업은 과거보다 많지 않다. 2007년과 2008년에 60퍼센트 이상의 상장기업들이 이런 구조였다. 그럼에도 여전히 한 사람이 CEO와 이사회 회장을 동시에 맡는 기업들은 상당하다. 2018년에 그 비율은 무려 45.6퍼센트에 이르렀다.[22]

권력을 영속시키는 세 번째 방법은 그럴듯한 후임자를 두지 않는 것이다. 잭 발렌티가 30년 동안 미국영화협회 회장을 맡을 수 있었던 이유 중 하나는 그가 영화산업의 이익을 대변하는 일을 잘 해냈기 때문이었다. 그리고 그는 자신의 뒤를 이을 만한 사람을 곁에 두지 않았다. 전 MCA/유니버설 회장 시드니 셰인버그Sidney Sheinberg는 다음과 같이 말했다.

> "잭은 이론적으로라도 자신의 뒤를 이을 만한 사람을 곁에 두지 않았습니다. 잠깐이라도 그의 빈자리를 채울 남자나 여자는 없었죠." (…) (로런스 레빈슨Lawrence Levinson은 파라마운트에서 대관 업무를 맡았던 변호사였다.) 레빈슨은 발렌티에 대해 "그는 권력의 대가에게서 이런 것들을 배웠습니다. (…) 린든 존슨 대통령 역시 강력한 2인자를 절대 곁에 두지 않았죠. 저였다면 존슨 대통령에게 (…) '당신이야말로 평생 미국의 대통령입니다'라고 말했을 겁니다."라고 말했다.[23]

예전에 나는 휴대용 초음파 검사기를 생산하는 상장기업의 이사였다. 이사회가 CEO가 아닌 임원을 야단스럽게 칭찬할 때마다 회사는 무슨 구실을 붙여서든 그 임원을 쫓아냈다. 나는 동료 이사에게 조직에 훌륭한 인재를 보유하는 최고의 방법은 CEO의 후임자로 여겨지지 않을 정도로만 그들을 칭찬하는 것인지도 모른다고 말했다. 리더가 힘을 유지하기 위해 자신의 뒤를 이을 만한 후보를 제거하는 일은 오래됐지만 대체로 효과적인 전략이다.

네 번째 방법은 경쟁자가 제거하기 어렵도록 여러 개의 중복된 역할을 맡는 것이다. 이런 경우 그 사람의 권력을 제거하려면 그를 여러 자리에서 끌어내려야 하는데 이는 매우 어려운 일이다. 모지스가 이 전략의 전형적인 사례다. 한때 모지스는 동시에 12개의 직책을 맡기도 했는데 예를 들면 뉴욕시 주립공원위원회 위원장, 주립공원심의회 회장, 주 전력심의회 회장, 트라이버러 다리와 터널 위원회 회장 등이 있었다.[24] 모지스는 채권을 발행하고 통행료 같은 요금을 징수해서 수익을 낼 수 있는 공권력을 기가 막히게 이용했다. 이 덕분에 그는 사업을 추진할 때 정부 기관으로부터 예산을 받는 법적 절차로부터 자유로웠고 이로써 권력을 영속시킬 수 있었다.

자신에게 권력이 있고 원하는 바를 이루기 위해 그 권력을 기꺼이 행사할 것임을 사람들에게 보여 줘야 한다. 그리고 그 권력으로 무언가를 이루고 제도화하는 구조를 만들어 내면 권력은 사용하면 할수록 커진다. 이번 장에서 살펴본 사례들이 보여 주듯이 그 누구의 반대 없이 힘을 사용할 수 있는 경우는 없다. 따라서 리더는 어느 정도 사회적 반감을 감수할 준비가 되어 있어야 한다.

권력의 제1원칙을 기억하라. 사람들이 자신을 싫어할까 봐 전전긍긍해선 안 된다. 게다가 경쟁자를 제거하고 자신의 권력을 영속시키는 제도를 만들고자 할 때 위험이 없을 수가 없다. 하지만 대부분의 사람은 갈등을 싫어하기 때문에 놀랍게도 주도권을 잡은 사람이 하는 일에 반발할 가능성이 작다. 일단 주도권만 잡으면 많은 것을 해낼 수 있다. 그리고 사람들은 권력자에게 끌리게 되어 있기 때문에 시간이 지나면 적개심은 무력화되고 권력은 안정되며 적은 친구가 된다.

제7장

제7원칙:
권력의 과거는
처벌받지 않는다

RULES OF POWER

이 나라의 돈 있고 힘 있는 사람들이 갖는 최고의 특권은 범죄를 저지르고도 처벌받지 않는 것이다.

_제시 에이싱어Jesse Eisinger, 독립 언론 〈프로퍼블리카〉ProPublica 기자이자 퓰리처상 수상 작가

승자들은 역사를 쓰지 않는다. 그들은 역사를 다시 쓴다.

_사피 바칼의 《룬샷》에서[1]

사우스캐롤라이나주 상원의원 린지 그레이엄Lindsey Graham은 도널드 트 럼프가 대통령으로 취임하기 전에 그를 "인종 공격적이고 외국인을 혐오 하는 편견 덩어리"라고 불렀다.[2] 그레이엄은 2016년 대선 기간에 트럼프 를 격렬히 비난했던 많은 공화당원 중 한 명이었다. 그는 미래의 대통령 을 "괴짜, 미치광이 그리고 대통령감이 아닌 자"라고 폄하했다.[3]

　2019년 독립 언론《뉴욕 타임스 선데이 매거진》New York Times Sunday Magazine의 마크 레이보비치Mark Leibovich가 그레이엄을 취재하면서 인터 뷰를 위해 그에게 전화를 걸었다. 그 시기에 그레이엄은 트럼프의 충성 스러운 지지자가 되어 있었다. 레이보비치는 트럼프에 대한 입장이 어떻게 그렇게 바뀔 수 있었는지 그레이엄에게서 듣고 싶었다. 그레이엄의 대답은 권력 있는 자리를 차지하는 것이 다른 사람들과의 관계까지 포함 해서 많은 것을 어떻게 바꾸는지에 대한 충실한 설명이 됐다.

"그래요, 좋아요. 당신이 나를 조금이라도 안다면 이렇게 하지 않는 것 이 오히려 이상한 일이죠."라고 그(그레이엄)는 말했다. 나는 '이렇게'가 무엇인지 물었다. "관계를 맺으려고 질문하는 것 말이에요."라고 그레 이엄은 말했다. 정치는 무엇이 효과적이고 무엇이 바라는 결과를 가져 다줄 것이냐를 파악하는 예술이라고 그는 설명했다. "전 이 나라를 위 해서 정말 좋은 일을 이루기 위해 대통령과 일할 기회를 얻었죠." 당시 그레이엄이 가장 관심을 가졌던 좋은 일은 재선에 성공해서 트럼프가 절대적인 지지를 얻었던 사우스캐롤라이나주의 4선 상원의원이 되는 것이었다.[4]

트럼프가 대선에서 승리하면서 공화당은 "저돌적으로 트럼피즘으로 행군"했다. 그 시기에 트럼프의 최측근으로 돌아선 것은 그레이엄만이 아니었다.[5] 권력과 명성을 손에 넣은 누군가에 대한 태도가 완전히 바뀌 는 현상은 정계에서만 나타나는 특이한 현상이 아니다. 가장 존경받는 CEO들의 명단에는 소급적 스톡옵션을 보유한 사람(스티브 잡스), 부하 직원과 부적절한 관계를 맺었던 사람(빌 게이츠), 미국 증권거래위원회 명령을 위반했던 사람(일론 머스크), 기소되지 않으려고 해외로 도망쳐야 했던 사람(카를로스 곤), 물의를 빚어서 회사에서 쫓겨났던 사람(BP의 존

브라운) 그리고 블루칼라와 화이트칼라 노동자들의 근무환경 때문에 비난을 받았던 사람(제프 베이조스) 등이 포함된다.

권력을 어떻게 손에 넣었고 권력을 쥔 자의 행실이 어떤가는 상관없이 권력에 가까워지려는 욕망은 모두에게 존재한다. 그러니 권력을 얻는 과정에 대해 지나치게 조마조마해할 필요가 없다. 일단 권력을 얻으면 모든 것, 대체로 거의 모든 것이 용인되기 때문이다.

권력에 따르는 책임을 두려워하지 마라

◆

학생들은 내 강의를 들으면 '하중 작용'을 받는다고 종종 말한다. 즉 내 강의가 일시적으로나마 권력을 향해 움직이도록 외력을 가한다는 것이다. 이 외력 때문에 그들은 때때로 심리적으로 안정감을 느끼는 영역에서 벗어나야 할 때도 있다. 강의 시간에 다른 학생들 앞에서 이야기하도록 하는 것도 이런 효과가 있다. 페이스북 마켓플레이스 책임자였고 현재 앤세스트리닷컴의 CEO인 데버라 리우는 강의 시간에 자신의 이야기를 해야 한다는 것을 알게 된 뒤에 더 의욕적으로 일하게 됐다고 말했다. 그렇게 해야 할 이야기가 더 많이 생기기 때문이다.

이 책에서 나는 강의에서 사용하는 자기반성적 프로젝트들을 간략하게 소개했다. 예를 들면 나는 학생들에게 자신이 누구이고 어떤 가치를 지지하는지를 명쾌하게 보여 주는 자기만의 브랜드를 개발하라고 한다. 그리고 누구와 관계를 맺어야 할지 결정하고 관계를 맺기 위해 전략을 세우라고도 한다. 이런 프로젝트는 학생들의 인간관계를 강의실 너머로 확장시킨다. 나는 좀 더 편안하게 규칙의 한계를 넘어서고 자신의 발목을 잡는 습관과 행동을 잊으라고 말한다. 그리고 좀 더 권력자처럼 보이게 행동하고 말하는 법을 연습하도록 격려한다. 이런 연습 때문에 사람들은 '어쩔 수 없이' 권력을 키워 나가는 여정에 전략적으로 접근하게 된다.

내 강의는 학생들에게 권력을 얻을 수 있는 지식과 자신감을 제공한다. 그러한 지식과 자신감은 변화를 일으키고 스스로를 옭아매는 제약에서 벗어나도록 도울 것이다. 일반적으로 모든 조직에서 무언가를 이뤄 내려면 권력이 필요하다. 이는 상식인데도 사람들은 권력을 추구할 때 양면적인 태도를 보인다. 그래서 사람들이 권력을 얻는 행위를 하도록 자극을 주는 것은 중요하다.

사람들이 권력 추구에 양면적인 태도를 보이는 까닭은 권력을 추구하는 과정에서 하게 되는 행동의 결과와 그에 따르는 책임을 걱정하기 때문이다. 즉 사람들은 권력을 얻는 과정 자체를 걱정한다. 구체적으로 말하면 자신의 행동이 다른 사람들의 마음을 상하게 할까 봐, 행동이 도가 지나쳐서 사회적 규범의 한계를 넘어설까 봐 걱정하는 것이다.

그리고 사람들은 더 큰 권력을 갖게 됐을 때 감당해야 하는 책임의 무게도 걱정한다. 권력을 얻는 과정에서 적과 경쟁자가 생기면 어떻게 하지? 대체로 어쩔 수 없는 일인데 성공 때문에 사람들에게서 원망과 질투를 받으면 어떻게 하지? 밖으로 삐져나온 못이 되어 망치질을 당하고 이카루스의 전설처럼 태양에 너무 가까워져서 밀랍이 녹아내려 땅으로 추락하면 어떻게 하지? 대부분 사람은 권력을 갖기도 전에 이런 걱정부터 한다.

권력이 있어야 권력을 유지할 수도 있다

하지만 많은 사람이 이런 걱정들을 제쳐 두고 권력을 얻고자 노력한다. 왜냐하면 권력 자체가 강한 동기부여가 되기 때문이다. 수십 년 전에 진행된 연구에 따르면 권력이라는 동기의 강도가 클수록 권력 있는 자리를 차지할 수 있고 이는 특권과 지위를 보여 주는 물건을 전시하는 행위로 이어진다. 그리고 남자와 여자 사이에서 권력 동기의 차이는 나타나지 않았다.[6]

하지만 그렇다고 해서 모든 사람이 똑같이 권력을 추구하려는 동기를 부여받는 것은 아니다. 적어도 몇몇 사람들은 권력을 포기한다. 권력을 추구하고 손에 넣는 것은 지나친 욕망을 지녔다거나 과도하게 개인주의적이고 이기적인 행동을 해야 한다거나 권모술수에 능하다는 신호로 여겨지기 때문이다. 권력과 영향력은 무언가를 완수하고 삶과 조직 그리고 세상을 바꾸기 위해 반드시 필요하다. 그러나 대부분 사람이 권력을 얻기 위해 해야 하는 일들과 자신이 감당해야 할 책임을 걱정하기 때문에 권력을 추구하길 망설인다.

나는 사람들에게 이런 걱정이 중요하다거나 유의미하지 않다고 말해 준다. 물론 권력을 추구하는 과정에서 많은 문제가 발생할 수 있다. 하지만 권력을 얻으면 그 권력을 손에 넣기 위해 했던 행동의 결과에 대한 책임은 대부분 사라진다. 이것이 권력의 제7원칙이 말하고자 하는 핵심이다. 그러니 힘 있는 자리에서 추락할까 봐 걱정하기 전에 먼저 힘 있는 자리에 올라서야 한다. 그런 다음에 그 자리에서 밀려날까 봐 걱정하는 것이 합당하다.

물론 높은 자리에 오른 사람은 주변 사람들의 시기와 질투를 받게 되어 있다. 사람들은 무력한 존재가 아니라 성공한 사람, 높은 사회적 지위에 오른 사람을 부러워한다. 하지만 그런 사람과 가까워지고 관계를 맺고 싶은 욕구도 크다. 권력을 갖게 되면 존재감이 커지고 일거수일투족이 관심을 받는다. 주목을 받으면 비난을 받을 가능성도 자연스럽게 커진다. 하지만 사람들은 권력자의 비행을 기꺼이 눈감아 주려고 한다.

권력자를 자리에서 끌어내리려고 시도하는 사람들이 있다. 피라미드처럼 밑에서 위로 올라갈수록 자리는 줄어들고 경쟁은 치열해질 수밖에 없다. 하지만 권력은 지지자들의 수도 증가시킨다. 왜냐하면 사람들은 권력자에게 끌리고 그의 영향권에 들어가기를 원하기 때문이다. 위계의 정점으로 갈수록 경쟁은 치열해지겠지만 높은 곳에 있거나 그곳을 향해 나아가는 사람들과 동맹을 맺길 원하는 사람들도 많아진다.

그래서 권력을 얻으려면 몇 가지 규칙을 어길 수밖에 없다. 제2장에서 봤듯이 권력을 얻으려면 규칙을 파괴해야 하고 이는 실제로 권력을 얻는 데 도움이 된다. 간략하게 말하면 권력을 얻고 유지하는 것은 권력자에게 적대적인 사회적 역학관계를 만들어 낸다.

하지만 권력과 사회적 지위를 얻고 지배적인 자리에 서면 그 권력을 영속시키는 제도도 만들 수 있다. 실제로 권력을 얻기 위해 해야 하는 일을 지나치게 걱정할 필요가 없다는 증거가 있다. 힘 있는 자리에서 추락하는 것도 마찬가지다. 왜냐하면 조직적이고 사회적인 역학 구조 대부분이 권력을 얻고 유지하는 데 유리하게 형성되어 있기 때문이다.

지금부터 대부분 사람이 권력자가 힘을 추구하는 과정에서 저지른 잘 못을 쉽게 잊거나 용서하는 이유를 자세히 살펴볼 것이다. 권력의 제7원 칙에 따르면 권력과 여기에 수반되는 특권은 권력자의 모든 것을 용서한 다. 이 원칙이 시사하는 바는 간단명료하다. 지금 당신이 해야 할 일은 권 력을 손에 넣는 것이다. 일단 권력을 얻으면 유지할 수도 있다. 이번 장을 통해서 이 이야기가 사실임을 이해하고 권력을 얻기 위해 행동하기를 바 란다.

권력은 결코 추락하지 않는다

◆

많은 사람이 조직의 항상성을 추구한다. 자동온도조절장치가 실내 온도 를 적정하게 유지하는 것처럼 조직은 균형을 유지하고 부당함을 바로잡 고 높은 성과를 보장하는 방향으로 움직인다. 그래서 높은 자리에 빨리 오른 사람은 그 자리에서 빨리 밀려나 아래로 떨어질 수 있다. '튀어나온 못이 망치질을 당한다'라는 일본 속담[7] 그리고 오스트레일리아의 키 큰 양귀비 증후군은 이 현상을 설명해 준다. 지나치게 키가 큰 양귀비는 정 원사의 가위에 가장 먼저 잘려 나가듯이 사람들은 걸출한 인물을 헐뜯고 겸손을 미덕으로 여긴다.[8]

항상성의 관점에서 사회적 규범을 어기는 사람은 제재를 받는다. 이렇 게 해야 규범적 질서가 유지되기 때문이다. 법을 위반하거나 규칙을 어기면 처벌을 받는다. 이 역시 집단의 웰빙을 위해 규칙과 법의 불가침성을 유지하기 위함이다. 실적이 저조하거나 자원을 잘못 사용하면 불이익을 받는다. 이는 사회적 집단이 지속적인 생존을 보장하기 위해 규칙을 집행하기 때문이다. 항상성은 정의와 질서를 회복한다. 잘못된 행위에 대한 처벌이나 저조한 실적에 대한 제재는 모두 사회 시스템이 작동하고 생존을 유지하도록 작용한다.

이는 훌륭한 관점이며 심지어 실제로 사회가 이렇게 움직이기도 한다. 하지만 대부분 사회적 조직과 제도는 우위, 힘과 지위의 균형을 맞추거나 축소하는 대신 기존의 우위를 강화하고 기존의 힘과 지위를 영속시킨다. 이런 점에서 조직적 행동은 대체로 '마태 효과'와 일치한다.《새국제성경》New International Version 의 〈성도 마태복음〉Gospel of St. Matthew 에는 "무릇 있는 자는 받아 풍족하게 되고 없는 자는 그 있는 것도 빼앗기리라."(마태복음 25:29)라고 적혀 있다.[9]

사회학자 로버트 머튼Robert Merton 은 지위 부여와 공로 인정을 설명하기 위해 마태 효과를 연구하면서 공로 인정은 어떤 면에서 불공평하다고 주장했다. 가령 명망 있는 과학자들은 학술적 업적에 대해 과한 인정을 받는다. 그것이 다른 과학자들과 공동으로 만든 것이어도 말이다.

본질적으로 마태 효과는 우위가 누적되는 과정을 설명한다. 교육된 역할, 구조적 위치와 가용한 자원의 초기 상대적 우위는 잇따라 기존 우위를 강화한다. 이로써 과학계에서(그리고 사회의 다른 영역에서도) 가진 자와 가지지 못한 자의 격차가 벌어진다.[10] 성별과 같은 사회적 지위를 나타내는 표식들은 저자가 출판물에 대해 받는 인정의 크기에 영향을 미친다. 예를 들어 다양성의 수준이 높은 하위 영역과 학문에서는 이 효과가 상대적으로 작게 나타나지만[11] 여성이 발표한 연구는 대체로 다른 곳에 인용이 덜 된다. 사회적 지위가 높은 공동 저자들은 출판물에 대해 더 많은 인정을 받는다. 이는 공동 집필된 연구 문헌은 사회적 지위가 더 높은 연구 저자에게 명성과 우위를 제공해 그의 명성에 더 도움이 된다는 뜻이다.

실증적 데이터를 분석한 결과 성공이 더 많은 성공을 낳는 누적우위 현상은 과학계에만 국한되지 않고 사회 전반에 만연했다. 예를 들어 사회적 인간관계에서 선호적 연결이란 개념이 있다. 이는 '연결된 노드가 많을수록 미래에 더 많은 연결을 맺게 된다'라는 것이다.[12] 다양한 사회적 힘은 누적우위 현상을 초래한다. 더 강하고 더 성공할수록 재능 있는 사람들과 함께 일할 기회가 많아진다. 그리고 더 재능 있는 사람들과 더 많은 관계를 맺게 되고 이로써 성공할 가능성이 커진다. 마찬가지로 누군가가 더 강해지고 더 성공할수록 사람들은 그에게 더 많은 시간과 자원을 투자하고 함께 일하고 싶어 한다. 이렇게 자원을 끌어들이는 데서 얻는 우위가 미래의 성공과 더 큰 실적을 낼 가능성을 높인다.

확증 편향은 이미 있는 믿음을 확인하는 정보에 집중하는 성향이다. 그래서 사람들은 한번 성공한 사람은 결과의 객관적인 지표와 상관없이 미래에도 다시 성공할 것이라고 인식한다. 연구에 따르면 사람들은 확인된 정보에 더 많은 관심을 보인다. 자신이 알고 있는 지식에 더 잘 부합하는 정보는 기억하고 그렇지 않은 정보는 선택적으로 잊는다.[13] 주목과 기억의 인지적 과정과 믿음의 일관성을 선호하는 경향은 기존의 우위를 강화한다.

누적우위 현상은 기존 권력이 상당히 오랫동안 유지되는 현상을 일부 설명한다. 하지만 그 권력이 뒤이은 실패와 드러난 무능, 비도덕적이거나 심지어 불법적인 행동에도 불구하고 지속되는 현상에 대해서는 심리적으로 만족할 만한 설명을 내놓지 못한다. 권력의 제7원칙이 여러 상황에서 사실임을 입증하려면 권력자의 다양한 비행들을 용서하는 메커니즘을 좀 더 깊이 파고들 필요가 있다.

권력의 비용

권력은 저절로 유지된다고 주장하기 전에, 권력이 비행을 용서한다는 생각이 반박의 여지가 없이 명확하다거나 모두가 이 주장을 지지한다고는 말할 수 없다. 권력은 그 권력을 쥔 사람이 더 가혹한 제재와 그 자리에서 끌어내리려는 숱한 시도와 맞서야 하는 원인이 된다. 왜 그런지 지금부터 살펴보자.

노스캐롤라이나 대학교의 앨리슨 프래게일Alison Fragale 교수와 동료들은 권력자들이 더 주체적이고 의도적으로 행동한다는 인식이 있다고 주장했다. 첫째, 권력은 사람들이 바라던 것을 더 자주 얻도록 돕고 더 긍정적인 관점을 갖도록 만들며 더 격렬하게 자신의 목표를 추구하도록 부추긴다. 그래서 힘 있는 사람이 비행을 저지르면 더 큰 책임을 지고 더 많은 비난을 받는 것이다. 행위에서 주체성이 크다고 평가될수록 사람들은 그 행위를 한 권력자를 더 가혹하게 제재한다.

둘째, 연구진은 지위가 높고 권력을 지닌 사람은 더 이기적으로 행동하고 웰빙을 추구하는 것으로 인식된다고 주장했다. 이런 인식은 그들에 대한 더 가혹한 제재로 이어진다. 그들의 행동을 친사회적인 동기부여의 결과로 보지 않기 때문이다. 2개의 행동 계획 연구에서 프래게일과 동료들은 비행을 저지른 사람의 사회적 지위가 높을수록 관찰자들은 더 가혹한 처벌을 내린다는 것을 확인했다.[14]

또 다른 메커니즘을 살펴보자. 권력은 권력자의 존재감을 높인다. 그래서 권력을 가진 사람에게 이목이 집중되고 그들의 비행이나 실패도 눈에 잘 띄다 보니 결과적으로 더 많은 사회적 비난과 제재를 받을 수밖에 없다. 한 예로 영국 의회의 예산 스캔들을 들 수 있다. 간략하게 말하면 영국 의회가 과도한 지출안을 물타기를 해서 어영부영 처리하려고 했던 사건으로, 사회적 지위가 높은 의원들의 부당한 요구가 사회적 지위가 낮은 사람들에 비해 언론과 유권자의 주목을 받고 비난을 받을 가능성이 더 크다는 것을 보여 주었다.[15]

처벌에 관한 기존 연구 문헌은 사회적 지위가 처벌의 가혹함에 미치는 영향에 대해 명확한 답을 제시하지 못한다. 일부 연구에서는 힘이 있는 사람이 비행을 저지르면 더 무거운 처벌을 받는 것으로 나타났고, 다른 연구에서는 더 가벼운 처벌을 받는 것으로 확인됐다.[16] 이렇게 양면적인 결과가 나오는 이유는 2가지다. 사회적 지위가 높은 부정행위자는 더 많은 행동의 자유를 누리고 그의 행동은 덜 부정적으로 평가된다. 그러나 사회적 지위가 낮은 부정행위자는 더 큰 연민을 불러일으키고 무력한 사람이란 점에서 일종의 '동정'을 받는다.[17]

권력을 얻으면 그전보다 더 많은 주목을 받고 영향력과 주체성이 커진다. 그리고 사람들은 힘 있는 사람에게 덜 공감한다. 그렇지만 나는 힘 있는 사람은 그 힘 때문에 비난이나 처벌을 피할 수 있다고 생각한다. 그 이유는 이미 살펴봤지만 좀 더 논리적으로 파헤쳐 보자.

왜 그들은 법의 심판을 피해 가는가

◆

나는 권력과 돈이 잘못된 행동의 부정적인 결과를 책임지지 않도록 권력자를 보호해 준다고 생각한다. 대부분 사람은 부와 권력에 가까이 다가가길 바란다. 그래서 권력자가 실수나 잘못을 저지르면 그를 기꺼이 용서하거나 그의 비행으로부터 눈을 감는다. 이런 권력의 보호 효과에 대해 나는 최소한 설득력 있는 증거를 제시할 수 있다. 물론 나는 잘못을 저지르고도 책임지지 않는 권력자의 명단을 갖고 있지는 않다. 하지만 힘 있는 사람들이 그들이 저지른 잘못에 대한 제재, 특히 사회적 제재를 피한 사례들은 많다.

〈프로퍼블리카〉 기자이자 퓰리처상을 수상한 작가 제시 에이싱어는 사회적 변화가 화이트칼라 범죄자들을 쫓는 검사들의 능력과 동기를 떨어뜨리는 이유와 그 방법을 탐구했고《치킨쉬트 클럽》을 출판했다.[18] 특히 그녀는 2008년 금융위기를 초래한 장본인들이 무거운 혐의로 기소되지 않았던 사실에 주목했다. 에이싱어가 주장하는 내용은 간단명료하다. 검사들은 나중에 변호사가 되어 피고석에 선 화이트칼라 범죄자들을 변호할 것이기 때문에 이미 법정에서 자신과 맞서는 상대에게 사회적으로 동질감을 느끼게 된다. 에이싱어가 쓴 책에 관한 서평의 일부를 읽어 보자.

> 법정에서 반대편에 선 검사와 피고 측 변호사는 동류다. 그들은 그저 같은 경력의 다른 지점에 있을 뿐이다. 기업 임원의 범죄 수사를 진행하는 것은 검사에게 그 순간 위험한 일만이 아니라 자칫 유명한 로펌에서 일할 기회를 위태롭게 만들 수도 있다. 무엇보다도 법무부에서 일하는 예의 바르고 성취욕이 강한 동료들에게 '사회적 불편감'을 일으킨다. 특히 자신과 같은 계급이 그렇게 멋진 사람들로 구성됐을 때 그 누구도 계급의 배반자가 되기를 원하지 않는다.[19]

이 주장은 검사와 피고 측 변호사의 관계뿐만 아니라 좀 더 일반적인 상황에도 적용된다. 힘이 있는 사람들은 비슷한 생활 반경을 갖는다. 그들의 사회생활과 자선 활동의 반경도 비슷하다. 그들은 특히 같은 업계의 영향력 있는 사람들이 참여하는 콘퍼런스와 행사에 많이 참석한다. 그리고 같은 영리기구와 비영리기구에서 활동할 수도 있다. 이런 직간접적인 사회적 관계는 비슷한 부류의 비행에 대한 분노를 누그러뜨릴 뿐만 아니라 그들의 잘못된 행동에 제재를 가하는 것에 대한 흥미를 꺾는다. 외부인에게는 놀라울 뿐인 이런 유유상종의 문화가 힘 있는 사람들의 세계에서는 비일비재하다. 그리고 이런 문화는 권력자가 무슨 행동을 하든지 그 행동에 대한 수많은 책임으로부터 그를 보호한다.

이런 현상의 한 가지 사례를 살펴보자. 어느 날 나는 베벌리힐스 중심부에 있는 멋진 사무실에서 스탠퍼드 대학교 출신의 금융가와 마주 앉아 있었다. 지인의 소개로 만난 게리 위닉Gary Winnick은 생각보다 편안하게 이야기를 나눌 수 있는 사람이었다. 나는 그를 만나기 전에 간단하게 그에 대해 인터넷 검색을 해봤다. 위닉은 마이클 밀켄Michael Milken과 함께 드렉셀 버넘Drexel Burnham에서 정크본드를 팔았다. 그는 1999년에 글로벌 크로싱Global Crossing을 설립하고 전 세계에 광케이블을 설치하는 프로젝트를 위해 약 200억 달러에 이르는 자금을 조달했다. 2002년 글로벌 크로싱은 파산을 선언했다. 회사가 도산할 시점에 위닉은 7억 3,800만 달러의 주식을 매각하고 큰 수익을 챙겼다.[20]

이후 글로벌 크로싱 임원들을 증권 사기로 고소한 주주들과 직원들은 3억 2,400만 달러의 합의금을 제시했고 위닉은 5,500만 달러를 합의금으로 내놨다. 그리고 노동부에서 글로벌 크로싱의 파산으로 연금을 상실한 직원들을 위해 중개한 7,900만 달러의 보상금에 2,500만 달러를 출연했다. 결과적으로 위닉은 형사고발(투표 결과 3 대 2로 분식회계 혐의가 기각됐다)뿐 아니라 미국 증권거래위원회의 제재를 피했다.[21] 이번 장에서 살펴볼 몇몇 인물들과 달리 위닉은 형사소송이나 민사소송에서 실제로 법적 처벌을 피했다.

계산기를 두들겨 보면 위닉이 합의금에 출연한 돈보다 훨씬 많은 돈을 개인적으로 챙겼음을 알 수 있다. 7억 3,800만 달러에서 8,000만 달러를 빼면 6억 5,800만 달러가 남는다. 이 돈이 그의 주머니로 들어갔던 것이다. 그리고 그는 로스앤젤레스에서 가장 큰 저택 중 한 곳을 소유하고 있었다. 위닉은 아주 많은 자선 활동에 참여했으며 관대한 후원자로 정평이 나 있다. 이는 지금도 마찬가지다. 또한 그는 글로벌 크로싱 사태 이후 자신의 학부 교육기관인 C. W. 포스트_C. W. Post_에서 명예박사 학위를 받았다. 아마도 해당 기관에 대한 그의 후원 활동과 앞으로 있을 후원 활동을 기리기 위함이었을 것이다.

유명인의 사무실이 그렇듯이 위닉의 사무실에도 교황, (민주당과 공화당 출신의) 대통령, 시장, 국회의원, 여러 도시와 국가의 고위 관리, 연예인 등 수많은 명사와 함께 찍은 사진들이 잔뜩 걸려 있었다. 벽에 걸린 사진들 다수가 글로벌 크로싱 사태 이후 찍은 것들이었다. 위닉은 권력을 휘두르고 특권을 누리고 무엇이든 손에 넣을 수 있는 삶을 살았다. 무엇보다도 그는 중요하고 유명한 인사들과 사회적 관계를 맺고 있었다.

위닉이 밀켄과 드렉셀 버넘에서 같이 일했었다고 말했던가? 어느 날 나는 TV에서 오클랜드 애슬레틱스의 경기를 보고 있었는데 중계석에 바로 그 밀켄이 앉아 있었다. 경기를 실시간으로 중계하는 진행자들은 그를 독지가로 소개했다. 물론 그는 독지가이기는 하다. 전립선암을 극복한 밀켄은 의료 연구에 자금을 댔다. 그리고 싱크탱크 밀켄 인스티튜트를 설립했고 다양한 자선 활동을 벌이고 있다. 하지만 무엇보다도 밀켄은 드렉셀 버넘에서 정크본드를 개발한 장본인이다. 그가 만든 정크본드는 많은 사람, 특히 여전히 월가에서 활동하는 많은 금융가에게 엄청난 돈을 벌어 주었다.

1990년 4월 4년간의 금융 조사와 검찰 수사 끝에 밀켄은 98건의 혐의 중 증권거래법을 위반해 형사 고발된 6건의 혐의에 대해서만 유죄를 인정했고 6억 달러의 벌금형을 받았다.[22] 그리고 경비가 삼엄하지 않은 개방 교도소에서 22개월 복역했으며 회사가 청산될 때 금전적 소실을 입은 드렉셀 버넘의 개인 투자자들에게 5억 달러를 배상했다.

2017년 작성된 밀켄에 관한 기사에는 그가 월가에서 가장 존경받는 금융가 중 한 명이었다고 적혀 있었다. 나는 이것이 그의 입지를 정확하게 설명한다고 생각한다. 금융 기자 윌리엄 코핸William Cohan은 기사에서 나중에 밀켄을 만난 적이 있는 누군가의 말을 이렇게 인용했다. "밀켄은 말하자면 10억 달러의 자산과 PR 전문가와 고급 사무실을 소유한 존스타운 대학살의 주동자 짐 존스였다."[23]

성공, 즉 돈과 권력은 그것을 소유한 사람이 저지른 수많은 죄를 용서한다. 사람들은 성공한 사람의 비행을 무시하거나 간과하거나 합리화한다. 억만장자이자 라이프스타일의 대가로 알려진 마사 스튜어트는 내부자거래 사건에서 재판 방해, 거짓 진술과 조사관들에게 거짓말을 한 혐의로 2004년 유죄 판결을 받고 5개월 동안 교도소에 수감됐다. 하지만 이렇게 전과 기록이 생겼는데도 스튜어트의 브랜드 가치는 그 어느 때보다 높다. 많은 사람이 그녀가 교도소에 수감된 이후에도 패션과 라이프스타일에 대해 조언을 받기를 원했다. 그녀와 독점 계약을 체결했다고 생각해서 원단과 타월, 가정용품을 판매할 때 스튜어트의 브랜드와 이미지를 사용했던 대형 백화점 체인인 메이시스Mecy's와 J. C. 페니J. C. Penney도 그들 중 하나였다.[24]

악명 높은 성범죄자 제프리 엡스타인Jeffrey Epstein은 성범죄 혐의로 재수사를 받고 뉴욕 유치장에서 목숨을 끊기 전까지 플로리다와 뉴욕의 사교계에서 활발하게 활동했다. 그는 심지어 영국 왕족과도 친분이 있었다. 엡스타인이 플로리다 교도소에서 출소한 다음 해인 2010년에 케이티 쿠릭Katie Couric과 조지 스테퍼노펄러스George Stephanopoulos가 영국 왕족과 함께 엡스타인의 맨해튼 맨션에서 저녁 식사를 했다는 이야기가 있다. 그리고 그다음 해인 2011년에 제프 베이조스와 일론 머스크 같은 기술업계의 거물들이 참석한 어느 억만장자의 저녁 식사에 참석한 엡스타인의 모습이 사진에 찍혔다.[25]

엡스타인을 무너뜨린 기사를 보도했던 〈마이애미 해럴드〉Miami Herald 기자 줄리 브라운Julie Brown이 쓴 책의 한 서평에는 "뉴욕 유치장에서 목숨을 끊기 불과 몇 개월 전에 (…) 엡스타인은 세상에서 가장 부유하고 똑똑하고 힘 있는 사람들과 수시로 연락했다."라고 쓰여 있다. 많은 기자가 엡스타인과 만날 수 있다는 사실에 흥분했고 그를 둘러싼 수많은 유명인에 눈이 멀었다.[26] 첫 복역을 치른 뒤에 엡스타인은 사모펀드와 투자관리 회사인 아폴로Apollo의 공동 창립자 레온 블랙Leon Black에게 귀하고 큰 보상이 되는 서비스를 제공했다.

지금까지 살펴본 현상은 남자뿐만 아니라 여자에게도 나타난다. 나는 내 권력 강의를 수강한 HR 부문 고위 인사이자 주요 행사 연사로 활동하는 한 친구와 저녁 식사를 했다. 그녀는 내게 최근에 실리콘밸리에서 열린 한 행사에 참석했고 거기서 놀라울 만큼 카리스마 있고 매력적이고 영향력을 지닌 젊은 여성을 만났다고 말했다. 나도 그녀를 만나 보고 싶었다.

그녀는 다름 아닌 악명 높은 테라노스의 엘리자베스 홈즈였다. 홈즈는 자신이 세운 새로운 벤처 회사에 필요한 자금을 모으고 있었다. 당시에

는 테라노스 사건에 대해 수많은 다큐멘터리가 제작되고 기사가 쏟아졌
으며 그녀는 형사재판을 받고 있었다. 그런데도 그녀는 영향력 있는 인
사들이 모이는 사교계에서 환영받았고 다음 벤처 회사에 필요한 자금을
성공적으로 모으고 있는 듯했다.

나는 홈즈가 유명인들과 거리낌 없이 어울리고 자금을 손쉽게 조달하
고 있다는 사실이 전혀 놀랍지 않았다. 실리콘밸리는 홈즈의 이야기와
비슷한 이야기들로 가득하다. 잘못을 저지른 사람이 빠르게 용서받고 다
음 회사에 필요한 자금을 이전보다 더 많이 모으는 곳이 바로 실리콘밸
리다.

파커 콘래드Parker Conrad는 HR 소프트웨어 기업인 제네피츠Zenefits의
창립자이자 CEO였다. 2016년 그는 제네피츠가 매출 전망을 부풀렸고
직원들을 위해서 (보험) 중개 면허를 취득하지 않아 법을 어겼다는 소문
이 돌자 CEO에서 밀려났다.[27] 2017년 콘래드는 인사관리 소프트웨어
스타트업 리플링Rippling을 설립했다. 2020년 8월 리플링은 13억 5,000만
달러의 가치평가를 받고 1억 4,500만 달러의 자금을 조달하는 데 성공했
다. 그리고 콘래드는 과거 법적·윤리적 문제를 겪었는데도 별다른 문제
없이 리플링을 설립하는 데 필요한 자금을 조달했다.

또 다른 사례로 마이크 캐그니Mike Cagney가 있다. 캐그니는 회사 직원
과 부적절한 관계를 맺었다는 사실을 이사회에 들켰는데 처음에는 불륜
관계를 부인했다. 하지만 모든 것이 사실로 드러났고 캐그니는 개인금융
회사 소셜 파이낸스Social Finance의 회장 자리에서 쫓겨났다. 그가 소셜 파
이낸스를 떠나고 불과 몇 달 뒤에 소셜 파이낸스의 이사였고 그의 불륜

사건을 자세히 알고 있었던 벤처캐피털리스트 2명이 그의 새로운 스타트업에 1,700만 달러를 투자했다. 이후 캐그니는 다른 사람들로부터 4,100만 달러를 추가로 조달했다. 불과 몇 달 전의 불미스러운 사건은 그들에게 그다지 중요한 일이 아니었다.[28]

여기에 우버의 공동 창립자이자 최고책임자였던 트래비스 캘러닉도 있다. 그의 사례는 거짓말과 뇌물 수수, 언론과 경쟁 업체에 대한 협박 등이 효과가 있음을 보여 준다. 우버의 기업가치가 올라가는 동안은 그를 비난하던 임원들조차도 그의 비행을 기꺼이 눈감아 주었다.[29]

나는 권력을 키우기 위해 범죄를 저지르고 성범죄에 연루되고 회사가 쓰러지는 동안에 사적으로 돈을 챙기고 보험이나 기타 규정을 어기고 회사의 역량이나 제품의 성능을 과장하라고 제안하는 것이 아니다. 이 점을 분명히 하고 넘어가고 싶다. 하지만 지금까지 살펴본 사례들과 그와 유사한 수많은 이야기에는 당신과 사회가 이해해야 할 굉장히 중요한 교훈이 있다. 당신이 성공하고 부유하고 힘이 있으며, 권력과 돈이 있는 친구들을 많이 알고 있다면 그 성공과 인맥이 당신이 무엇을 했느냐와 상관없이 권력과 명예에서 추락하지 않도록 보호해 줄 것이다(나는 여기서 '보호해 줄 것'이라고 말하고 있지, '반드시 보호해 줄 것'이라고 말하고 있지는 않다). 일단 정점에 올라서면 최소한 그곳에 있는 동안에는 당신이 그 자리에 오르기 위해 해온 일들은 용서받거나 잊힐 것이다.

권력은 행동의 결과에 대해 완전히 책임지지 않도록 사람들을 보호한다. 이 사실이 힘 있는 사람들이 처음부터 잘못된 행동을 하는 이유를 설명하는 데 도움이 될지도 모른다. 몇몇 사회심리학자들은 사람들의 행동에서 권력이 어떻게 탈억제로 이어지는지를 조사하고 그에 관한 논문을 썼는데, 결론부터 말하자면 "권력은 경험적 타당도를 타락시킨다."라고 할 수 있다.[30] 권력은 사람들이 손실보다 보상과 이익에 주목하게 하고 낙관주의를 강화하며 더 위험한 행동을 하게 한다.[31] 그래서 권력자들이 다른 사람들에게 어떤 영향을 미칠지는 거의 신경 쓰지 않고 자신의 목표를 격렬하게 추구하면서 다른 상황이었다면 하지 않았을 행동을 자유롭게 하는 것처럼 보이는 것이다.

이번 장은 탈억제적이고 반규범적인 행위가 권력을 지닌 사람들에게서 더 자주 나타나는 이유에 대해 좀 더 깊이 살펴볼 것이다. 권력이 사회적 규범과 관습을 위반하는 행위를 촉발하는 이유는 그 권력이 최악의 결과에 대해 책임지지 않도록 보호해 주기 때문이다. 적어도 힘과 돈이 있으면 똑같은 잘못을 저질렀더라도 힘과 돈이 없는 사람보다 그 일의 결과에 대해서 책임을 덜 져도 된다. 이렇게 행동의 결과에 책임지지 않아도 된다면 권력자가 자신의 행동에 별다른 부담을 느끼지 않는 것은 어찌 보면 당연한 일이다.

사람들이 무슨 생각을 할지가 예상되는 대목이다. 결국에는 모든 사람이 자신의 행동이 초래한 결과를 책임지리라 생각할 것이다. 이번 장에 썼듯이 홈즈는 인터넷뱅킹을 이용한 금융사기에 관한 4개의 혐의에 유죄 판결을 받고 형량이 선고되길 기다리고 있다. 콘래드는 제네피츠에서 해고됐다. 엡스타인은 유치장에서 생을 마감했다. 하비 와인스타인Harvey Weinstein은 할리우드에서 막강한 영향력을 지녔는데도 강간죄로 유죄를 선고받았다. 그리고 우디 앨런은 아동 성폭행 혐의로 영화 프로젝트를 취소당했고 영화 배급이 끊겼다.

하지만 권력자가 자신의 행동에 대해 심각하게 책임을 지는 경우는 극히 드물며 그들에게 정당한 책임을 물으려면 엄청난 노력이 필요하다. 유죄 선고를 받은 중범죄자가 이후에도 성범죄를 계속 저지르면서 부유하고 유명한 사람들과 어울리는 과정을 끈질기게 추적하고 취재했던 기자가 있었기 때문에 엡스타인 같은 인물이 몰락했던 것이다.

하지만 이런 기자는 빠르게 통합되는 언론계에서 극소수에 불과하다. 이뿐만이 아니다. 줄리 브라운은 엡스타인을 취재하는 동안 〈마이애미 해럴드〉의 지원을 받았지만 수많은 장애물에 부딪혔다. 〈뉴욕 타임스〉 기자 조디 캔터Jodi Kantor 는 잘못을 저지르는 한 권력자의 행동을 취재하기로 마음먹고 동료 기자인 메건 투히Megan Twohey 와 함께 베스트셀러이자 퓰리처상 수상작인 책을 발표했다. 그들의 노력으로 마침내 하비 와인스타인은 교도소에 수감됐고 그의 영화사는 문을 닫았다.

그러나 결국 바닥에 떨어진 그들은 특히 끔찍한 행동을 했다는 점에 주목해야 한다. 그리고 운이 없어서 그들의 행동을 폭로할 힘이 있는 사람들을 맞닥뜨리기 전까지 그런 잘못된 행동을 아주 오랫동안 저질러 왔다는 것에 유념해야 한다. 대체로 힘 있는 사람들은 운 없는 그들처럼 조사를 받는 일은 거의 없으며 그들의 힘은 계속 유지될 것이다.

우리의 임무는 그들이 힘이 매우 안정적으로 유지되는 이유를 사회심리적 관점에서 살펴보는 것이다. 이를 통해 나중에 또 다른 권력자들이 비행을 저지르고도 힘을 계속 유지하는 것을 보고 놀라지 않기를 바란다.

우리는 믿고 싶은 사실만을 믿는다

◆

사람들은 현실을 정확하게 인식하기 위해 사고한다고 믿는다. 하지만 조금 더 가까이 들여다보면 그렇지 않음을 알 수 있다.[32] 앞서 살펴봤지만 '동기에 바탕을 둔 추론'은 개인의 목표와 니즈가 원하는 결론 쪽으로 생각하려는 보편적이고 자연스러운 현상을 말한다.[33] 그래서 사람들은 자신이 원하는 것만을 보고 믿으며 이 때문에 이미 권력을 쥐고 있는 사람들은 그 권력을 유지할 수 있다. 그렇다면 지금부터 동기에 바탕을 둔 추론의 2가지 효과를 살펴보자.

성공한 사람은 계속 성공할 것이라는 믿음

인지 일관성 이론cognitive consistency paradigm의 핵심 가설은 "인간의 깊은 내면에는 인지를 일치시키려는 욕구가 존재하며 이것이 충족되지 않으면 인간은 고통스러워한다."라는 것이다.[34] 인지 일관성 이론은 심리학뿐만 아니라 조직심리학, 신경과학, 경제학, 사회학, 정치학에도 영향을 미친다. 최근에 인간은 일관성을 원하거나 추구한다는 가설을 반박하는 주장이 등장했다. 기본적인 인간의 동기가 아니라 불일치하는 정보로 야기되는 인지적 믿음이 발생했을 때 일관성을 추구하려는 욕구의 영향을 더 잘 설명할 수 있다는 것이다. 그 차이가 이 책의 목적과 특별히 관련이 있는 것은 아니다. 두 경우 모두 실증적 예측 결과는 '인지는 일관성을 추구한다'라는 것으로 유사하기 때문이다.

사람들이 일관성을 추구하는 성향은 권력과 권력 유지와 관련해 어떻게 작동할까? 답은 간단하다. 예를 들어 'X는 권력과 부를 갖고 있고 성공했다'라는 인식은 그 사람에 대한 다른 믿음들에도 영향을 미친다. 가령 인지 일관성 때문에 그 사람은 도덕적이고 유능하며 지적이고 성실하며 바람직한 사람들과 관계를 맺는다는 것 같은 믿음이 생긴다. 중요한 점은 누군가의 특성을 만들어 내는 요인들이 권력과 부를 만들어 내는 요인들보다 더 잘 변한다는 것이다. 권력과 부를 얻고 성공하는 데 기여한 요인들은 사실에 더 단단하게 고정되어 있다.

제프 베이조스는 의심할 여지 없이 이 세상에서 가장 부유한 사람에 속한다. 도널드 트럼프는 2016년 미국 대통령에 당선됐고 2020년 미국 역사상 두 번째로 많은 일반 투표를 받았다. 인지 일관성이 확보되면 사람들은 성취에 적합한 개인의 특성을 개인의 부나 힘을 부인하는 특성보다 더 쉽게 믿는다.

이것이 시사하는 바는 분명하다. 누군가가 부, 명성, 사회적 지위나 권력을 손에 넣으면 사람들은 인지 일관성의 영향을 받아 그 사람이 권력과 역량, 지능 등을 지니고 있다는 믿음을 강화하는 요인들을 스스로 만들어 내고 이런 사고가 꼬리에 꼬리를 물고 저절로 강화된다. 참고로 이론상 부와 명성, 사회적 지위, 권력은 개념적으로 구분되는 것들이지만 대체로 동시에 생기는 것으로서 유의미하게 구분할 수는 없다.

믿음의 일관성이 어떻게 작동하는지를 보여 주는 연구에 기반한 사례를 살펴보자. 버클리대 경영대학원의 배리 스토Barry Staw 교수는 노동 집단과 조직 그리고 개인의 특성과 다양한 실적의 상관관계를 지적했다. 많은 학자가 그 특성들이 실적을 예측하는 데 도움이 됐다고 생각했지만 스토는 일단 실적이 알려지면 집단이나 조직의 특성에 기여하는 요인들에 영향을 미칠 수 있다고 주장했고 이를 실험으로 증명했다.

조직 참가자들은 조직 연구자들처럼 실적에 관한 이론을 갖고 있다고 여겨진다. 그리고 응답자들은 실적에 관한 지식을 자신의 노동 집단과 조직의 특성을 강화하는 데 기여할지 판단하는 단서로 사용할 것이다. 이 귀인 가설attribution hypothesis에 따르면 조직 특성에 관해 자체 통보 데이터는 실제로 실적을 결정하는 요인이 아니라 결과일 수 있다.[35]

스토의 주장은 조직 실적, 자체 통보, 다면 데이터를 만들어 내는 요인들에만 적용되는 것은 아닐 것이다. 이는 사람들이 다른 사람에 대해 관찰한 사실과 일관되게 추론하는 현상에도 적용된다. 권력과 관련해 이런 추론은 권력자가 그 힘을 얻을 만한 사람이라는 믿음을 거의 예외 없이 강화한다. 그리고 그렇게 그 사람이 계속 권력을 행사하고 유지하도록 돕는다.

때론 공정함에 대한 믿음이 권력과 부정행위를 합리화한다

대부분 사람은 세상은 공정하고 공평한 곳이며 그럴 만한 자격이 있는 사람에게 권력이나 부가 간다고 믿는다. 사회심리학자 멜빈 러너Melvin Lerner가 공정한 세상 가설을 제시하며 지적했듯이 공정한 세상이라는 개념은 사람들에게 예측 가능성과 통제력을 제공한다. 사람들은 뭔가 확실하고 스스로 주변 환경에 영향력을 행사한다고 느끼길 바란다. 세상이 공정하다고 믿는 것은 세상의 규칙을 따르면 성공하고 규칙이나 법을 어기면 벌을 받는다고 믿는 것과 다름없다.

하지만 사람들이 알지 못하는 것이 있다. 이런 논리가 역으로 작동할 수 있다는 것이다. 받을 만하니까, 누릴 만하니까 그런 일들이 생긴다는 믿음은 문제를 겪는 사람들은 그럴 만한 일을 했다는 믿음으로 이어진다. 이는 피해자를 비난하는 상황으로 이어질 수 있다. 이와 반대로 부를 누리는 사람들은 그럴 자격이 있는 사람들이라고 생각한다. 그래서 우연히 생기는 결과에까지 그럴 만한 이유가 있었다고 여긴다.

인지 일관성은 또 다른 형태로 나타난다. 세상이 공정하다는 사고방식은 긍정적인 행동과 특징이 권력과 부를 얻은 사람들의 것이라는 믿음으로 이어진다. 일단 누군가가 이런 긍정적인 요소들과 연관되면 사람들은 그에 따라 그 사람을 대하고 그와 가까워지고자 노력한다. 그리고 그를 칭송하고 그의 권력과 지위가 미래에도 지속되도록 돕는다.

잘못은 잘못이고 성과는 성과다?

◆

마케팅 학자 3명이 "소비자들은 왜 부도덕하게 행동한 유명인이나 기업과 브랜드를 계속 지지하는가?"라는 의문을 풀기 위해 조사를 시작했다.[36] 사람들은 모순을 문제라고 생각한다. 그래서 유명인이나 기업에 깊은 애정과 호감을 오랫동안 유지하는지도 모른다. 반면에 대부분 사람은 자신이 도덕적으로 강직하다고 여긴다. 여기서 딜레마는 '도덕적인 사람이 되는 것과 부정행위를 저지른 누군가를 지지하는 것 사이의 잠재적인 모순과 긴장을 어떻게 해결하느냐'다.

이 모순을 해소하는 하나의 과정이 '도덕적 합리화'다. 지금은 고인이 된 사회심리학자 앨버트 반두라Albert Bandura와 동료들이 설명했듯이 도덕적 합리화는 첫째, 해로운 행위를 재정의하고, 둘째, 손해가 발생한 데에 범법자의 역할을 최소화하고, 셋째, 범법자가 초래한 손해를 최소화하거나 왜곡하고, 넷째, 희생자를 비인간화하거나 비난해서 다른 사회적 행위자들의 부도덕한 행동을 재정의하고 재개념화하는 전략이다.[37] 도덕적 합리화는 사람들이 그들의 부도덕한 행동을 나쁘지 않거나 정말 그들의 잘못이 아니라고 생각하게 만든다.

모순을 해소하는 또 다른 과정인 '도덕적 분리'가 위에서 언급한 마케팅 학자들이 발표한 논문에 소개됐다. 도덕적 분리는 애착과 매력을 느끼는 대상이 부정행위에 연루됐다는 것을 인정하지만 그 부도덕한 행위는 현재의 그와는 아무 관련이 없다고 주장하면서 그에게 계속 끌리고 관계를 이어 가는 자신을 합리화하는 것이다. 도덕적 분리는 "소비자들이 도덕성의 판단과 실적의 판단을 선택적으로 분리하는 심리적 단절 과정"이라고 할 수 있다.[38]

예를 들면 골프 선수 타이거 우즈의 불륜 사건은 골프 선수로서 그의 역량과는 무관하다. 빌 클린턴이 모니카 르윈스키와 성적으로 놀아난 스캔들은 미국 경제를 효과적으로 관리한 그의 능력과 아무 관련이 없다. 기업 임원들의 다양한 성추문들은 기업 전략가나 경영 관리자로서 그들의 능력과는 관련이 없다. 사람들은 도덕적 분리를 통해 권력자의 잘못된 행동은 인정하지만 그 비행은 권력자와 관계를 계속 이어 가려는 동기가 되는 실적이나 성과와는 무관하다고 주장한다. 그래서 도덕적 분리는 인지적으로 더 쉽게 달성된다.

도덕적 분리는 도덕적 합리화보다 정당화하기 더 쉽고 잘못됐다는 느낌이 덜 든다. 도덕적 합리화는 사람들에게 부도덕한 행위를 용납할 것을 요구하고 소비자들의 도덕적 자아상을 위협할 수도 있다. 하지만 도덕적 분리는 소비자들이 범법 행위를 비난하면서 동시에 그 범법자를 지지할 수 있게 해준다. 도덕성으로부터 실적과 성과를 분리함으로써 사람들은 자책하지 않고 부도덕한 행위자를 지지할 수 있다.[39]

나는 도덕적 합리화와 도덕적 분리 현상을 자주 목격했는데 그중 도덕적 분리는 실제로 사람들이 부정행위를 한 사람과 계속 어울리는 것을 더 빈번하게 정당화했다. 핵심은 사람들은 힘이 있으나 문제도 있는 사람들과 계속 친밀한 관계를 맺는 것이 이익이 될 때, 그들과 친분을 유지하면서 자신의 도덕적 청렴함을 유지하기 위해 인지적으로 상황을 재평가하고 재정의하는 많은 방법을 갖고 있다는 것이다.

권력 그리고 성공에 끌리는 본능적 욕망

◆

사람들은 권력과 성공에 끌린다. 사람들은 권력과 성공을 추구하고 권력과 성공을 모두 잡은 사람들과 가깝게 지내려고 애쓴다. 결과적으로 다른 사람과의 관계와 그 관계에 대한 판단은 상대가 힘 있고 성공했느냐와 관련이 있다. 권력자와 가까워지려는 욕구를 충족시키기 위해 맺는 관계와 그 관계에 대한 판단은 변할 수 있다. 그리고 실제로 변한다. 즉 누군가가 권력과 사회적 지위와 부를 손에 넣으면 사람들은 일단 그가 지닌 권력에 부합하고 힘 있는 사람들과 가까워지고자 하는 욕구에 일치하도록 그 사람에 대해 갖고 있던 생각과 대하는 방식을 바꾼다. 지금부터 몇 가지 사례들을 살펴보자.

로라 에서먼Laura Esserman은 샌프란시스코 캘리포니아 대학교의 유방암 수술 권위자로서 연간 8,000만 달러 상당의 예산으로 의료 서비스의 변화를 이끄는 비영리기구의 공동 창립자다. 에서먼은 내 강의에서 권력의 원칙을 받아들이길 꺼렸던 학생이었다. 나는 2003년 말에 그녀를 대상으로 사례 연구를 진행했고 그 결과를 청취한 에서먼은 권력의 원칙을 받아들이면서 자신의 태도를 조정하기 시작했다.

에서먼에 대한 사례 연구를 위해 인터뷰했던 많은 사람은 그녀가 활력이 넘치고 화려한 사람이라고 말했지만 그녀에 대한 지인들의 평가가 양극단을 달린다고도 말했다. 에서먼을 좋아하지 않는 사람들 중에는 샌프란시스코 캘리포니아 대학교의 종양학과 교수도 있었다. 그녀는 에서먼의 스타일을 문제 삼았다. 사례 연구를 할 시기에 두 사람은 자주 부딪혔는데 에서먼은 다음과 같이 설명했다.

그녀는 저와는 완전히 스타일이 달랐습니다. 그녀는 매일 정장을 입었고 정돈된 사람이었죠. 그녀는 시스템이 어떻게 돌아가는지 알았고 어떻게 해야 높은 자리에 오를 수 있는지도 알았죠. (…) 어느 날 보라색 코트를 입고 보라색 모자를 쓰고 차에서 내리는 저를 보고 그녀는 경악하면서 "세상에! 로라, 오즈의 마법사가 사는 이상한 세계에서 뿅 하고 나타난 것 같은 모습이네요."라고 했습니다. 그녀는 저의 옷차림을 보고 몸서리를 쳤습니다.[40]

에서먼과 이 교수와의 관계는 상당히 경직됐지만 2015년 말에 두 사람의 관계가 마법처럼 개선됐다. 에서먼에 관한 특집기사가 〈뉴욕 타임스〉의 과학 세션 1면에 실렸을 때 그녀는 그 교수에게서 다음과 같은 이메일을 받았다.

〈뉴욕 타임스〉 기사 잘 봤습니다. 전문가 상을 받게 됐다고 들었어요. 정말 끝내주네요! 당신이 유방암 환자들과 이 학교를 위해서 해온 모든 일이 너무나 자랑스럽답니다. 당신은 제가 가능하리라 생각하지도 못했던 일들을 성공적으로 해냈어요. 정말 축하해요. 앞으로 더 많은 일을 해내리라 믿어요. '성공은 많은 부모가 있고 실패는 고아'라는 옛말이 있죠. 이 옛말을 다시 써야겠어요. 당신이 권력과 성공을 손에 넣으면 놀랄 정도로 많은 친구를 얻을 겁니다. 하지만 힘을 잃으면 그 누구도 당신을 알지 못할 거예요.

부연 설명하자면 사람들은 권력을 가진 사람들과 관계를 맺고자 애쓰기 때문에 권력자가 축출, 은퇴나 자진 사퇴 등을 통해 힘을 잃으면 그와 가까이 지내고 싶어 하는 사람의 수는 줄어든다. 예일 대학교의 제프리 소넨펠드 교수는 《영웅의 고별》The Hero's Farewell 을 발표하고 상을 받았다. 이 책은 경력의 막바지에 우아하게 다른 이에게 힘을 건네는 CEO들에 관한 책이다.[41] 소넨펠드는 CEO를 4가지 유형으로 정리했는데 자발적 으로 떠나길 거부하는 군주형, 마지못해 떠나지만 돌아올 날을 기약하는 장군형, 우아하게 떠나는 대사형, 새로운 도전을 향해 떠나는 통치자형 이다.

출간된 지 30년이 훌쩍 넘은 이 책에 따르면 경영자 교체는 스스로를 영웅이라고 생각하는 CEO가 자신의 회사에 대한 통제권을 기꺼이 넘겨 주려 하지 않기에 대체로 쉽지 않다. 이처럼 권력자가 자신의 자리에서 떠나기를 원하지 않는 현상은 CEO에게 높은 연봉과 다양한 특권이 주 어질 경우 더 일반적으로 나타난다.

사람들이 CEO와 같은 권력의 자리를 끝까지 놓지 않으려는 이유는 그 자리에서 내려오면 자신과 관계를 맺으려는 사람들이 급격히 줄어들 것이란 사실을 알고 있기 때문이다. 그리고 이렇게 되면 자신의 사회적 지 위가 상당히 위축되고 인격이 폄훼될 수도 있기 때문이다.

대기업의 CEO였던 내 친구 한 사람은 다른 업계의 또 다른 대기업에 서 CEO는 아니지만 고위임원으로 일했고 지금은 창업해서 스타트업을 운영하고 있다. 그는 내게 다음과 같은 이메일을 보냈다. '자네는 나와 같 은 경험을 하지 않기를 바라네. 하지만 나이를 먹을수록 오랜 우정을 유 지하기가 쉽지 않다는 것을 알게 됐지. 난 우리의 우정이 정말 소중하다

네.' 나는 이 친구가 마주한 문제가 노화와는 거의 관련이 없다고 생각한다. 그보다는 높고 힘 있는 자리에서 내려와 적은 영향력과 통제력을 행사하는 자리로 옮기면서 대인관계에 변화가 생긴 것이다. 대체로 사람들은 이런 시점에 있는 사람에게 관심을 거의 두지 않는다.

권력은 유리한 역사를 새로 쓴다

◆

권력자는 일반적으로 금융자본과 사회적 자본을 포함해서 자원에 대한 접근성을 갖는다. 실제로 이런 자원에 대한 접근성이 권력의 원천인지도 모른다. 권력자는 대체로 과거의 잘못을 눈가림하거나 자신에게 유리하게 재해석하는 역사를 창조하기 위해 이런 자원을 다양하게 이용한다. 예를 들면 자신의 역사를 직접 기록해서 자신이 바람직하지 않은 인물이 될 수 있는 사건들은 무시하고 우호적인 이미지를 만드는 데 도움이 되는 부분을 강조할 수 있다. 직접 기록한 자신의 이야기를 성공적으로 널리 퍼뜨리면 이는 자신의 삶에 대한 공식적인 기록이 되고 권력을 영속시킨다.

자신의 역사를 직접 쓴다는 것은 권력을 창조하고 영속시키는 데 매우 중요하고 효과적이다. 그래서 많은 사람이 자신의 이야기를 책으로 펴낸다. 표 7-1은 자신의 이야기를 직접 책으로 써낸 리더들을 간략하게 작성한 명단이다.

표 7-1. 자서전을 낸 CEO들

저자	기업
잭 웰치	GE
리 아이아코카	크라이슬러
헨리 포드	포드 모터스
앨프리드 슬론	GM
앤드루 그로브	인텔
마크 베니오프	세일즈포스
토머스 왓슨 주니어	IBM
마이클 델	델 컴퓨터
마이클 아이스너	디즈니
로버트 아이거	디즈니
필 나이트	나이키
메리 케이 애시	메리 케이 코스메틱스
레이 크록	맥도날드
데이비드 패커드	휴렛팩커드

하워드 슐츠	스타벅스
샘 월튼	월마트
리드 호프먼	링크드인
킴 스콧	드롭박스
존 매키	홀푸드
토니 셰이	자포스
리처드 브랜슨 경	버진 레코드, 에어라인즈 등
사티아 나델라	마이크로소프트
칼리 피오리나	휴렛팩커드
마이클 블룸버그	블룸버그
이본 취나드	파타고니아
스티븐 슈워츠먼	블랙스톤
피터 틸	페이팔 등
데이비드 노박	염 브랜즈
마사 스튜어트	마사 스튜어트 리빙 옴니미디어

제이슨 프리드	베이스캠프
버니 마커스, 아서 블랭크	홈디포
앤드루 양	맨해튼 프렙(시험준비기관), 정치 후보
켄 랑곤	벤처캐피털리스트, 홈디포의 자금 조달 지원
멕 휘트먼	이베이

제4장에서 많은 정·재계 인사가 자신의 이미지를 쇄신하기 위해 책을 썼다고 언급했다. 지금은 그 수가 훨씬 많아졌을 것이다. 위 명단은 자서전을 발표한 정·재계 인사들 중 극히 일부다.

서사를 만들고 이 이야기가 진실로 여겨질 때까지 반복해서 사람들에게 들려줄 수 있는 것도 권력을 유지하는 데 도움이 된다. 벤처캐피털리스트, 투자자, 심지어 직원과 소비자는 기업가 단 한 명의 지위를 높이고 자신과 동료들은 등장하지 않는 기업의 멋진 창립 신화를 좋아한다. 그렇게 쓴 이야기가 '잘 팔리고' 그 속에 약간의 진실이 담겨 있는 한 사람들은 이야기의 진실에 대해 전혀 신경 쓰지 않을 것이다.

사람들은 그 이야기에 담긴 비전과 서사, 투자, 소비자와 인재를 끌어들이는 데 유용한 정보에만 관심이 있다. 역사적으로 정확한가에는 흥미가 없는 것이다. 따라서 확인되지 않은 불편한 사실에도 불구하고 자신의 이야기를 일찍 널리 퍼뜨리고 개인의 권력을 영속시킬 수 있는 현실을 그럴듯하게 만들어 내야 한다.

트위터 CEO 잭 도시의 사례는 자기 이야기를 사람들에게 직접 들려주는 과정의 역동성을 보여 준다. 기술 전문 기자 닉 빌턴Nick Bilton이 설명했듯이[42] 잭 도시는 트위터를 세우는 데 기여했지만 트위터의 기반이 되는 아이디어를 만들어 내지는 않았다. 에반 윌리엄스Evan Williams가 트위터의 전신이 되는 팟캐스트 기업 오데오Odeo를 설립할 때도 도시는 거기에 없었다. 도시는 트위터의 CEO가 됐지만 위대한 관리자는 아니었으며 회사에서 쫓겨났다. 그다음에 그에게 일어난 일은 이번 장의 주제와 일맥상통한다. 성공이나 성공에 대한 환상은 모든 것을 옳은 것으로 만들고 개인의 이미지를 재구성한다.

트위터에서 쫓겨난 뒤에 도시는 윌리엄스와 자신의 역할이 바뀌었다는 이야기를 언론에 퍼트렸다. 그는 트위터를 어떻게 세웠는지 더 자세히 이야기하고 다니기 시작했다. 그리고 수십 건의 인터뷰를 통해 '트위터 창세기'에서 (트위터를 세울 아이디어를 생각해 낸) 노아 글래스Noah Glass를 흔적도 없이 지워 버렸다. 그는 자신을 트위터의 발명가로 그렸고 어느 날부터는 자신이 쓰는 이야기에서 윌리엄스와 비즈 스톤Biz Stone도 삭제했다.

어느 행사에서 도시는 바버라 월터스Barbara Walters에게 자신이 트위터를 세웠다고 설명했고 월터스는 그다음 날 자신이 진행하는 TV쇼 〈더 뷰〉The View에서 이 이야기를 했다. (…) 도시는 〈로스앤젤레스 타임스〉에 "트위터는 여러모로 내 인생의 작품이었다."라고 말했다. 그는 글래스가 트위터라는 이색적인 이름을 만들었다는 것도 인정하지 않았다.

(…) 도시의 이야기는 몇 년 동안 진화했다. (…) 도시는 (…) 하얀색 디올 셔츠, 청바지와 검은색 블레이저만 입고 다니면서 잡스처럼 행동하기 시작했다.

실리콘밸리에서 대부분 기업은 트위터와 비슷한 이야기를 갖고 있다. 언제나 친구이자 대체로 그 회사 이면에 담긴 위대한 아이디어를 품었던 공동 창립자는 권력과 부에 더 굶주린 다른 공동 창립자에게 밀려 자신이 세운 회사를 떠난다. 전 트위터 직원이 말했듯이 도시가 만들어 낸 최고의 제품은 다름 아닌 잭 도시 자신이었다.[43]

지금 수십억 달러의 자산을 보유한 도시의 현실은 그가 지어낸 이야기가 가져온 것이다. 몇몇 기자들과 교수들을 제외하고는 트위터가 정말로 어떻게 탄생했는지 또는 도시가 이야기를 지어내 이미지 변신을 꾀했는지 정말로 신경 쓸 사람은 아무도 없다. 권력은 역사를 쓰고 그 역사는 권력을 영속시키는 데 도움이 된다.

용서를 돈으로 사는 사람들

◆

팝의 여왕 마돈나는 말했다. "우리는 물질적인 세상에서 살고 있어요." 이런 세상에서 사고팔 수 있는 것은 (그녀의 노래 가사처럼) 마돈나의 동료 애뿐만이 아니다. 물질적인 세상에서는 거의 모든 것을 사고팔 수 있다. 다르게 말하면 우리가 생각했던 것보다 사회적 삶을 포함해서 삶의 많은 부분이 거래 대상이 되고 있다.

권력은 대체로 부와 연관되지만 그렇지 않은 경우라도 권력과 지위, 특권은 재원을 생성하는 데 사용될 수 있다. 부유한 사람들은 재원을 명망 있는 비영리기구에 기부해서 사회적 지위와 합법성을 '산다.' 정당하고 고귀한 조직의 일원으로 이름을 올리거나 그런 조직과 관련되면 사람들에게서 존경을 받을 수 있기 때문이다. 부유한 사람들이 자신의 이름으로 기부를 하는 것은 다른 사람들이 자신을 우호적으로 바라보고 자신의 나쁜 행동을 간과하거나 잊게 만드는 일종의 보험 행위다.

다음은 빌 코스비와 하비 와인스타인을 사례로 들어 자선 활동이 부정행위를 감추거나 보상하는 데 어떻게 사용되는지를 밝힌《뉴요커》기사다.

> 자선 활동은 일종의 속죄 행위로 인식된다. 자신이 뭔가 잘못을 했다는 것을 인정하는 사람은 그 잘못을 씻기 위해 선한 행동을 하려고 한다. 말하자면 나쁜 업보 쪽으로 기울어진 저울에 엄지손가락만큼 선한 행동을 올려서 균형을 맞추려는 것이다. (…) 모두 알다시피 다이너마이트와 여기서 파생된 군수 물품을 팔아 부자가 됐던 남자(노벨)가 평화상을 만들었고 그의 이름을 딴 시상식이 매년 열린다. 이처럼 유명한 재단 대다수가 도덕적으로 문제가 있는 행동으로 명성이나 부를 얻은 사람들을 기리기 위해 설립됐다.[44]

이번 장에 등장했던 사람들도 자신의 이미지를 개선하는 데 자선 활동을 이용했다. 대변인에 따르면 마이클 밀켄은 의료 연구, 교육 등 여러 대의명분에 10억 달러 이상을 기부했다. 2014년 조지워싱턴 대학교는 보건대학교를 밀켄 보건대학교로 이름을 변경했다.[45] 건강 정보 웹사이트 웹엠디webMD의 2014 피플즈 초이스를 수상한 마사 스튜어트는 500만 달러를 기부해서 뉴욕의 마운트 시나이 병원에 마사 스튜어트 생활센터를 열었고 노인들을 위한 양질의 헬스케어 서비스를 제공했다.[46]

엘리자베스 홈즈는 팰러앨토에서 힐러리 클린턴의 2016년 대선 활동을 위해 모금 행사를 열었다. 위닉 부부는 위닉 부인의 모교인 시러큐스 대학교와 위닉의 모교인 롱아일랜드 대학교의 중요한 후원자였다. 이 부부는 로스앤젤레스에 위닉 어린이 동물원, 시러큐스 대학교에 위닉 힐렐 하우스, 뉴욕 현대미술 박물관에 위닉 회의실, 예루살렘에 시몬 비젠텔 센터의 위닉 인터내셔널 콘퍼런스 센터 등을 설립했고 이 외에 수많은 자선기관을 설립했다.[47]

권력은 스스로 존속한다

◆

미국 프로축구팀 그린베이 패커스의 전설적인 코치 빈스 롬바디Vince Lombardi는 "우승이 전부는 아니다. 우승은 유일한 것이다."라는 말을 한 것으로 유명하다. 사실 이 말은 캘리포니아 대학교 로스앤젤레스 캠퍼스의 미식축구팀 코치인 헨리 '레드' 샌더스Henry 'Red' Sanders가 먼저 했다.[48] 롬바디, 샌더스 그리고 그들과 같은 말을 했던 사람들은 우승이 매우 중요하다고 말하고 싶었던 것이다. 하지만 이 격언을 달리 해석할 수도 있다. 우승은 이 책에서는 권력을 얻고 높은 자리에 올라 '유일한 존재'가 되는 것이다. 여기에 수반되는 권력, 지위, 부는 그 외 다른 것들을 중요하지 않거나 무의미한 것으로 만들어 버린다.

그렇다고 권력을 손에 넣은 자가 그 영예로운 자리에서 영원히 추락하지 않는다는 것은 아니다. 하지만 고귀한 단체들과 관계를 유지하고 자신의 평판을 높이기 위해 효과적으로 자신의 이야기를 사람들에게 들려주면 사람들은 인지 일관성을 추구하는 성향 때문에 권력자가 어떤 행동을 하더라도 정당화하고 합리화하고 존경할 수 있는 방법을 찾는다. 이로써 권력은 저절로 유지된다.

무섭게도 권력의 영역은 자기 영속적이고 자기 확신적인 힘이 작용하는 유일한 사회적 영역이다. 자기충족적 예언self-fulfilling prophecy이란 개념은 권력과 관련된 수많은 현상을 이해하는 데 유용하다. 하지만 권력이 그 권력을 가진 사람에게 일종의 보호막이 되어 준다는 사실은 그를 높은 자리에서 끌어내리려고 기회를 노리는 사람들에게 중요한 시사점이다. 그리고 권력을 왜 얻어야 하는지, 어떻게 키울지 고민하는 사람들에게도 마찬가지다.

간단하게 말해서 일단 높은 자리에 올라 힘을 얻으면 권력자는 이번 장에서 설명했던 모든 과정 때문에 그 자리에 계속 머무를 가능성이 크다. 그리고 힘을 얻기 위해 했던 대부분의 행동은 용서받거나 잊힐 것이다. 사람들의 인지 일관성을 고수하려는 욕구, 힘 있는 사람과 가깝게 지내고픈 욕구 때문에 오히려 긍정적인 이야기가 만들어지기 때문이다.

인생을 새로 쓰는 권력의 기술

로버트 서튼과 내가 《생각의 속도로 실행하라》The Knowing-Doing Gap[1]에서
지적했듯이 지식은 살아가는 데 도움이 되겠지만 행동으로 이어지지 않
는 지식은 가치가 없다. 권력도 마찬가지다. 권력의 원칙을 아는 것만으
로는 안 된다. 실천해야지만 여기서 파생되는 이점을 누릴 수 있다. 권력
의 원칙을 매주, 자주 실천하라. 게다가 아는 것을 바탕으로 행동하면 그
행동을 통한 경험에서 많은 교훈을 얻을 수 있다. 행동은 지식을 지속시
킨다. 계속 지식을 실천하면 지식은 지식을 실천하는 사람의 규칙적인
행동 일부가 된다. 따라서 나는 권력의 원칙을 행동으로 옮기는 방법에
관한 조언으로 이 책을 마무리하고자 한다.

첫째, 권력에 관해서 배우고 배운 것을 다시 학습하라. 권력에 관한 자료들이 이해하기 쉽더라도 거기서 얻은 정보와 지식을 실천하는 것은 분명 어려울 것이다.

몇 년 전 라지브 팬트Rajiv Pant를 만났을 때 그는 〈뉴욕 타임스〉 최고기술책임자였다. 그후 팬트는《제3의 성공》의 저자인 아리아나 허핑턴Arianna Huffington과 일했다. 당시 허핑턴은 〈월스트리트 저널〉의 최고 제품 및 기술 책임자였다. 팬트는 최근에 허스트 코퍼레이션에 합류했다. 그는 처음에 이메일로 내게 연락을 취했다.

"내 연락처는 어떻게 알았나요?"

나는 그에게 물었다.

"당신이 쓴《권력의 기술》Power^{2}을 읽었죠."

그렇다면 팬트는 그 책을 어떻게 읽게 됐을까? 그는 콘데 나스트 출판사Condé Nast Publications 정보기술 부서에서 일했고 거기서 경쟁자에게 허를 찔려 힘겨루기에서 완전히 패배했다. 팬트는 경력을 쌓을 동력을 다시 얻으려면 회사를 떠나야 한다는 것을 깨달았다. 그는 우아하게 패배를 인정했고 경쟁자와 가능한 한 좋은 관계를 유지하면서 회사를 떠나고 싶었다. 그래서 마지막 대화를 나누기 위해 이제 자신의 상사가 된 경쟁자의 사무실로 갔고 그곳에서 그의 책장에 꽂힌 내 책을 봤던 것이다. 그는 곧장 그 책을 사서 읽었다. 그리고 자신에게 무슨 일이 일어났는지 이해하게 됐다.

이런 일이 다시 일어나도록 두지 않겠다고 결심한 팬트는《권력의 기술》을 오디오 버전, 킨들 버전, 출판 버전 모두 구입했다. 왜 그는 같은 책을 3가지 버전으로 구입했을까? "당신이 우리에게 하라고 하는 것들은 자연스럽지 않은 일입니다. 우리가 자라면서 배우고 학교에서 배웠던 것들과는 반대가 되는 일이죠. 당신이 가르치는 것도 보편적이고 대체로 쓸모없는 리더십에 관한 강의와 책에서 매번 접하는 것들과는 다르죠. 그런 이론들은 권력을 얻고 무언가를 완수하는 데 실제로 무엇이 효과적인지를 설명하는 경험적 규칙보다 사람들이 바라는 사회생활의 모습만을 설명해요."

마키아벨리의 저작을 보면 알 수 있지만 인간 행동의 사회학을 이해하면 알게 되는 것이 있다. 누군가가 내게 말했던 통찰력 있는 깨달음처럼, "리더십은 도덕적 추구가 아니다." 리더십은 무언가를 완수하는 실용적인 수단이다.

부자연스럽고 어떤 면에서 통념에 반하는 일을 하려면 스스로 그 일을 계속 상기하고 긴장을 늦춰선 안 된다. 당연히 부자연스러운 행동은 자연스럽게 할 수 없다. 그래서 부자연스러운 행동을 실천하는 것은 어려우며 의식적으로 그 일을 생각하고 집중해야만 한다.

정확하다. 팬트의 분석에는 중요한 시사점들이 있다. 이 세상은 계층적이다. 프로스포츠, 대학교, 회사, 정치 조직, 학군 등 어디든지 사람들이 설 수 있는 자리는 위로 갈수록 줄어든다. 이렇게 계급이 존재하는 세상에서는 위로 올라가려면 경쟁을 해야 한다. 이런 세상에서 권력을 손에 넣는 능력은 경력을 쌓는 과정에서 갈수록 중요해진다. 왜냐하면 권력 이외에 지적 능력이나 전문 기술과 같이 타인과 차별화되는 요소들은 높은 자리로 올라갈수록 뛰어난 사람들이 많아지기 때문이다. 위계에서 어느 지점에 이르면 그곳에 있는 모든 사람이 똑똑하고 똑같은 전문 지식을 갖고 있다.

권력을 얻기 위해 해야 하는 일들이 쉽거나 자연스럽다면 권력은 누가 더 높은 자리에 오를 수 있는지, 자신의 목표를 달성할 수 있는지를 구분하는 요소가 아닐 것이다. 모든 사람이 손쉽게 권력의 원칙을 실천할 수 있다면 이 원칙을 실행에 옮기는 것은 그 누구에게도 이점을 제공하지 않을 것이다.

이 책의 교훈과 원칙은 많은 사람에게 자연스럽게 다가가지 않을 것이다. 그리고 이를 몸소 실천하는 것이 자동으로 되거나 쉽게 되지도 않을 것이다. 그러니 당신의 삶에서 권력의 7가지 원칙을 충분히 이해하고 실천할 수 있도록 누군가로부터 도움을 받아라. 이런 도움을 어떻게 얻을 수 있는지 지금부터 살펴보도록 하자.

훌륭한 코치를 두어라

나는 온라인과 오프라인 강의에서 함께 일했던 사람들의 명단을 갖고 있다. 그들은 권력의 원칙을 잘 알고 있으며 훌륭한 코칭 기술을 보유한 사람들이다. 나는 경영 코칭 전문가를 찾는 사람들에게 이 명단을 제공한다. 물론 사람들은 자유롭게 경영 코치를 찾을 수 있다. 내가 추천한 사람들을 경영 코치로 채용했다고 해서 내가 수수료를 받는 것도 아니다. 그런데 경영 코치는 신중하게 선택해야 한다. 관계를 맺고 무언가를 배울 수 있는 사람, 무엇보다 당신에게 차를 내주고 공감만 해주는 사람이 아니라 당신의 실수에 대해 다시 생각해 볼 기회를 제공해서 같은 실수를 되풀이하지 않도록 도와줄 사람을 선택해야 한다. 지금부터 내가 생각하는 나쁜 코칭 사례를 소개하겠다.

어느 날 점심시간에 나는 구글이 인수한 회사의 공동 창립자였던 MIT 출신의 매우 재능 있는 엔지니어와 마주 앉아 있었다. 애석하게도 그녀는 회사가 구글에 인수되기 전에 다른 공동 창립자에 밀려 회사에서 쫓겨났다. 느닷없이 그녀가 회사를 떠난 뒤에 매우 유능하고 가치 창출에 능한 마케팅 전문가가 임원으로 영입됐다. 그녀는 그가 입사 제안을 받아들이기 전에 자신은 여자와는 함께 일할 수 없다고 다른 공동 창립자에게 말했다는 소문을 들었다.

나는 그녀를 바라보면서 그래서 무엇을 했느냐고 물었다. 그녀는 회사의 이익을 위해 회사를 떠났다고 말했다. 이렇게 자신이 창립한 회사를 떠나는 것은 감정적으로 감당하기 너무 힘든 일이었다. 그녀는 이 일을 개인 경영 코치에게 말했고 그 코치는 그 마케팅 임원이 성차별주의자이고 공동 창립자는 신의가 전혀 없는 사람이라고 비난을 퍼부었다.

"그가 다른 말도 했나요?"라고 나는 물었다. "다른 말은 안 했어요."라고 그녀가 대답했다. 그 코치는 트라우마가 남을 충격적인 사건을 겪은 그녀를 위로하고 정서적인 지지를 보냈다. 하지만 그녀의 말을 듣자마자 내가 한 말은 "당장 그 사람을 해고해요."였다. 왜냐고? 물론 그 마케팅 임원과 공동 창립자에 관한 그 코치의 말은 하나도 틀린 말이 없다. 하지만 그의 말들은 나와 점심을 먹고 있는 그녀가 자기 자신을 회사에서 내쫓으려는 음모에 본의 아니게 일조했다는 사실을 이해하는 데 아무런 도움이 되지 않았다.

나는 "그 마케팅 임원이 당신과 함께 일하지 않을 것이라고 말하는 것을 확실히 들었나요?"라고 물었다. 그녀는 직접 듣지 못했다고 말했고 공동 창립자가 자신을 회사에서 내쫓으려고 이야기를 지어냈는지, 달리 일할 곳이 없는 상황에서 그 마케팅 임원이 마음을 바꿀 가능성은 없었는지를 확인하지 않았다. 하지만 그녀는 공동 창립자가 자신을 회사에서 몰아내기 위해 그런 이야기를 지어냈을 것이라고는 도저히 믿을 수 없었다.

나는 "상황을 바꿔 생각해 보죠. 당신의 공동 창립자는 그 유능한 마케팅 인재를 채용할 수 있다면 회사를 떠났을까요?"라고 질문했고, 그는 결코 회사를 떠나지 않았을 것이라고 그녀는 말했다. 그리고 내 표정을 보고는 내가 무슨 말을 하고 싶어 하는지 알아차렸다. '그가 자신은 그 같은 일을 절대 하지 않을 것임을 알았으면서, 최소한 그렇게 의심했으면서 왜 그렇게 쉽게 당신의 역할을 희생했나요? 그리고 당신이 함께 세우고 많은 가치를 뒀던 회사에서 쫓겨난 상황을 왜 좀 더 알아보려고 하지 않았나요?' 내 표정은 아마도 이렇게 말하고 있었을 것이다.

경악한 그녀는 나를 쳐다봤고, 내가 피해자인 자신을 비난하고 있다고 불평했다. 나는 그녀에게 비난하는 것이 아니라고 말했다. 그녀가 당한 일들은 비난받을 만한 일이었지만 그녀는 가해자들을 통제하지 못했다. 그녀는 미래에도 그들과 비슷하게 행동하는 사람들을 또다시 만날지도 모른다. 그 상황에서 그녀가 완전히 통제할 수 있었던 사람은 그녀 자신이었고, 따라서 기꺼이 회사를 나가는 대신 그 상황에서 할 수 있는 다른 행동들을 고민했어야 했다.

나는 계속해서 말했다. "애석하게도 이런 상황이 다시 생길 수 있어요.

그러니 당신의 말에 공감만 해주는 경영 코치는 필요 없어요. 앞으로 이와 유사한 상황이 또 발생하면 최소한 당신의 입지를 지키면서 잘 대응할 수 있도록 심리적·전략적으로 준비하는 걸 도와줄 경영 코치가 필요해요."

이 이야기의 교훈은 능숙하고 건설적이지만 단호하게 심리적으로 편안함을 느끼는 영역에서 벗어나도록 밀어붙이고, 당신이 통제할 수 있는 선택과 행동에 대해 치열하게 고민하게 도와줄 경영 코치를 곁에 둬야 한다는 것이다. 그런 경영 코치가 힘겨루기에서 당신이 승승장구할 수 있도록 도울 수 있다.

알다시피 우리가 사는 이 세상은 얼마든지 잔인하고 불공평할 수 있다. 나는 내 강의를 듣는 학생들에게 이런 이야기를 한다. 일단 힘 있는 자리에 올라서면 사람들이 당신에게 다가올 것이다. 그들은 나와 점심을 먹었던 그녀의 사례처럼 다양한 동기와 기회를 모두 가진 사람들이다. 셰익스피어의 희곡에서 누가 줄리어스 시저를 배신했는가? '시저의 친구이자 명예로운 남자' 브루투스였다.[3] 준비해야 한다. 그래야 부당한 일을 당했을 때 놀라지 않고 냉정하게 전략적으로 대응할 수 있다.

개인 이사회를 구성하라

훌륭하고 제 기능을 하는 이사회는 조직을 위해 무엇을 할 수 있을까? 새로운 관점과 다양한 정보를 제공한다. 그리고 경영진이 결과에 책임을 지게 만든다. 이것을 해내는 이사회가 최고의 이사회일 것이다. 정확하게 바로 이런 이사회가 조직을 이끄는 리더에게 필요하다.

반드시 한꺼번에 만날 필요는 없으며 다른 산업군에서 다른 직업에 종사해서 구조적으로 리더에게 방해나 경쟁자가 될까 봐 우려할 필요가 없는 3~4명의 사람들로 이사회를 구성해야 한다. 그들의 역할은 리더가 스스로 세운 목표를 책임지게 하고 새로운 정보와 관점, 인맥을 제공하고 조직을 잘 이끌 수 있도록 조언하는 것이다. 제2장에서 살펴봤듯이 사람들은 누군가에게 도움이 되고 조언과 지원을 제공하는 것을 좋아하기 때문에 기꺼이 이런 역할을 맡을 것이다.

'권력 모임'을 운영하라

지난 몇 년 동안 내 강의를 수강한 여학생들이 정기 모임을 만들기 시작했다. 그들은 학기 중이나 학기가 끝난 이후뿐 아니라 심지어 졸업한 뒤에도 정기적으로 만남을 가졌다. 이 모임은 비슷한 처지의 학생들이 내가 이 책과 강의 시간에 다루는 주제들로 대화를 나누고 구체적으로 어떤 상황에서 어떤 행동을 할 것이냐에 대해 전략과 아이디어를 자유롭게 공유하는 모임이었다.

연구에 따르면 다른 사람들과 자유롭게 의견을 나누는 브레인스토밍은 새로운 아이디어를 얻고 학습하는 좋은 방법이다.[4] 효과적으로 힘을 기르고 유지하는 방법에 대해 의견을 자유롭게 나누는 브레인스토밍도 마찬가지다. 일주일에 한 번 점심이나 저녁 시간에 만나서 사회생활의 추진력과 '촉진', 이점을 누리고 사회적 지지를 확보하는 기분 좋은 상호작용을 할 수 있다. 설령 조직 정치를 잘 해내는 방법과 같은 까다로운 주제에 대해 아이디어를 나누는 모임이라도 이런 긍정적인 효과를 누릴 수 있다. 참고로 사회적 촉진은 다른 사람들이 있을 때 더 좋은 실적을 내고 더 큰 동기부여를 받는 현상을 말한다.[5]

타마르 니스벳Tamar Nisbett은 예전에 내 강의를 들었던 흑인 여학생으로 지금은 재무 분야에서 일하고 있다. 그녀는 2020년 '권력 패거리'라고 불리는 모임이 어떻게 시작됐는지 설명했다. 그녀와 몇몇 여학생들은 내 강의를 듣고 몇 가지 시도를 했고 그 시도들은 효과적이었다. 권력 패거리는 권력 점심 식사에서 아이디어를 얻어 시작됐다. 2019년에 내 강의를 들었던 한 학생이 '권력 점심 식사'가 어떻게 시작됐는지를 설명했다. 그 이야기를 들은 니스벳은 그 학생에게 연락해서 무엇을 했고 어떤 효과가 있었는지 물었다. 그리고 니스벳은 마르타 밀코스카Marta Milkowska와 함께 그들과 뜻을 같이하는 여성 6명을 모았다.

이렇게 여자 8명이 모였죠. 대부분이 권력에 관한 강의를 들은 후였습니다. 하지만 모두에게 이와 같은 모임은 처음이었습니다. 8주 동안 모임을 하기로 하고 강의 교재에서 가장 좋아하는 장이나 가장 난해하다고 생각되는 장을 선택해서 집중적으로 의견을 나눴습니다. 이렇게 우리는 매주 만나 특정 주제에 대해서 의견을 나눴죠. 우리는 월요일 점심 시간에 만나서 그 주의 주제에 대해 이야기했습니다. 그리고 뭔가 도움이 필요한 일은 없는지 서로에게 물었죠. 정말 좋았습니다. 유능한 여성들이 서로에게 도움이 될 수 있었으니까요. 사실 이런 건 우리 모두에게 익숙하지 않은 일이었죠. 그리고 이 모임은 각자 자신의 개인적인 성장에 관해서 이야기하고, 무슨 일을 하는지 정확하게 알고 있는 사람에게서 응원을 받을 수 있는 자리이기도 했습니다.

이 모임은 봄 동안 계속됐죠. 마르타와 저는 지금 시범적으로 MBA 학생 모임 3개, 스탠퍼드대 경영대학원 여자 졸업생 모임 3개, 스탠퍼드대 경영대학원이 아닌 다른 경영대학원의 MBA 여학생 모임 3개를 운영하고 있습니다. 그리고 사람들이 스스로 학습할 수 있도록 돕기 위해 웹사이트와 교육 플랫폼도 만들고 있어요. 월요일 점심 모임은 우리에게 매우 강렬한 경험이었습니다. 그래서 다른 여성들도 이런 모임을 하면서 두려움 없이 도움을 구할 기회를 갖기를 바랍니다.

이 여성들과 같은 모임을 만들기 위해 반드시 MBA 학생이거나 스탠퍼드 대학교를 다닐 필요는 없다. 게다가 여자이거나 미국에서 살 필요도 없다. 아이디어를 다른 누군가와 나눌 수 있는 힘, 도전적인 아이디어를 사람들과 공유하고 토론할 수 있는 힘, 개인적인 경험을 공유하고 도움을 요청할 수 있는 힘만 있으면 된다. 일반적으로 이런 힘은 누구나 갖고 있고 가질 수 있는 힘이다.

권력의 'to-do list'를 만들어라

하고 싶은 것, 배우고 싶은 것, 만나야 할 사람에 관한 목록을 작성하라. 마케팅 전문가이자 연사이면서 베스트셀러 작가인 키이스 페라지는 내 강의에서 "저는 살면서 이루고 싶은 일들을 목록으로 작성합니다."라고 말했다. 이렇게 목록을 작성하면 자신이 성취하고픈 목표와 이를 달성하기 위해 해야 할 일을 구체적으로 파악할 수 있다. 목록 작성에 관한 오래된 연구에 따르면 특히 구체적이고 야심찬 목표를 세울 때 달성할 가능성과 전반적인 성과가 개선된다.[6]

권력을 얻기 위한 행위들이 자연스럽게 다가오지 않는다면 그 행위를 연습하라. 전직 프로골퍼인 한 친구는 내게 골프 스윙은 자연스러운 동작이 아니라서 스윙을 잘하려면 연습을 많이 해야 한다고 말했다. 잘 사용하지 않는 근육을 키우기 위해 연습하는 것처럼 '권력 근육'을 사용하는 법도 연습하고 자주 사용해서 강화해야 한다. 그렇게 어려운 일도 아니다.

우선 권력을 키우는 데 도움을 받을 수 있는 사람을 파악하고 그에게 도움을 청하라. 권력의 제5원칙을 연습하는 것이다. 자신이 누구인지 그리고 왜 지금 하는 일에 적합한 인재인지를 알리는 간결한 설명을 만들어 권력의 제4원칙에 따라 자신의 개인 브랜드를 만들어라. 또한 권력의 제3원칙에 따라 표정, 몸짓언어와 언어로 상대방에게 자신이 가진 힘 혹은 그 이상의 힘을 생생하게 표현하는 법을 이해하고 실천해서 자신 있게 행동하고 말하라. 스스로 자신의 앞길을 막지 않고 다른 사람들이 자신을 어떻게 생각하는지를 불필요하게 걱정하지 않음으로써 권력의 제1원칙대로 스스로를 가두는 틀에서 벗어나라. 그리고 권력의 제2원칙에 따라 정해진 규칙을 깨고 다양한 전략과 전술로 다른 사람들의 허를 찔러라. 이렇게 신중하게 권력의 원칙을 연습해 나가면 권력에 관한 지식을 상대적으로 짧은 시간 안에 행동으로 바꿀 수 있을 것이다.

이 책에서 알게 된 힘에 관한 원칙과 정보를 마음에 새겨라. 이 책을 다시 읽고 출퇴근길에 오디오북을 들어라. 친구들과 이 책을 통해서 알게 된 사실들을 가지고 토론하라. 권력이라는 주제에 관해 더 많은 것을 학습하라. 구글 학술 검색(scholar.google.com)을 통해 권력에 관한 전 세계의 연구 논문을 읽을 수 있다. 호감 가는 사람이 조직에서 더 높은 자리에 올라 더 많은 돈을 벌 수 있는지 추측하거나, 인터넷에서 떠도는 이야기나 그들의 이미지를 높이기 위해 유령 작가가 대신 쓴 한 기업의 CEO에 관한 소설 같은 이야기, 풍문으로 들은 일화에 의지하지 말고 직접 관련된 연구 문헌이나 자료를 찾아보라. 권력의 진실을 배워라. 지식은 힘이다. 요즘 같은 세상에 지식은 말 그대로 손가락만 까딱하면 얻을 수 있다. 지식에 접근하고 마음껏 사용하라.

부자연스럽고 불편한 일을 해야 하는 상황에서 도움이 될 사람을 곁에 두어라. 스탠퍼드대 경영대학원의 모토를 살짝 각색해서 '삶을 변화시키고 조직을 변화시키고 세상을 변화시키는 것'을 책임져야 하는 순간일지라도 중요한 아이디어들을 얻을 수 있는 일들을 계속하라.

권력을 얻는 여정에 오른 당신에게 행운이 깃들기를 빈다. 하지만 행운은 권력을 얻는 것과 아무런 관련이 없다. 그러니 행운 대신에 당신이 바라는 모든 권력을 가질 수 있기를 바란다.

책을 쓰는 일은 정말이지 많은 사람의 노력이 드는 일이다. 경력을 차곡차곡 쌓는 동안 나는 말 그대로 축복받은 사람이었다. 여기서 축복이란 단어는 의도적으로 쓴 것이다. 나와 함께 성실하게 연구를 진행하고 공동 작업과 별개로 내 글과 생각을 발전시킨 혜안과 영감 그리고 건설적인 비평과 도전 과제를 제공했던 멋진 동료들이 곁에 있었다. 내 삶과 책은 그들 덕분에 항상 풍요로웠다. 권력에 관해서 가르치고 연구하면서 특히 빚을 진 사람들이 있다. 캐머런 앤더슨, 피터 벨미, 다나 카니, 로버트 치알디니, 데버라 그룬펠드, 지금은 고인이 된 후세인 레블레비치Huseyin Leblebici, 윌리엄 무어William Moore, 찰스 오라일리Charles O'Reilly, 세상을 떠난 제럴드 샐런식과 로버트 서튼이다.

오랫동안 자신의 이야기를 공유해 준 많은 사람에게 진심으로 감사드린다. 그리고 이름을 사용할 수 있게 허락해 준 사람들에게 소리 높여 고맙다고 말하고 싶다. 일부는 내 강의를 듣던 학생들이었고 일부는 내가 쓴 사례 연구의 주인공들이었다. 그들 모두에게 너무나 고맙다고 말하고 싶다. 루카이야 애덤스, 제이슨 칼라카니스, 누리아 친칠라, 앨리슨 데이비스-블레이크, 로라 에서먼, 사디크 길라니, 지금은 고인이 된 존 제이콥스, 타디아 제임스, 존 리비, 데버라 리우, 게리 러브먼, 라지브 팬트, 제프리 소넨펠드, 크리스티나 트로이티노, 로스 워커, 트리스탄 워커다.

누구보다도 스탠퍼드 대학교의 동료들인 빌 바넷Bill Barnett, 피터 데마르조Peter DeMarzo, 벅 지, 웨스 홈, 브라이언 로어리Brian Lowery, 찰스 오라일리, 바바 시브, 라리사 티에덴스 덕분에 경영진을 대상으로 권력과 영향력에 관한 자료를 얻고 연구할 수 있었다. 여러 해 동안 나는 IESE 경영대학원에서 친구이자 동료인 파브리조 페라로Fabrizio Ferraro가 설계하고 주관하는 교육 프로그램을 통해서 권력에 관한 내 연구 자료를 학생들에게 가르쳤다. 페라로와 그의 연인 로라와 보낸 시간은 내게 선물과도 같은 값진 시간이었다.

조르디 커널스Jordi Canals 총장과 그의 후임인 프란츠 휴캄프Franz Heukamp 총장이 나와 캐슬린을 너무나 환영해 줬기에 IESE 경영대학원에서 강의를 할 수 있었다. IESE 경영대학원과 보코니 대학교에서 강의했던 경험은 내게 소중하다. 보코니 대학교에서 마르코 토르토리엘로Marco Tortoriello 와 나는 '일 해치우기'Getting Things Done 프로그램을 짤막하게 운영했다.

몇 년 전 나는 권력 키우기 강의에서 피드백과 코칭의 비중을 늘리기로 했다. 내 강의에 참여한 코치 6명은 내 강의를 듣는 학생들에게 값진 조언을 해줬고 내 강의를 측정할 수 없을 만큼 훌륭하고 유쾌하게 만드는 통찰력과 의견을 제공했다. 로런 카피타니Lauren Capitani, 조너선 데이비스, 인발 뎀리, 라켈 곤잘레스 달마우Raquel Gonzalez Dalmau, 필립 모하비어Phillip Mohabir, 케빈 윌리엄스Kevin Williams 그리고 처음부터 온라인 강의를 위해 나와 함께 일한 마이클 웬더로스Michael Wenderoth에게 고맙다고 말하고 싶다.

나는 1분 1초도 스탠퍼드대 경영대학원의 전폭적인 지지를 당연하게 여긴 적이 없다. 스탠퍼드 대학교의 지원 덕분에 유능한 코치들과 내 연구를 도와줄 다양한 사람들을 고용할 수 있었다. 내게는 글을 쓰고 강의 프로그램을 개발하는 시간이 너무나 귀중하다. 나는 세계 최고의 경영대학원에서 일하고 있다. 이곳에서 보낸 40년이 넘는 세월은 내게 너무나 특별했다.

에이전트로 수년간 나와 일하고 있는 크리스티 플레처Christy Fletcher는 책이 적절하게 출판될 수 있도록 방향을 잡아 주고 조언과 지지를 아끼지 않는 등 많은 도움을 주고 있다. 벤벨라 북스BenBella Books 편집장 맷 홀트Matt Holt와 그의 동료들과 일하는 것은 내게 기쁨이었다. 그들은 내가 이 책을 더 잘 쓸 수 있도록 도왔고 마케팅과 유통이 잘 이뤄지도록 지원해 줬다.

그리고 내 곁에는 언제나 아내 캐슬린이 있다. 1985년 1월 19일 샌프란시스코 전쟁 기념 오페라극장의 그린 룸에서 열린 연회에서 우리는 처

음 만났고 1986년 7월 23일에 결혼했다. 그녀가 말했듯이 우리는 너무
나 잘 통하는 천생연분이었다.

2020년 8월 27일 우리 부부가 다니는 치과에서 전화가 왔고 캐슬린이
진료실에서 넘어졌다고 했다. 캐슬린은 건강한 생활 습관을 갖고 있었고
실제 나이보다 몇십 년은 어려 보였다. 그래서 그 누구도 그녀에게 건강
문제가 있으리라고 생각하지 않았다. 캐슬린은 병원을 다니지 않았고 치
과 진료만 받고 있었다. 하지만 그날 전화를 건 치과 관계자는 몸의 오른
쪽에 힘이 없는 것 같아서 직접 운전을 하면 위험할 것 같다고 말했다. 그
렇게 비극적으로 막을 내릴 긴 여정이 시작됐다.

캐슬린에게 뇌졸중이 왔다. 신경 전문의는 혈전이 아주 작지만 위치가
너무나 나쁘다고 말했다. 그녀의 안면근육, 목소리, 음식을 삼키는 능력
과 의사를 확실히 표현하는 능력 등은 전혀 영향을 받지 않았다. 하지만
그녀의 오른쪽 팔과 왼쪽 다리가 약해졌고 뇌졸중 증상이 심해졌을 때는
이동하거나 목욕하거나 스스로를 돌보지 못했다.

이듬해 우리는 365일 내내 입주 케어를 받았다. 캐슬린에게 독립성을
되찾아 주고 고통을 줄여 주기 위해 많은 물리치료사와 개인 트레이너
그리고 마사지 치료사 등 수많은 사람이 오갔다. 그리고 많은 친구가 그
녀가 빨리 건강을 되찾기를 바라며 꽃다발과 음식을 보냈다. 그들의 기
도와 응원은 너무나 사랑스럽고 소중했다.

코로나19 팬데믹 초기에 나는 캐슬린을 보지 못했다. 캘리포니아 퍼
시픽 의료센터 샌프란시스코 데이비스 캠퍼스의 급성 재활시설로 옮기
고 며칠이 지나서야 그녀를 볼 수 있었다. 거기서 그녀를 봤을 때 나는 그

녀의 아름다운 미소를 응시했다. 나는 우리가 30년도 전에 한 댄스파티에서 만났다는 이야기를 했고 그녀가 회복되면 마지막으로 한 번 더 춤을 추고 싶다고 말했다. 그리고 (이 세상을) 떠나고 싶다면 그 결정에 반대하지 않을 것이라고 말해 줬다.

그로부터 약 1년 뒤인 2021년 9월 10일, 충분히 회복하지 못해 움직임에 상당한 제약을 겪던 캐슬린은 내가 그녀를 처음 만났을 때 살았던 샌프란시스코 집에서 존엄사를 준비했다. 9월 11일 캐슬린은 아이러니하게도 재활을 시작했던 곳에서 생을 마감했다.

그 어떤 말로도 나의 슬픔과 절망감을 전할 수 없다. 캐슬린 프랜시스 파울러Kathleen Frances Fowler는 나의 가족이자 친구이고 연인이자 배우자였다. 나의 세상은 그녀를 중심으로 돌아갔다. 그녀가 살아 있을 때 발표했던 많은 책처럼 이번 책도 그녀에게 바친다. 그녀는 내게 너무나 소중했고 우리가 함께한 긴 세월 동안 눈부신 사랑을 내게 줬다. 캐슬린은 전생에도 우리가 함께했을 거라고 말했고 다음 생에도 함께할 거라고 믿는다고 했다. 그녀의 말이 맞기를 바란다. 왜냐하면 우리는 내가 그토록 바랐던 마지막 춤을 추지 못했기 때문이다. 나는 그녀를 영원히 사랑할 것이다.

주

◆

이 책을 읽기 전에

1   Jeffrey Pfeffer, *Power in Organizations*, Marshfield, MA : Pitman, 1981 ; Jeffrey
Pfeffer, *Managing with Power: Politics and Influence in Organizations*, Boston :
Harvard Business School Press, 1992 ; Jeffrey Pfeffer, *Power: Why Some People
Have It—and Others Don't*, New York : Harper Business, 2010.

2   Jeffrey Pfeffer, *Leadership BS: Fixing Workplace and Careers One Truth at a Time*,
New York : Harper Business, 2015.

3   George A. Miller (1956), "The Magical Number Seven, Plus or Minus Two :
Some Limits on Our Capacity for Processing Information," *Psychological Review*,
63 (2), 81 – 97. 81쪽에서 인용했다.

4   T. L. Saaty and M. S. Ozdemir (2003), "Why the Magic Number Seven Plus or
Minus Two," *Mathematical and Computer Modelling*, 38 (3 – 4), 233 – 244. 233쪽
에서 인용했다.

5   Michael Marmot, *The Status Syndrome: How Social Standing Affects Our Health and*

Longevity, New York: Times Books, 2004.

6 Y. Kifer, D. Heller, W. Q. E. Perunovic, and A. D. Galinsky (2003), "The Good Life of the Powerful: The Experience of Power and Authenticity Enhances Subjective Well-Being," *Psychological Science*, 24 (3), 280–288.

7 Moses Naim, *The End of Power: From Boardrooms to Battlefields and Churches to States, Why Being in Charge Isn't What It Used to Be*, New York: Basic Books, 2014.

8 Steven Poole, "Why Would Mark Zuckerberg Recommend the End of Power?" *The Guardian*, January 8, 2015.

9 Kara Swisher, "Zuckerberg's Free Speech Bubble," New York Times, June 3, 2020. https://nyti.ms/2XsVM9a.

10 David Dayen, "The New Economic Concentration: The Competition That Justifies Capitalism Is Being Destroyed—by Capitalists," *American Prospect*, January 16, 2019. https://prospect.org/power/new-economic-concentration/.

11 Jeremy Heimans and Henry Timms, *New Power: How Power Works in Our Hyperconnected World—and How to Make It Work for You*, New York: Doubleday, 2018.

12 Ben Smith, "News Sites Risk Wrath of Autocrats," *New York Times*, July 13, 2020.

13 "Global Democracy Has Another Bad Year," *The Economist*, January 22, 2020. https://www.economist.com/graphic-detail/2020/01/22/global-democracy-has-another-bad-year.

14 Cato Institute, *The Human Freedom Index 2020*. https://www.cato.org/human-freedom-index-new.

15 Glenn Kessler, Salvador Rizzo, and Meg Kelly, *Donald Trump and His Assault on Truth: The President's Falsehoods, Misleading Claims and Flat-Out Lies*, New York: Scribner, 2020.

16 Frank Dikotter, *How to Be a Dictator: The Cult of Personality in the Twentieth Century*, New York: Bloomsbury, 2019.

17   J. M. Fenster, *Cheaters Always Win: The Story of America*, New York: Twelve, 2019.

18   Deborah L. Rhode, *Cheating: Ethics in Everyday Life*, New York: Oxford University Press, 2018.

19   Matthew Hutson, "Life Isn't Fair," *The Atlantic*, June 2016. https://www.the atlantic.com/magazine/archive/2016/06/life-isnt-fair/480741/.

20   Murray Edelman, *The Symbolic Uses of Politics*, Urbana: University of Illinois Press, 1964.

머리말

1   Martin J. Smith, "Rukaiyah Adams, MBA '08, Chief Investment Officer, Meyer Memorial Trust," Stanford Graduate School of Business, May 9, 2019. https://gsb.stanford.edu/programs/mba/alumni-community/voices/ rukaiyah-adams.

2   Sarah Lyons-Padilla, Hazel Rose Markus, Ashby Monk, Sid Radhakrishna, Radhika Shah, Norris A. "Daryn" Dodson IV, and Jennifer L. Eberhardt, "Race Influences Professional Investors' Financial Judgments," *Proceedings of the National Academy of Sciences, 116* (35), 17225 – 17230. https://www.pnas.org/ cgi/doi/10.1073/pnas.1822052116.

3   *Los Angeles Times*, "John Jacobs: Columnist, Award-Winning Author," May 25, 2000. https://www.latimes.com/archives/la-xpm-2000-may-25-me-33886- story.html.

4   Tim Reiterman and John Jacobs, *Raven: The Untold Story of the Rev. Jim Jones and His People*, New York: E. P. Dutton, 1985.

5   Mark A. Whatley, Matthew Webster, Richard H. Smith, and Adele Rhodes (1999), "The Effect of a Favor on Public and Private Compliance: How Internalized Is the Norm of Reciprocity?" *Basic and Applied Social Psychology, 21* (3), 251 – 259.

6   Reiterman and Jacobs, *Raven*. 특히 제28장 '노예가 된 샌프란시스코'(San Fran cisco in Thrall)를 보라.

7   Charles A. O'Reilly and Jennifer A. Chatman (2020), "Transformational
    Leader or Narcissist? How Grandiose Narcissists Can Create and Destroy
    Organizations and Institutions," *California Management Review*, 62 (3), 5–27.

8   Bella M. DePaulo, Deborah A. Kashy, Susan E. Kirkendol, Melissa M. Wyer,
    and Jennifer A. Epstein (1996), "Lying in Everyday Life," *Journal of Personality
    and Social Psychology*, *70* (5), 979–995.

9   Elizabeth Prior Jonson, Linda McGuire, and Brian Cooper (2016), "Does
    Teaching Ethics Do Any Good?" *Education + Training*, 58 (4), 439–454.

10 Aditya Simha, Josh P. Armstrong, and Joseph F. Albert (2012), "Attitudes and
    Behaviors of Academic Dishonesty and Cheating—Do Ethics Education and
    Ethics Training Affect Either Attitudes or Behaviors?" *Journal of Business Ethics
    Education*, 9, 129–144.

11 James Weber (1990), "Measuring the Impact of Teaching Ethics to Future
    Managers: A Review, Assessment, and Recommendations," *Journal of Business
    Ethics*, 9, 183–190.

12 Christian Hauser (2020), "From Preaching to Behavior Change: Fostering
    Ethics and Compliance Learning in the Workplace," *Journal of Business Ethics*,
    162, 835–855. 836쪽에서 인용했다.

13 Frank Martela (2015), "Fallible Inquiry with Ethical Ends-in-View: A
    Pragmatist Philosophy of Science for Organizational Research," *Organization
    Studies*, 36 (4), 537–563.

14 Columbia 250, "Robert Moses," accessed September 16, 2021. https://c250.
    columbia.edu/c250_celebrates/remarkable_columbians/robert_moses.html.

15 Yona Kifer, Daniel Heller, Wei Qi, Elaine Perunovic, and Adam D. Galinsky
    (2013), "The Good Life of the Powerful: The Experience of Power and
    Authenticity Enhances Subjective Well-Being," *Psychological Science*, 24 (3),
    280–288.

16 Kifer et al., "The Good Life of the Powerful," p. 283.

17   Gerlad R. Ferris, Pamela L. Perrewe, B. Parker Ellen III, Charn P. Mcallister, and Darren C. Treadway, *Political Skill at Work*, Boston: Nicholas Brealey Publishing, 2020. 15쪽에서 인용했다.

18   Ferris et al., *Political Skill at Work*, p. 27.

19   Samuel Y. Todd, Kenneth J. Harris, Ranida B. Harris, and Anthony R. Wheeler (2009), "Career Success Implications of Political Skill," *Journal of Social Psychology*, 149 (3), 179–204.

20   Gerhard Blickle, Katharina Oerder, and James K. Summers (2010), "The Impact of Political Skill on Career Success of Employees' Representatives," *Journal of Vocational Behavior,* 77 (3), 383–390.

21   Kathleen K. Ahearn, Gerald R. Ferris, Wayne A. Hochwarter, Caesar Douglas, and Anthony Ammeter (2004), "Leader Political Skill and Team Performance," *Journal of Management*, 30 (3), 309–327.

22   Timothy P. Munyon, James K. Summers, Katina M. Thompson, and Gerald R. Ferris (2013), "Political Skill and Work Outcomes: A Theoretical Extension, Meta-Analytic Investigation, and Agenda for the Future," *Personnel Psychology*, 68, 143–184.

23   Li-Qun Wei, Flora F. T. Chiang, and Long-Zeng Wu (2010), "Developing and Utilizing Network Resources: Roles of Political Skill," *Journal of Management Studies, 49* (2), 381–402.

24   Kenneth J. Harris, K. Michel Kacmer, Suzanne Zivnuska, and Jason D. Shaw (2007), "The Impact of Political Skill on Impression Management Effectiveness," *Journal of Applied Psychology, 92* (1), 278–285.

25   Darren C. Treadway, Gerald R. Ferris, Allison B. Duke, Garry L. Adams, and Jason B. Thatcher (2007), "The Moderating Role of Subordinate Political Skill on Supervisors' Impressions of Subordinate Ingratiation and Ratings of Subordinate Interpersonal Facilitation," *Journal of Applied Psychology, 92* (3), 848–855.

26   Li-Qun Wei, Jun Liu, Yuan-Yi Chen, and Long-Zeng Wu (2010), "Political

Skill, Supervisor–Subordinate *Guanxi* and Career Prospects in Chinese Firms," *Journal of Management Studies, 47* (3), 437 – 454.

27　Pamela L. Perrewe, Gerald R. Ferris, Dwight D. Frink, and William P. Anthony (2000), "Political Skill: An Antidote for Workplace Stressors," *Academy of Management Perspectives, 14* (3), 115 – 123.

28　Cameron Anderson, Daron L. Sharps, Christopher J. Soto, and Oliver P. John (2020), "People with Disagreeable Personalities (Selfish, Combative, and Manipulative) Do Not Have an Advantage in Pursuing Power at Work," *Proceedings of the National Academy of Science, 117* (37), 22780 – 22786. https://www.pnas.org/cgi/doi/10.1073/pnas.2005088117.

29　Jodi L. Short (1999), "Killing the Messenger: The Use of Nondisclosure Agreements to Silence Whistleblowers," *University of Pittsburgh Law Review, 60,* 1207 – 1234.

30　Dennis E. Clayson (2009), "Student Evaluations of Teaching: Are They Related to What Students Learn?" *Journal of Marketing Education, 31* (1), 16 – 30.

31　Bart De Langhe, Philip M. Fernbach, and Donald R. Lichtenstein (2016), "Navigating by the Stars: Investigating the Actual and Perceived Validity of Online User Ratings," *Journal of Consumer Research, 42,* 817 – 833.

32　Nalini Ambady, Frank J. Bernieri, and Jennifer A. Richeson (2000), "Toward a Histology of Social Behavior: Judgmental Accuracy from Thin Slices of the Behavioral Stream," *Advances in Experimental Social Psychology, 32,* 201 – 271. 201 쪽에서 인용했다.

33　Alison Carmen (2015), "If You Judge People, You Have No Time to Love Them." https://www.psychologytoday.com/us/blog/the-gift-maybe/201504/if-you-judge-people-you-have-no-time-love-them.

34　Carmen, "If You Judge People."

35　BrainyQuote, https://brainyquote.com/quotes/walt_whitman_146892.

36　Barbara O'Brien, "The Buddhist Art of Nonjudgmental Judging Is Subtle,"

The Guardian, July 20, 2011.

37 Dana R. Carney (2020), "The Nonverbal Expression of Power, Status, and Dominance," *Current Opinion in Psychology*, 33, 256–264.

38 Jeffrey Pfeffer (2013), "You're Still the Same: Why Theories of Power Hold over Time and Across Contexts," *Academy of Management Perspectives, 27* (4), 269–280.

39 Sarah Lyons–Padilla et al., "Race Influences Professional Investors' Financial Judgments."

제1장

1 Samyukta Mullangi and Reshma Jagsi (2019), "Imposter Syndrome: Treat the Cause, Not the Symptom," *Journal of the American Medical Association, 322* (5), 403–404. 403쪽에서 인용했다.

2 George P. Chrousos, Alexios–Fotios A. Mentis, and Efthimios Dardiotis (2020), "Focusing on the Neuro–Psycho–Biological and Evolutionary Underpinnings of the Imposter Syndrome," *Frontiers in Psychology*, 11, 1553–1556.

3 Jeffrey Pfeffer, Christina T. Fong, Robert B. Cialdini, and Rebecca R. Portnoy (2006), "Overcoming the Self–Promotion Dilemma: Interpersonal Attraction and Extra Help as a Consequence of Who Sings One's Praises," *Personality and Social Psychology Bulletin, 32* (10), 1362–1374. 1362쪽에서 인용했다.

4 Dayrl J. Bem (1972), "Self–Perception Theory," *Advances in Experimental Social Psychology, 6*, 1–62. 1쪽에서 인용했다.

5 Gerald R. Salancik and Mary Conway (1975), "Attitude Inferences from Salient and Relevant Cognitive Content About Behavior," *Journal of Personality and Social Psychology, 32* (5), 829–840.

6 Deidre Boden, *The Business of Talk: Organizations in Action*, Cambridge: Polity Press, 1994.

7 2020년 7월 9일 크리스티나 트로이티노와의 인터뷰.

8 Rosabeth Moss Kanter (1979), "Power Failure in Management Circuits,"

Harvard Business Review, 57 (4), 65 –75. 65쪽에서 인용했다.

9   Deborah Gruenfeld, *Acting with Power: Why We Are More Powerful Than We Believe*, New York: Currency, 2020.

10   Malgorzata S., "An Excellent Resource for All Those Who Want to Learn How to Use Power Well," Amazon UK review, July 27, 2020, retrieved June 27, 2021.

11   Sam Borden, "Where Dishonesty Is Best Policy, U.S. Soccer Falls Short," *New York Times*, June 15, 2014.

12   Ann Schmidt, "How Arthur Blank, Bernie Marcus Co-founded Home Depot After Being Fired," Fox Business, August 2, 2020. https://www.foxbusiness. com/money/arthur-blank-bernie-marcus-home-depot-winning-formula.

13   Ann Schmidt, "How Netflix' s Reed Hastings Overcame Failure While Leading His First Company," Fox Business, June 21, 2020. https://www.foxbusiness. com/money/netflix-ceo-reed-hastings-winning-formula.

14   Jeffrey Pfeffer and Gerald R. Salancik, *The External Control of Organizations: A Resource Dependence Persepctive*, Stanford, CA: Stanford Business Books, 2003.

15   Safi Bahcall, *Loonshots: How to Nurture the Crazy Ideas That Win Wars, Cure Diseases, and Transform Industries*, New York: St. Martin' s Press, 2019. 57 –59쪽에서 강조된 부분을 인용했다.

16   Jeffrey Pfeffer, *Power*, chapter two.

17   Peter Belmi and Kristin Laurin (2016), "Who Wants to Get to the Top? Class and Lay Theories About Power," *Journal of Personality and Social Psychology, 111* (4), 505 –529.

18   Cameron Anderson and Gavin J. Kilduff (2009), "Why Do Dominant Personalities Attain Influence in Face-to-Face Groups? The Competence-Signaling Effects of Trait Dominance," *Journal of Personality and Social Psychology, 96* (2), 491 –503.

19   Peter Belmi, Margaret A. Neal, David Reiff, and Rosemay Ulfe (2020), "The Social Advantages of Miscalibrated Individuals: The Relationship Between

Social Class and Overconfidence and Its Implicationsfor Class-Based Inequality," *Journal of Personality and Social Psychology, 118* (2), 254 – 282.

20 Musa Okwonga, *One of Them: An Eton College Memoir*, London: Unbound, 2021.

21 David Shariatmadari, "Musa Okwonga: 'Boys Don't Learn Shamelessness at Eton, It Is Where They Perfect It,'" *The Guardian*, April 10, 2021. https://www.theguardian.com/books/2021/apr/10/musa-okwonga-boys-dont-learn-shamelessness-at-eton-it-is-where-they-perfect-it.

22 Ascend Foundation, "Glass Ceiling for Asian Americans is 3.7 Times Harder to Crack," PR Newswire, May 6, 2015. https://prnewswire.com/news-release/glass-ceiling-foe-asian-americans-is37x-times-harder-to-crack-300078066.htm.

23 Sylvia Ann Hewlett, Ripa Rashid, Claire Ho, and Diana Forster, *Asians in America: Unleashing the Potential of the Model Minority*, New York: Center for Talent Innovation, 2011.

24 F. Pratto, L. M. Stallworth, and J. Sidanius (1997), "The Gender Gap: Differences in Political Attitudes and Social Dominance Orientation," *British Journal of Social Psychology, 36*, 49 – 68.

25 Lynn R. Offerman and Pamela E. Schrier (1985), "Social Influence Strategies: The Impact of Sex, Role and Attitudes Toward Power," *Personality and Social Psychology Bulletin, 11* (3).

26 Mats Alvesson and Katja Einola (2019), "Warning for Excessive Positivity: Authentic Leadership and Other Traps in Leadership Studies," *Leadership Quarterly, 30*, 383 – 395.

27 Adam Grant, "Unless You're Oprah, 'Be Yourself' Is Terrible Advice," *New York Times*, June 4, 2016. https://nyti.ms/22Fi3e0.

28 Kerry Roberts Gibson, Dana Harari, and Jennifer Carson Marr (2018), "When Sharing Hurts: How and Why Self-Disclosing Weakness Undermines the Task-Oriented Relationships of Higher Status Disclosers," *Organizational*

Behavior and Human Decision Processes, 144, 25 – 43. 25쪽에서 인용했다.

29 Gibson et al, "When Sharing Hurts," p. 25.

30 Gibson et al, "When Sharing Hurts," p. 38.

31 Herminia Ibarra, "The Authenticity Paradox," *Harvard Business Review*, January – February 2015. https://hbr.org/2015/01/the-authenticity-paradox.

32 Ibarra, "The Authenticity Paradox."

33 Ibarra, "The Authenticity Paradox."

34 Edward P. Lemay and Margaret S. Clark (2015), "Motivated Cognition in Relationships," *Current Opinion in Psychology, 1*, 72 – 75. 72쪽에서 인용했다.

35 Lemay and Clark, "Motivated Cognition in Relationships."

36 Charles F. Bond Jr. and Bella M. DePaulo (2008), "Individual Differences in Judging Deception: Accuracy and Bias," *Psychological Bulletin, 134* (4), 477 – 492. 477쪽에서 인용했다.

37 Charles F. Bond, Jr., & Bella M. DePaulo (2006). "Accuracy of Deception Judgments," Personality and Social Psychology Review, 10 (3), 214–224. 214 쪽에서 인용했다.

38 Robert A. Caro, *The Path to Power*, New York: Knopf, 1982; Robert A. Caro, *Means of Ascent*, New York: Knopf, 1990; Robert A. Caro, *Master of the Senate*, New York: Knopf, 2002; Robert A. Caro, *The Passage of Power*, New York: Knopf, 2012.

39 James Richardson, *Willie Brown: A Biography*, Berkeley: University of California Press, 1996.

40 Robert B. Cialdini, *Influence: Science and Practice*, 5th ed., Boston: Allyn and Bacon, 2008.

41 Benjamin Schwarz, "Seeing Margaret Thatcher Whole," *New York Times*, November 12, 2019. https://www.nytimes.com/2019/11/12/books/review/margaret-thatcher-the-authorized-biography-herself-alone-charles-moore.html.

42 Any Cuddy (2009), "Just Because I'm Nice, Don't Assume I'm Dumb,"

Harvard Business Review, 87 (2).

43 Teresa M. Amabile (1983), "Brilliant but Cruel: Perceptions of Negative Evaluators," *Journal of Experimental Social Psychology, 19* (2), 146 – 156.

44 Timothy A. Judge, Beth A. Livingston, and Charlice Hurst (2012), "Do Nice Guys—and Gals—Really Finish Last? The Joint Effects of Sex and Agreeableness on Income," *Journal of Personality and Social Psychology, 102* (2), 390 – 407.

45 Judge et al., "Do Nice Guys—and Gals—Really Finish Last?"

46 Anderson et al., "People with Disagreeable Personalities."

제2장

1 "Breaking Rules Makes You Seem Powerful," *Science Daily*, May 20, 2011. https://www.sciencedaily.com/releases/2011/05/110520092735.htm.

2 David Kipnis (1972), "Does Power Corrupt?" *Journal of Personality and Social Psychology, 24*, 33 – 41.

3 Gerben A. van Kleef, Astrid C. Homan, Catrin Finkenauer, Seval Gundemir, and Eftychia Stamkou (2011), "Breaking the Rules to Rise to Power: How Norm Violators Gain Power in the Eyes of Others," *Social Psychological and Personality Science, 2* (5), 500 – 507.

4 van Kleef et al., "Breaking the Rules," p. 500.

5 Jeffrey Pfeffer, "Jason Calacanis: A Case Study in Creating Resources," Stanford, CA: Graduate School of Business Case #OB104, November 11, 2019. 3쪽에서 인용했다.

6 Pfeffer, "Jason Calacanis."

7 Kristen Meinzer and T. J. Raphael, "Here's What Happens After 'Surprise!'" *The Takeaway*, April 2, 2015. https://www.pri.org/stories/2015-04-02/heres-what-happens-after-surprise.

8 CPP Global, *Human Capital Report: Workplace Conflict and How Businesses Can Harness It to Thrive*, July 2008. http://img.en25.com/Web/CPP/Conflict_report.pdf.

9 Robert A. Caro, *The Power Broker: Robert Moses and the Fall of New York*, New York: Knopf, 1974. 217쪽에서 인용했다.

10 Caro, *The Power Broker*, p. 218.

11 Ivan Arreguin-Toft, *How the Weak Win Wars: A Theory of Asymmetric Conflict*, Cambridge, UK: Cambridge University Press, 2005.

12 Malcom Gladwell, "How David Beats Goliath," *New Yorker, 85* (13), May 11, 2009.

13 Susan Pulliam, Rebecca Elliott, and Ben Foldy, "Elon Musk's War on Regulators," *Wall Street Journal*, April 28, 2021.

14 Francis J. Flynn and Vanessa K. B. Lake (2008), "If You Need Help, Just Ask: Underestimating Compliance with Direct Requests for Help," *Journal of Personality and Social Psychology, 95* (1), 128–143. 140쪽에서 인용했다.

15 Jeffrey Pfeffer and Victoria Chang, "Keith Ferrazzi," Case #OB44, Stanford, CA: Graduate School of Business, November 15, 2003.

16 Reginald F. Lewis and Blair S. Walker, *Why Should White Guys Have All the Fun? How Reginald Lewis Created a Billion-Dollar Business Empire*, New York: Wiley, 1994.

17 Wikipedia, "Reginald Lewis," last modified September 10, 2021. http://en.wikipedia.org/wiki/Reginald_Lewis.

제3장

1 Nalini Ambady and Robert Rosenthal (1993), "Half a Minute: Predicting Teacher Evaluations from Thin Slices of Nonverbal Behavior and Physical Attractiveness," *Journal of Personality and Social Psychology, 64* (3), 431–441.

2 Raymond S. Nickerson (1998), "Confirmation Bias: A Ubiquitous Phenomenon in Many Guises," *Review of General Psychology, 2* (2), 175–220.

3 "How Fast Does the Average Person Speak?" Word Counter, June 2, 2016. https://wordcounter.net/blog/2016/06/02/101702_how-fast-average-person-speaks.html.

4   Steven A. Beebe (1974), "Eye Contact: A Nonverbal Determinant of Speaker Credibility," *Speech Teacher, 23* (1), 21 – 25.

5   Charles I. Brooks, Michael A. Church, and Lance Fraser (1986), "Effects of Duration of Eye Contact on Judgments of Personality Characteristics," *Journal of Social Psychology, 126* (1), 71 – 78.

6   Joylin M. Droney and Charles I. Brooks (1993), "Attributions of Self-Esteem as a Function of Duration of Eye Contact," *Journal of Social Psychology, 133* (5), 715 – 722.

7   Amy Cuddy, "Your Body Language May Shape Who You Are," TED, June 2012. https://www.ted.com/talks/amy_cuddy_your_body_languagemay_shape_who_you_are?language=en.

8   Amy Cuddy, *Presence: Bringing Your Boldest Self to Your Biggest Challenges*, New York: Little, Brown Spark, 2005.

9   Ambady and Rosenthal, "Half a Minute."

10   Nicholas O. Rule and Nalini Ambady (2008), "The Face of Success: Inferences from Chief Executive Officers' Appearance Predict Company Profits," *Psychological Science*, 19 (2), 109 – 111. 109쪽에서 인용했다.

11   Rule and Ambady, "The Face of Success," p. 110.

12   Nicholas O. Rule and Nalini Ambady (2009), "She's Got the Look: Inferences from Female Chief Executive Officers' Faces Predict Their Success," *Sex Roles, 61*, 644 – 652.

13   다음에서 인용했다. Christian Hopp, Daniel Wentzel, and Stefan Rose (2020), "Chief Executive Officers' Appearance Predicts Company Performance, or Does It? A Replication and Extension Focusing on CEO Successions," *Leadership Quarterly* (in press).

14   Arianna Bagnis, Ernesto Caffo, Carlo Cipolli, Allesandra De Palma, Garielle Farina, and Katia Mattarozzi (2020), "Judging Health Care Priority in Emergency Situations: Patient Facial Appearance Matters," *Social Science and Medicine, 260* (in press).

15   Peter Lundberg, Paul Nuystedt, and Dan-Olof Rooth (2014), "Height and Earnings: The Role of Cognitive and Noncognitive Skills," *Journal of Human Resources, 49* (1), 1141–1166.

16   예를 들어 다음을 보라. Daniel S. Hammermesh, *Beauty Pays: Why Attractive People Are More Successful,* Princeton, NJ: Princeton University Press, 2011.

17   C. Pfeifer (2012), "Physical Attractiveness, Employment and Earnings," *Applied Economics Letters, 19,* 505–510.

18   P. C. Morrow, J. C. McElroy, B. G. Stamper, and M. A. Wilson (1990), "The Effects of Physical Attractiveness and Other Demographic Characteristics on Promotion Decisions," *Journal of Management, 16,* 723–736.

19   Kelly A. Nault, Marko Pitesa, and Stefan Thau (2020), "The Attractiveness Advantage at Work: A Cross-Disciplinary Integrative Review," *Academy of Management Annals, 14* (2), 1103–1139.

20   Leslie A. Zebrowitz and Joann M. Montepare (2008), "Social Psychological Face Perception: Why Appearance Matters," *Social and Personality Psychology Compass, 2/3,* 1497–1517. 1497쪽에서 인용했다.

21   Zebrowitz and Montepare, "Social Psychological Face Perception," p. 1498.

22   Baba Shiv and Alexander Fedorikhin (1999), "Heart and Mind in Conflict: The Interplay of Affect and Cognition in Consumer Decision Making," *Journal of Consumer Research, 26* (3), 278–292.

23   Dana R. Carney (2021), "Ten Things Every Manager Should Know About Nonverbal Behavior," *California Management Review, 63* (2), 5–22. 13쪽에서 인용했다.

24   Rob Goffee and Gareth Jones, *Why Should Anyone Be Led by You?* Boston: Harvard Review Press, 2006.

25   Larissa Z. Tiedens (2001), "Anger and Advancement Versus Sadness and Subjugation: The Effect of Negative Emotion Expressions on Social Status Conferral," *Journal of Personality and Social Psychology, 80* (1), 86–94. 87쪽에서 인용했다.

26   Marwan Sinaceur and Larissa Z. Tidens (2006), "Get Mad and Get More Than Even: When and Why Anger Expression Is Effective in Negotiations," *Journal of Experimental Social Psychology, 42* (3), 314–322.

27   Karina Schumann (2018), "The Psychology of Offering an Apology: Understanding the Barriers to Apologizing and How to Overcome Them," *Current Directions in Psychological Science, 27* (2), 7–78. 76쪽에서 인용했다.

28   Tyler G. Okimoto, Michael Wenzel, and Kyli Hedrick (2013), "Refusing to Apologize Can Have Psychological Benefits (and We Issue No Mea Culpa for This Research Finding)," *European Journal of Social Psychology, 43,* 22–31, p. 29.

29   Shereen J. Cahudry and George Loewenstein (2019), "Thanking, Apologizing, Bragging, and Blaming: Responsibility Exchange Theory and the Currency of Communication," *Psychological Review,* 126 (3), 313–344. 316쪽에서 인용했다.

30   Jennifer Latson, "How Poisoned Tylenol Became a Crisis-Management Teaching Model," *Time,* September 29, 2014, https://time.com/3423136/tylenol-deaths-1982/.

31   Elaine Hatfield, John T. Cacioppo, and Richard L. Rapson, *Emotional Contagion,* Cambridge, UK: Cambridge University Press, 1994.

32   Timothy F. Jones, Allen S. Craig, Debbie Hoy, Elaine W. Gunter, David L. Ashley, Dana B. Barr, John W. Brock, and William Schaffner (2000), "Mass Psychogenic Illness Attributed to Toxic Exposure at a High School," *New England Journal of Medicine, 342* (2), 96–100.

33   Shirley Wang (2006), "Contagious Behavior," *Observer,* February 1. https://www.psychologicalscience.org/observer/contagious-behavior/comment-page-1.

34   Sigal G. Barsade, Constantinos G. V. Coutifaris, and Julianna Pillemer (2018), "Emotional Contagion in Organizational Life," *Research in Organizational Behavior, 18,* 137–151. 137쪽에서 인용했다.

35   Cameron Anderson, Sebastien Brion, Don A. Moore, and Jessica A. Kennedy

(2012), "A Status-Enhancement Account of Overconfidence," *Journal of Personality and Social Psychology, 103* (4), 718-735.

36 Amy J. C. Cuddy, Caroline A. Wilmuth, Andy J. Yap, and Dana R. Carney (2015), "Preparatory Power Posing Affects Nonverbal Presence and Job Interview Performance," *Journal of Applied Psychology, 100* (4), 1286-1295.

37 Kerry Roberts Gibson, Dana Harari, and Jennifer Carson Marr (2018), "When Sharing Hurts: How and Why Self-Disclosing Weakness Undermines the Task-Oriented Relationships of Higher Status Disclosers," *Organizational Behavior and Human Decision Processes, 144*, 25-43. 25쪽에서 인용했다.

38 Gibson, Harari, and Marr, "When Sharing Hurts," p. 38.

39 Dana R. Carney (2020), "The Nonverbal Expression of Power, Status, and Dominance," *Current Opinion in Psychology, 33*, 256-264.

40 Judith Donath (2021), "Commentary: The Ethical Use of Powerful Words and Persuasive Machines," *Journal of Marketing, 85* (1), 160-162.

41 Wikipedia, "Flesch-Kincaid Readability Tests," last modified August 22, 2021. https://en.wikipedia.org/wiki/Flesch%E2%80%93Kincaid_readability_tests.

42 Lawrence A. Hosman (1989), "The Evaluative Consequences of Hedges, Hesitations, and Intensifiers: Powerful and Powerless Speech Styles," *Human Communication Research, 15* (3), 383-406.

43 Christian Unkelbach and Sarah C. Rom (2017), "A Referential Theory of the Repetition-Induced Truth Effect," *Cognition, 160*, 110-126. 110쪽에서 인용했다.

44 Jeffrey L. Foster, Thomas Huthwaite, Julia A. Yesberg, Maryanne Garry, and Elizabeth F. Loftus (2012), "Repetition, Not Number of Sources, Increases Both Susceptibility to Misinformation and Confidence in the Accuracy of Eyewitnesses," *Acta Psychologica, 139* (2), 320-326. 320쪽에서 인용했다.

45 "Donald Trump Says Muslims Support His Plan," *Jimmy Kimmel Live*, December 17, 2015. https://www.youtube.com/watch?v=Sqhg2FNzKHM.

46 Lindsey M. Grob, Renee A. Meyers, and Renee Schuh (1997), "Powerful/Powerless Language Use in Group Interactions: Sex Differences or Similarities?" *Communication Quarterly, 45* (3), 282 – 303. 294쪽에서 인용했다.

47 Wikipedia, "Frank Abagnale," September 16, 2021. https://en.wikipedia.org/wiki/Frank_Abagnale.

48 Wikipedia, "Christian Gerhartsreiter," July 15, 2021. https://en.wikipedia.org/wiki/Christian_Gerhartsreiter.

제4장

1 Martin Kilduff and David Krackhardt (1994), "Bringing the Individual Back In: A Structural Analysis of the Internal Market for Reputation in Organizations," *Academy of Management Journal, 37* (1), 87 – 108.

2 Robert B. Cialdini, *Influence*. 45쪽에서 인용했다.

3 Robert B. Cialdini, Richard J. Borden, Avril Thorne, Marcus Randall Walker, Stephen Freeman, and Lloyd Reynolds Sloan (1976), "Basking in Reflected Glory: Three (Football) Field Studies," *Journal of Personality and Social Psychology, 34* (3), 366 – 375.

4 Jeffrey Pfeffer, "Tristan Walker: The Extroverted Introvert," Case #OB93, Stanford, CA: Graduate School of Business, Stanford University, October 26, 2016. 1 – 2쪽에서 인용했다.

5 Victoria Chang, Kimberly Elsbach, and Jeffrey Pfeffer, "Jeffrey Sonnenfeld: The Fall from Grace," Case #OB34A, Stanford, CA: Graduate School of Business, Stanford University, August 21, 2006.

6 Josh Barro, "Black Mark for Fiorina Campaign in Criticizing Yale Dean," *New York Times*, September 23, 2015.

7 Philip Weiss, "Is Emory Prof Jeffrey Sonnenfeld Caught in a New Dreyfus Affair?" *New York Observer*, May 17, 1999.

8 Michael Mattis, "Style Counsel: Willie Brown on Dressing the Man," https://www.cbsnews.com/news/style-counsel-willie-brown-on-dressing-theman/.

9   Jason Calacanis, *Angel: How to Invest in Technology Startups*, New York: Harper Business, 2017.

10   Lee A. Iacocca and William Novak, *Iacocca: An Autobiography*, New York: Bantam Dell, 1984.

11   Jack Welch with John A. Byrne, *Jack: Straight from the Gut*, New York: Business Plus, 2001.

12   Pfeffer et al., "Overcoming the Self-Promotion Dilemma."

13   Pfeffer, "Tristan Walker," p. 11.

14   Megan Elisabeth Anderson and Jeffrey Pfeffer, "Nuria Chinchilla: The Power to Change Workplaces," Case #OB67, Stanford, CA: Graduate School of Business, Stanford University, February 14, 2011. 13쪽에서 인용했다.

15   Anderson and Pfeffer, "Nuria Chinchilla."

16   Pfeffer, "Jason Calacanis." 4–5쪽에서 인용했다.

17   Pfeffer, "Jason Calacanis." pp. 12–13.

18   Jeffrey Pfeffer, "Sadiq Gillani's Airline Career Takes Off: Strategy in Action," Case #OB95, Stanford, CA: Graduate School of Business, Stanford University, November 30, 2018.

19   같은 자료. 13쪽에서 인용했다.

20   Richard W. Halstead (2000), "From Tragedy to Triumph: Counselor as Companion on the Hero's Journey," *Counseling and Values, 44* (2), 100–106. 100쪽에서 인용했다.

21   Jim Collins, *Good to Great: Why Some Companies Make the Leap and Others Don't*, New York: Harper Business, 2001.

22   Annabelle R. Roberts, Emma E. Levine, and Ovul Sezer (2020), "Hiding Success," *Journal of Personality and Social Psychology, 120* (5), 1261–1286.

제5장

1   Wikipedia, "Omid Kordestani," last modified September 7, 2021. https://

en.wikipedia.org/wiki/Omid_Kordestani.

2   Alistair Barr, "Google Pays Returning Chief Business Officer $130 Million," *Wall Street Journal*, April 23, 2015. https://www.wsj.com/articles/google-pays-returning-chief-business-officer-130-million-1429828322.

3   Jeffrey Pfeffer and Ross Walker, *People Are the Name of the Game: How to Be More Successful in Your Career—and Life*, Pennsauken Township, NJ: BookBaby, 2013.

4   Keith Ferrazzi with Tahl Raz, *Never Eat Alone: And Other Secrets to Success, One Relationship at a Time* (2nd expanded ed.), New York: Currency, 2014.

5   Jiuen Pai, Sanford E. DeVoe, and Jeffrey Pfeffer (2020), "How Income and the Economic Evaluation of Time Affect Who We Socialize with Outside of Work," *Organizational Behavior and Human Decision Processes, 161*, 158–175.

6   Ivan Misner, "How Much Time Should You Spend Networking?" August 9, 2018. https://ivanmisner.com/time-spend-networking.

7   Daniel Kahneman, Alan B. Krueger, David A. Schkade, Norbert Schwarz, and Arthur A. Stone (2004), "A Survey Method for Characterizing Daily Life Experience: The Day Reconstruction Method," *Science, 5702*, 1776–1780.

8   Tiziana Casciaro, Francesco Gino, and Maryam Kouchaki (2014), "The Contaminating Effects of Building Instrumental Ties: How Networking Can Make Us Feel Dirty," *Administrative Science Quarterly, 59* (4), 705–735.

9   Pai et al., "How Income and the Economic Evaluation," p. 158. 참고한 연구는 다음과 같다. C. R. Wanberg, R. Kanfer, and J. T. Banas (2000), "Predictors and Outcomes of Networking Intensity Among Unemployed Job Seekers," *Journal of Applied Psycholoy, 85*, 491–503.

10 Jeffrey Pfeffer, "Ross Walker's Path to Power," Case #OB79, Stanford, CA: Stanford Graduate School of Business, February 7, 2011. 14쪽에서 인용했다.

11 Hans-Georg Wolff and Klaus Moser (2009), "Effects of Networking on Career Success: A Longitudinal Study," *Journal of Applied Psychology, 94* (1), 196–206.

12 Torstein Nesheim, Karen Modesta Olsen, and Alexander Modsen Sandvik

(2017), "Never Walk Alone: Achieving Working Performance Through Networking Ability and Autonomy," *Employee Relations, 39* (2), 240 – 253.

13   Samuel Y. Todd, Kenneth J. Harris, Ranida B. Harris, and Anthony R. Wheeler (2010), "Career Success Implications of Political Skill," *Journal of Social Psychology, 149* (3), 279 – 304.

14   Munyon et al., "Political Skill and Work Outcomes."

15   Carter Gibson, Jay H. Hardy III, and M. Ronald Buckley (2014), "Understanding the Role of Networking in Organizations, *Career Development International 19* (2), 146 – 161.

16   Jennifer Miller, "Want to Meet Influential New Yorkers? Invite Them to Dinner," *New York Times*, October 9, 2013. https://www.nytimes.com/2013/10/10/fashion/want-to-meet-influential-new-yorkers-invite-them-to-dinner. html.

17   Michael I. Norton, Daniel Mochon, and Dan Ariely (2012), "The IKEA Effect: When Labor Leads to Love," *Journal of Consumer Psychology, 22* (3), 453 – 460.

18   Mark S. Granovetter, *Getting a Job: A Study of Contacts and Careers*, Chicago: University of Chicago Press, 1974.

19   Mark S. Granovetter (1973), "The Strength of Weak Ties," *American Journal of Sociology, 78*, 1360 – 1380.

20   J. E. Perry-Smith (2006), "Social Yet Creative: The Role of Social Relationships in Facilitating Individual Creativity," *Academy of Management Journal, 49*, 85 – 101.

21   Gillian M. Sandstrom and Elizabeth W. Dunn (2014), "Social Interactions and Well-Being: The Surprising Power of Weak Ties," *Personality and Social Psychology Bulletin, 40* (7), 910 – 922. 918쪽에서 인용했다.

22   Ronald S. Burt (2004), "Structural Holes and Good Ideas," *American Journal of Sociology, 110* (2), 349 – 399. 349쪽에서 인용했다.

23   Burt, "Structural Holes and Good Ideas."

24   Ronald S. Burt (2000), "The Network Structure of Social Capital," *Research in Organizational Behavior, 22*, 345 – 423.

25 Ronald S. Burt (2007), "Secondhand Brokerage: Evidence on the Importance of Local Structure for Managers, Bankers, and Analysts," *Academy of Management Journal, 50* (1), 119–148. 119쪽에서 인용했다.

26 Jeffrey Pfeffer, "Zia Yusuf at SAP: Having Impact," Case #OB73, February 3, 2009, Stanford, CA: Graduate School of Business, Stanford University.

27 Herminia Ibarra (1993), "Network Centrality, Power, and Innovation Involvement: Determinants of Technical and Administrative Roles," *Academy of Management Journal, 36* (3), 471–501.

28 Myung-Ho Chung, Jeehye Park, Hyoung Koo Moon, and Hongseok Oh (2011), "The Multilevel Effects of Network Embeddedness on Interpersonal Citizenship Behavior," *Small Group Research, 42* (6), 730–760.

29 Brian Mullen, Craig Johnson, and Eduardo Salas (1991), "Effects of Communication Network Structure: Components of Positional Centrality," *Social Networks, 13* (2), 169–185.

30 Alvin W. Gouldner (1960), "The Norm of Reciprocity: A Preliminary Statement," *American Sociological Review, 25*, 161–178.

31 Ronald S. Burt and Don Ronchi (2007), "Teaching Executives to See Social Capital: Results from a Field Experiment," *Social Science Research, 36* (3), 1156–1183. 1156쪽에서 인용했다.

제6장

1 The National Security Archive, "Episode 13: Make Love, Not War (The Sixties)," George Washington University, January 10, 1999. https://nsarchive2.gwu.edu/coldwar/interviews/episode-13/valenti1.html.

2 Per-Ola Karlsson, Martha Turner, and Peter Gassmann (2019), "Succeeding the Long-Serving Legend in the Corner Office, *Strategy + Business,*" Summer 2019, Issue 95. https://www.strategy-business.com/article/Succeeding-the-long-serving-legend-in-the-corner-office.

3 Matt Barnum, "How Long Does a Big-City Superintendent Last? Longer Than

You Might Think," *Chalkbeat*, May 8, 2018. https://www.chalkbeat.
org/2018/5/8/21105877/how-long-does-a-big-city-superintendent-last-
longer-than-you-might-think.

4   https://www.healthcarefinancenews.com/news/hospital-ceo-turnover-rate-
dipped-2019-first-tiime-five-years.

5   이 부분의 자료는 주로 다음에서 가져왔다. Jeffrey Pfeffer, "Amir Rubin: Success
from the Beginning," Case #OB90, January 6, 2015, Stanford, CA: Graduate
School of Business, Stanford University.

6   Stanford Health Care, "Stanford Health Care-Stanford Hospital Named to U.S.
News & World Report's 2015-16 Best Hospitals Honor Roll," July 21, 2015.
https://stanfordhealthcare.org/newsroom/news/press-releases/2015/us-
news-2015-16.html.

7   Sara Mosie, "The Stealth Chancellor," *New York Times*, August 31, 1997.
https://www.nytimes.com/1997/08/31/magazine/the-stealth-chancellor.
html.

8   Jeffrey Pfeffer, "Kent Thiry and DaVita: Leadership Challenges in Building
and Growing a Great Company," Case #OB54, May 22, 2006, Stanford, CA:
Graduate School of Business, Stanford University. 5쪽에서 인용했다.

9   C. Edward Fee and Charles J. Hadlock (2004), "Management Turnover
Across the Corporate Hierarchy," *Journal of Accounting and Economics, 37* (1),
3 – 38.

10 Idalene F. Kesner and Dan R. Dalton (1994), "Top Management Turnover
and CEO Succession: An Investigation of the Effects of Turnover on Perfor
mance," *Journal of Management Studies, 31* (5), 701 – 713.

11 James Richardson, *Willie Brown: A Biography*, Berkeley: University of California
Press, 1996. 278쪽에서 인용했다.

12 Richardson, *Willie Brown*, pp. 278 – 279.

13 Wikipedia, "Frances K. Conley," last modified July 21, 2021. https://
en.wikipedia.org/wiki/Frances_K._Conley.

14 "Citing Sexism, Stanford Doctor Quits," *New York Times*, June 4, 1991, p. A22.

15 Goodreads, "Niccolò Machiavelli," https://www.goodreads.com/quotes/22338-it-is-much-safer-to-be-feared-than-loved-because.

16 Paul Goldberer, "Robert Moses, Master Builder, Is Dead at 92," *New York Times*, July 30, 1981, p. A1. https://www.nytimes.com/1981/07/30/obituaries/robert-moses-master-builder-is-dead-at-92.html.

17 Caro, *The Power Broker*, p. 449.

18 Caro, *The Power Broker*, p. 986.

19 Sydney Sarachan, "The Legacy of Robert Moses," January 17, 2013. https://web.archive.org/web/20180617043637/http://www.pbs.org/wnet/need-to-know/environment/the-legacy-of-robert-moses/.

20 Sydney Sarachan, "The Legacy of Robert Moses," January 17, 2013. Need to Know on PBS.

21 Emily Stewart, "Mark Zuckerberg Is Essentially Untouchable at Facebook," Vox, December 29, 2018. https://www.vox.com/technology/2018/11/19/18099011/mark-zuckerberg-facebook-stock-nyt-wsj.

22 Mengqi Sun, "More U.S. Companies Separating Chief Executive and Chairman Roles," *Wall Street Journal*, January 23, 2019.

23 Connie Bruck, "The Personal Touch," *New Yorker*, August 6, 2001.

24 Paul Goldberger, "Robert Moses, Master Builder, Is Dead at 92," *New York Times*, July 30, 1981, p. A1.

제7장

1 Bahcall, *Loonshots*. 56쪽에서 인용했다.

2 Glenn Thrush, Jo Becker, and Danny Hakim, "Tap Dancing with Trump: Lindsey Graham's Quest for Relevance," *New York Times*, August 14, 2021. https://www.nytimes.com/2021/08/14/us/politics/lindsey-graham-donald-trump.html.

3 Mark Leibovich, "How Lindsey Graham Went from Trump Skeptic to Trump

Sidekick," *New York Times*, February 25, 2019. https://www.nytimes.com/2019/02/25/magazine/lindsey-graham-what-happened-grukmp.html.

4 Leibovich, "How Lindsey Graham Went from Trump Skeptic to Trump Sidekick."

5 Thrush et al., "Tap Dancing with Trump."

6 David G. Winter (1988), "The Power Motive in Women—and Men," *Journal of Personality and Social Psychology, 54* (3), 510 – 519.

7 Wiktionary, "The nail that sticks out gets hammered down," last modified August 6, 2020. https://en.wiktionary.org/wiki/the_nail_that_sticks_out_gets_hammered_down.

8 Wikipedia, "Tall Poppy Syndrome," last modified September 9, 2021. https://en.wikipedia.org/wiki/Tall_poppy_syndrome.

9 https://biblehub.com/matthew/25-29.htm.

10 Robert K. Merton (1988), "The Matthew Effect in Science, II: Cumulative Advantage and the Symbolism of Intellectual Property," *Isis, 79,* 606 – 623. 606쪽에서 인용했다.

11 Michelle L. Dion, Jane Lawrence Sumner, and Sara McLaughlin Mitchell (2018), "Gendered Citation Patterns Across Political Science and Social Science Methodology Fields," *Political Analysis, 26,* 312 – 327.

12 Matjaz Perc (2014), "The Matthew Effect in Empirical Data," *Journal of the Royal Society Interface, 11,* http://dx.doi.org/10.1098/rsif.2014.0378.

13 그 예로 다음을 참고하라. Niklas Karlsson, George Loewenstein, and Duane Seppi (2009), "The Ostrich Effect: Selective Attention to Information," *Journal of Risk and Uncertainty, 38,* 95 – 115; Jack Fyock and Charles Stangor (1994), "The Role of Memory Biases in Stereotype Maintenance," *British Journal of Social Psychology, 33* (3), 331 – 343.

14 Alison R. Fragale, Benson Rosen, Carol Xu, and Iryna Merideth (2009), "The Higher They Are, the Harder They Fall: The Effects of Wrongdoer Status on Observer Punishment Recommendations and Intentionality Attributions,"

Organizational Behavior and Human Decision Processes, 108 (1), 53 – 65.

15 Scott D. Griffin, Jonathan Bundy, Joseph F. Porac, James B. Wade, and Dennis P. Quinn (2013), "Falls from Grace and the Hazards of High Status: The 2009 British MP Expense Scandal and Its Impact on Parliamentary Elites," *Administrative Science Quarterly, 58* (3), 313 –345.

16 Hannah Riley Bowles and Michele Gelfand (2010), "Status and the Evaluation of Workplace Deviance," *Psychological Science, 21* (1), 49 –54.

17 Evan Polman, Nathan C. Pettit, and Batia M. Wiesenfeld (2013), "Effects of Wrongdoer Status on Moral Licensing," *Journal of Experimental Social Psychology, 49* (4), 614 –623.

18 Jesse Eisinger, *The Chickenshit Club: Why the Justice Department Fails to Prosecute Executives*, New York: Simon & Schuster, 2017.

19 James Kwak, "America's Top Prosecutors Used to Go After Top Executives. What Changed?" *New York Times*, July 5, 2017.

20 Julie Creswell with Naomi Prins, "The Emperor of Greed: With the Help of His Bankers, Gary Winnick Treated Global Crossing as His Personal Cash Cow—Until the Company Went Bankrupt," CNN Money, June 24, 2002. https://money.cnn.com/magazines/fortune/fortune_archive/2002/06/24/325183/.

21 Chris Gaither, Jonathan Peterson, and David Colker, "Founder Escapes Charges in Global Crossing Failure," *Los Angeles Times*, December 14, 2004.

22 William D. Cohan, "Michael Milken Invented the Modern Junk Bond, Went to Prison, and Then Became One of the Most Respected People on Wall Street," *Insider*, May 2, 2017. https://www.businessinsider.com/michael-milken-life-story-2017-5.

23 같은 자료.

24 Ann Friedman, "Martha Stewart's Best Lesson: Don't Give a Damn," *New York Magazine*, March 14, 2013.

25 Jodi Kantor, Mike McIntire, and Vanessa Friedman, "Jeffrey Epstein Was a Sex Offender. The Powerful Welcomed Him Anyway," *New York Times*, July

13, 2019.

26 David Enrich, "How Jeffrey Epstein Got Away with It," *New York Times*, July 13 2021. https://www.nytimes.com/2021/07/13/books/review/perversion-of-justice-julie-k-brown.html.

27 Duncan Riley, "Employee Management Software Startup Rippling Raises $145M on Unicorn Valuation," SiliconAngle, August 4, 2020. https://siliconangle.com/2020/08/04/employee-management-software-startup-rippling-raises-145m-unicorn-valuation/.

28 Nathaniel Popper, "Sex Scandal Toppled a Silicon Valley Chief. Investors Say, So What?" *New York Times*, July 27, 2018.

29 Leslie Berlin, "Mike Isaac's Uber Book Has Arrived," *New York Times*, September 6, 2019.

30 Dacher Keltner, Deborah H. Gruenfeld, and Cameron Anderson (2003), "Power, Approach, and Inhibition," *Psychological Review, 110* (2), 265–284.

31 Cameron Anderson and Adam D. Galinsky (2006), "Power, Optimism, and Risk Taking," *European Journal of Social Psychology, 36* (4), 511–536.

32 Brent L. Hughes and Jamil Zaki (2015), "The Neuroscience of Motivated Cognition," *Trends in Cognitive Sciences, 19* (2), 62–64. 62쪽에서 인용했다.

33 Hughes and Zaki, "The Neuroscience of Motivated Cognition."

34 Arie W. Kruganski, Katarzyna Jasko, Maxim Milyavsky, Marina Chernikova, David Webber, Antonio Pierro, and Daniela di Santo (2018), "Cognitive Consistency Theory in Social Psychology: A Paradigm Reconsidered," *Psychological Inquiry, 29* (2), 45–59.

35 Barry M. Staw, "Attribution of the 'Causes' of Performance: A General Alternative Interpretation of Cross-Sectional Research on Organizations," *Organizational Behavior and Human Performance, 13* (3), 414–432. 414쪽에서 인용했다.

36 Amit Bhattacharjee, Jonathan Z. Berman, and Americus Reed II (2013), "Tip of the Hat, Wag of the Finger: How Moral Decoupling Enables Consumers to Admire and Admonish," *Journal of Consumer Research, 39*, 1167 – 1184.

37   Bhattacharjee et al., "Tip of the Hat," p. 1168. 여기서 언급하는 반두라와 그 동
       료들의 논문은 다음과 같다. Albert Bandura, Claudio Barbaranelli, Gian V.
       Caprara, and Concetta Pastorelli (1996), "Mechanisms of Moral Disengagement
       in the Exercise of Moral Agency," *Journal of Personality and Social Psychology,
       71* (2), 364 – 374.

38   같은 자료.

39   같은 자료.

40   Victoria Chang and Jeffrey Pfeffer, "Dr. Laura Esserman (A)," Case #OB42A,
       Stanford, CA: Graduate School of Business, Stanford University, September
       30, 2003. 4쪽에서 인용했다.

41   Jeffrey Sonnenfeld, *The Hero's Farewell: What Happens When CEOs Retire*, New
       York: Oxford University Press, 1988.

42   Nick Bilton, "All Is Fair in Love and Twitter," *New York Times*, October 9,
       2013. 잭 도시와 트위터의 자료는 여기서 가져왔다.

43   Bilton, "All Is Fair."

44   Jelani Cobb, "Harvey Weinstein, Bill Cosby and the Cloak of Charity," *New
       Yorker*, October 14, 2017.

45   Renae Merle, "In Decades Before Pardon, Michael Milken Launched 'Davos'
       Competitor and Showered Millions on Charities," *Washington Post*, February
       21, 2020.

46   WebMD, "2014 People's Choice: Martha Stewart," accessed September 16,
       2021. https://www.webmd.com/healthheroes/2014-peoples-choice-martha-
       stewart.

47   Winnick Family Foundation, "About," accessed September 16, 2021. http://
       www.winnickfamilyfoundation.com/about.html.

48   Quote Investigator, "Winning Isn't Everything: It's the Only Thing," March
       13, 2017. https://quoteinvestigator.com/2017/03/13/winning/.

맺는말

1   Pfeffer and Sutton, *The Knowing-Doing Gap*.

2   Jeffrey Pfeffer, *Power*.

3   *Encyclopedia Britannica*, "Marcus Brutus." https://www.britannica.com/topic/
    Marcus-Brutus.

4   예를 들어 다음을 보라. Robert I. Sutton and Andrew Hargadon (1996),
    "Brainstorming Groups in Context: Effectiveness in a Product Design Firm,"
    Administrative Science Quarterly, 41 (4), 685 – 718.

5   Robert B. Zajonc (1965), "Social Facilitation," *Science, 149* (3681), 269 – 274.

6   Anthony J. Mento, Robert P. Steel, and Ronald J. Karren (1987), "A Meta-
    Analytic Study of the Effects of Goal Setting on Task Performance: 1966 –
    1984," *Organizational Behavior and Human Decision Processes, 39* (1), 52 – 83.